南开大学中外文明交叉科学中心
南开大学梅田善美日本文化研究基金 资助项目

南開大学梅田善美
日本文化研究基金
Umeda Yoshimi Japanese Culture Research Fund, NKU.

日本古学派之哲学

善美原典日本研究文库
井上哲次郎儒学论著选集
刘岳兵 主编

[日]井上哲次郎 著
王起 译

中国社会科学出版社

图书在版编目(CIP)数据

日本古学派之哲学 / (日) 井上哲次郎著;王起译. —北京:中国社会科学出版社,2021.9

(善美原典日本研究文库. 井上哲次郎儒学论著选集)

ISBN 978-7-5203-9113-9

Ⅰ.①日… Ⅱ.①井… ②王… Ⅲ.①古典哲学—哲学思想—研究—日本 Ⅳ.①B313.2

中国版本图书馆 CIP 数据核字(2021)第 185021 号

出 版 人	赵剑英
责任编辑	韩国茹
责任校对	张爱华
责任印制	张雪娇
出 版	中国社会科学出版社
社 址	北京鼓楼西大街甲 158 号
邮 编	100720
网 址	http://www.csspw.cn
发 行 部	010-84083685
门 市 部	010-84029450
经 销	新华书店及其他书店
印刷装订	北京市十月印刷有限公司
版 次	2021 年 9 月第 1 版
印 次	2021 年 9 月第 1 次印刷
开 本	650×960 1/16
印 张	32.75
插 页	2
字 数	353 千字
定 价	138.00 元

凡购买中国社会科学出版社图书,如有质量问题请与本社营销中心联系调换

电话:010-84083683

版权所有 侵权必究

"善美原典日本研究文库"编辑委员会

(按拼音排序)

顾　　问：王金林　王守华
主　　编：刘岳兵
编委会成员：江　静　李　卓　刘　轩　刘雨珍
　　　　　　刘岳兵　吕顺长　莽景石　乔林生
　　　　　　宋志勇　王宝平　王　勇　杨栋梁
　　　　　　尹晓亮　张玉来　赵德宇

回归原典，与史料肉搏

——编纂"善美原典日本研究文库"缘起

回归原典！与史料肉搏！

这口号已经喊了有十多年吧，但一直是雷声大雨点小。之所以一直没有太大的动静，一是因为要系统地整理、译注某一方面的史料，并不是件容易的事，这是可想而知的；二是没有碰到可以促使我下决心尽快动作起来的机遇。前者是急不得的，史料的译注，是基础性工作，必须仔细认真，力求尽善尽美；而后者是可遇不可求的。

是的，我们将这个"文库"命名为"善美原典日本研究文库"，其中的"善美"当然可以理解为尽善尽美。对善、美的标准的理解，我们还在不断的修为中提升；实事求是、精益求精、追求卓越，是我们立身为学的基本态度。

其实，"善美"也是一个日本友人的名字，他叫梅田善美。我们设立此文库，并以他的名字命名，是为了纪念和感谢梅田夫妇为中日文化交流事业所作的无私奉献。梅田夫妇曾经致力于支持和推动浙江大学日本文化研究所、浙江工商大学东方语言文化学院和东亚研究院的中日学术和文化交流工作，并于2013年6月，梅田善美先生的夫人梅田节子女士在南开大学设立"南开大学梅田善美日本文化研究基金"（简称"善美基金"）。该基金设立之时，善美先生已经逝世两年多了。在2020年，即善美先生逝世10周年之际，我们开始筹划编纂本文库。

原典（the original text）一词，《辞海》里虽然还没有收录，但是学界已经比较常用了。给我印象最深的，是日本的中国思想史研究者积十数年之功而推出的六卷本《原典中国近代思想史》（西顺藏编，岩波书店1976年、1977年），而经历了三十多年之后，又出版了七卷本的《新编原典中国近代思想史》（岩波书店2010年、2011年）。六卷本的《总序》中对之所以选择按照原典来编纂思想史这种形式有这样的解释："为了打破日本学界、论坛上被视为权威、作为常识的认识框架，深化中国认识，进而去改变日本认识，与其对鸦片战争以来中国人的思想活动进行评价、解说，首先将史料原原本本地提供出来，让每个读者都能够直接接触到，与之搏斗，这样不是更为紧要吗？"只有回归原典、与史料肉搏，才能打破陈规，更新范式，推陈出新。日本人认识中国是这样做的，中国人认识日本，何尝不需要这样做。

我们相信"每一件史料都在呢喃细语，都有自己的思想"。而历史之学就是"一种倾听，一种体察，一种理解"。种种史料，散在于史海中，有些在现在看来可能极为"荒谬"，在当时却"司空见惯"；有些在现在的中国可能被视作极为

"反动",而在当时的日本却"理所当然"。历史之学不仅要对"荒谬"和"反动"的史料作出解释,而且也要对与之相应的"司空见惯"和"理所当然"的史料作出说明。广义地说,任何历史遗存都可以被当作史料,为历史学研究所用。这里所说的"原典",既强调史料的"原始性",即是指第一手史料,同时也强调史料的"典型性",即是指有代表性的史料。成为某一学科、某一领域的范式的研究著作,也可以纳入原典中。而收入本文库的原典,都是系统的,而不是零散的。通过阅读本文库,读者可以对某一历史现象、或某一学科领域、或某一具体问题的发展历程或研究状况有系统的了解。这是编委会的共同心愿,也是我们编纂本文库的理想。

本文库的编委,一部分是"善美基金"管理委员会的教授,一部分是梅田善美先生生前与浙江大学交流时结识的好友,也都是中国学界日本史、日本哲学和中日文化交流史领域的代表性学者。本文库作为中日文化交流的结晶,同时作为善美基金的重要成果,经过编译者和出版者的共同努力,一定可以为中国学界、论坛,也期待为民众、为每一位有心的读者提供一个认识和了解日本,同时也反思中国及中日关系的值得信赖的读本。

现在机遇来了,我们奋力前行!

刘岳兵

辛丑清明节

(原文发表于《中华读书报》

2021年6月16日第10版)

编者的话：《井上哲次郎儒学论著选集》导言

这是为"南开大学梅田善美日本文化研究基金"（以下简称"善美基金"）出版项目所写的第三篇"编者的话"。前两篇分别是为天津人民出版社2015年出版的《日本的宗教与历史思想——以神道为中心》和2016年该社出版的《日本儒学与思想史研究——王家骅先生纪念专辑》写的，这两本书作为"日本思想文化史研究"系列著作的"初集"和"续集"，原来是想将这个系列一本一本地编下去的。后来杂务渐多，但一直惦记此事。各种机缘巧合，这套《井上哲次郎儒学论著选集》作为"善美原典日本研究文库"的"初集"终于要出版了，实际上这套书也可以算作上述"日本思想文化史研究"系列的"第三集"。只是这一集不再是单本，而是"自成系列"的一个四卷本的小丛书。这一集虽然迟来了一些，但是相信这种等待不是没有意义的。

一

井上哲次郎（1855—1944年，号巽轩）的儒学研究，对我而言在多种意义上都是旧话重提。

我的博士学位论文《日本近代儒学研究》①虽然没有专门研究井上的儒学思想，但是他的儒学研究著作和《敕语衍义》等都是我写作的重要参考文献。大概是意识到自己研究的不足，后来我编了一本《明治儒学与近代日本》②，组织相关领域的研究者力图对明治儒学的方方面面进行比较系统的梳理，其中第二章就是"明治儒学的意识形态特征：以井上哲次郎为例"。该章的内容由三位作者的三篇文章构成，分别是陈玮芬先生的《井上哲次郎对"忠孝"的义理新诠：关于〈敕语衍义〉的考察》、严绍璗先生的《井上哲次郎的"儒学观"："皇权神化"的爱国主义阐述》和卞崇道先生的《权威话语的借用：从〈敕语衍义〉看明治儒学再兴的途径》。这些文字，我相信已经成为中国学界关于井上哲次郎儒学研究的经典论述，也是一次最集中表述。

后来我有感于学界对朱谦之日本哲学思想研究了解得不充分，特别是有些人对朱谦之与井上哲次郎日本儒学研究之间关系的轻率表述，先后发表了《朱谦之的日本哲学思想研究》③、

---

① 刘岳兵：《日本近代儒学研究》，商务印书馆2003年版。
② 刘岳兵编：《明治儒学与近代日本》，上海古籍出版社2005年版。
③ 刘岳兵：《朱谦之的日本哲学思想研究》，《日本学刊》2012年第1期。

《中国的日本哲学思想史研究如何从朱谦之"接着讲"——纪念朱谦之先生诞辰 120 周年》①等。其实,我在博士学位论文写作时就对照着阅读过井上和朱谦之两人的相关著作,还指出过对朱谦之著作中"以讹传讹"的一处瑕疵。这一点后来被书评作者发现,作为评价我"考辨之细微""实证求实的治学态度"的证据。②

来南开和我一起学习过的同学中有对井上哲次郎的思想感兴趣,并发表过专门的学术论文的,在学的同学还有准备将井上哲次郎的思想作为博士学位论文选题的。这次系统地将井上哲次郎的儒学研究成果介绍到中国学界来,所有的译者也都是我的学生。这样"兴师动众",我相信也不是没有意义的。

二

东京富山房出版的《日本阳明学派哲学之研究》(1900 年)、《日本古学派哲学之研究》(1902 年)和《日本朱子学派哲学之研究》(1905 年)被称为井上哲次郎的日本儒学研究"三部曲",是运用西方哲学观念整理、分析和研究江户时代日本儒学思想的开拓性的、具有奠定这一领域研究范式的划时

---

① 刘岳兵:《中国的日本哲学思想史研究如何从朱谦之"接着讲"——纪念朱谦之先生诞辰 120 周年》,载杨伯江主编《日本文论》第 1 辑,社会科学文献出版社 2019 年版。
② 张国义:《评刘岳兵的〈日本近代儒学研究〉》,《历史教学问题》2004 年第 2 期。

代意义的著作。在学术史和思想史上，这三部研究著作和育成会 1901 年到 1903 年出版的十卷本资料集《日本伦理汇编》（井上哲次郎、蟹江义丸编）一起，对于我们了解江户时代日本儒学和伦理思想的历史状况具有里程碑的意义。

研究著作中设专章论述的，日本阳明学派的代表人物有：**中江藤树**、**熊泽蕃山**、北岛雪山及细井广泽、**三重松庵**、三宅石庵、**三轮执斋**及繁伯、川田雄琴及氏家伯寿、**中根东里**、林子平、**佐藤一斋**、梁川星岩、**大盐中斋**、宇津木静区、林良斋、吉村秋阳及吉村斐三、山田方谷及河井继之助、横井小楠、奥宫慥斋及冈本宁斋·市川彬斋、佐久间象山、春日潜庵、池田草庵、柳泽芝陵、西乡南洲、吉田松阴及高杉东行、东泽泻、真木保臣·锅岛闲叟。

古学派的代表人物有：**山鹿素行**、**伊藤仁斋**、中江岷山、**伊藤东涯**、并河天民、原双桂、原东岳、**荻生徂徕**、**太宰春台**（三版时附录中增加：**山县周南**、市川鹤鸣）。

朱子学派的代表人物有：**藤原惺窝**、林罗山、木下顺庵、**雨森芳洲**、安东省庵、**室鸠巢**、**中村惕斋**、**贝原益轩**、**山崎暗斋**、**浅见䌹斋**、**佐藤直方**、三宅尚斋、谷秦山、柴田栗山、**尾藤二洲**、佐藤一斋、安积艮斋、元田永孚、中村敬宇。

上述以黑体字标出的儒者的著作都可以在《日本伦理汇编》中找到（朱子学派中还收录有山县大贰、赖杏坪的著作）。此外，《日本伦理汇编》的第九卷是折衷学派的资料（代表人物有细井平洲、片山兼山、井上金峨、大田锦城），第十卷是独立学派（代表人物有三浦梅园、帆足万里、二宫尊德）

和老庄学派（代表人物有卢草拙、有木云山、阿部漏斋、广濑淡窗）的资料。

井上哲次郎的日本儒学研究"三部曲"，自出版之后，就不断重印、修订或改版。由于初版距今已经有上百年的历史，许多原书中的图片原本就不十分清晰，这次都全部割爱了。本次翻译的最大特点之一是尽量做到每一个译本都将其初版和后来最有代表性的"巽轩丛书"①版进行互校，不同之处以注释的形式标出，有心的读者从这些或细微或显著的变化中一定可以读出某种意义来。我相信译者的这种用心也不会是没有意义的。

三

对井上哲次郎日本儒学研究三部曲的意义、影响和评价，

---

① 据井上哲次郎自定年谱，1924 年 11 月 5 日其门人知友约二百名于华族会馆为其开古稀祝贺寿宴。赛闻所及，1926 年 5 月 30 日发行的《日本阳明学派之哲学》第十四版的封面衬页有印有红色的"巽轩丛书"字样。扉页的虚线方框内有落款为"大正十三年十月吉旦　巽轩会同人"的说明文字。全文为："维新以来，裨益我国运之发展者，教育、政治、军事、产业各界人才辈出，丰功伟绩，新人耳目。学界亦不乏其人。其中如吾巽轩井上先生乃其泰斗。先生夙从事于东洋哲学研究，对儒教、佛教、神道等多有阐发。先生学问渊博，博闻强记乃其天性。对于哲学、伦理、宗教乃至社会问题，多有犀利卓拔之见。余技亦及文学，尚有诗歌创作。且先生夙尊国体，以推进国民之道德为己任。大而言之，可谓纲常因先生而得以维持。先生于我国文化之发展，其功绩岂可谓鲜乎？今先生年至古稀，精力毫不衰减，读书钻研，其气概不让少壮。客岁以来，吾辈受先生之教诲恩泽者，胥谋组织巽轩会，一为先生祝寿，一欲以先生之学为念。因兹发行巽轩丛书，以为事实上之表征。"此版版权页上所标记的"订正十三版发行"的时间为"大正十三年十月二十日"，正好与以上落款的时间一致，但是井上哲次郎的《重订日本阳明学派之哲学序》落款的时间是"大正十三年十一月十七日"。因未见"订正十三版"，巽轩丛书版最初的出版时间待考。

有一些专门的学术论著做了分析。总体的论述，比如九州大学教授町田三郎的《井上哲次郎与汉学三部曲》[1]、井之口哲也的《关于井上哲次郎江户儒学三部曲》[2]，都值得参考。把井上的日本儒学研究放到日本儒学史研究的长时段学术史大背景中去看，陈玮芬的论文《对"日本儒学史"著述的一种考察——从德川时代到1945年》[3]可以参考。

我们先从丸山真男的"日本政治思想史"课堂上，看看他是如何介绍和评价井上哲次郎的这个三部曲的。

丸山真男1948年"日本政治思想史"讲义的参考文献第二类"儒教思想"中，只列了井上哲次郎的《日本朱子学派之哲学》《日本阳明学派之哲学》和《日本古学派之哲学》三册，并附有简短的评介："在德川儒教史研究中占有古典的位置。大体上是将近代学问的方法论运用到德川儒教史中的最初尝试。"[4]1964年丸山真男的"日本政治思想史"讲义的参考文献中，基础史料第一项就是井上哲次郎和蟹江义丸编的《日本伦理汇编》（10册），"主要是由江户时代特别是儒学系统的思想家的主要著作汇集而成，按照不同学派编成"[5]。1965年讲义录的参考文献中除了《日本伦理汇编》之外，还列出了井上

---

[1] 町田三郎：《井上哲次郎与汉学三部曲》，收入氏著《明治の漢学者たち》，东京：研文出版1998年版。

[2] 井之口哲也：《关于井上哲次郎江户儒学三部曲》，《东京学艺大学纪要人文社会科学系Ⅱ》第60集，2009年。

[3] 陈玮芬：《对"日本儒学史"著述的一种考察——从德川时代到1945年》，载九州大学中国哲学研究会编《中国哲学论集》通号23，1997年10月。

[4] 《丸山真男讲义录》第一册，东京大学出版会1998年版，第53页。

[5] 《丸山真男讲义录》第四册，东京大学出版会1998年版，第39页。

的日本儒学研究三部作,并介绍说:"井上哲次郎的三部作。具有近代【西洋】哲学史素养的博士,以受此训练的眼光来探索近世儒学史的著作。对个别思想家而言,放入阳明学派是否合适之类的问题还值得探讨。近代儒学史研究的开端,在今天也是有意义的研究。"①1966 年的讲义录对这三本书的介绍是:"以明治 30 年之后'国民道德'论兴起为背景的著作。运用西欧的学问方法来研究儒教思想史的最初的著作。"②1967 年讲义录参考资料中这样评价井上哲次郎的三部作:"明治时代用西欧的方法研究江户儒学的最初著作。与《日本伦理汇编》同时代刊行,具有划时代的地位。但是明确地区分朱子学、阳明学、古学,这不是没有问题的。不仅仅因为采取折衷立场的儒者也不少,将幕末志士等归入'学派',而且大多划入了'阳明学派',这等于是将其视为普洛克鲁斯特床上的俘虏。"③虽然不同年份的评介各有侧重,但对其学术史意义,是一直肯定的。尽管对"学派"的划分可以讨论,但是其研究范式,也不得不承认已经成了一种沿袭的"传统"。如丸山所言:"江户时代儒教思想的历史展开,可以从种种角度来追溯。朱子学派、阳明学派、古学派、折衷学派,这种按照'学派',特别是以宋明学与古学的对立为中心而进行的探索,是井上哲次郎以来为许多学者所沿袭的做法。"④

---

① 《丸山真男讲义录》第五册,东京大学出版会 1999 年版,第 9 页。
② 《丸山真男讲义录》第六册,东京大学出版会 2000 年版,第 9 页。
③ 《丸山真男讲义录》第七册,东京大学出版会 1998 年版,第 11 页。
④ 《丸山真男讲义录》第七册,第 252 页。

1983 年，丸山真男在他的《日本政治思想史研究》英文版作者序中毫不隐讳地宣称，自己的著作"无论对哪方面的德川思想史研究者而言都异口同声地承认是'出发点'"①。但是这个出发点不是凭空产生的。这里他分析了近代以来日本思想史研究的几种类型，第一种就是以"国民道德论"为基础的日本思想研究，而这种类型的代表人物，就是井上哲次郎。下面的引文稍微有点长，但是这种解释是值得倾听的。

所谓"国民道德"，既然道德本来是良心的问题，那么道德的承当者就不可能在个人之外——这种想法如今对于居住在基督教世界以外的文化圈中的人们而言也已经是常识——立足于这样的思考时，这一词语直译起来便难以理解。尽管如此，这一词语在日本帝国，自明治中期（二十世纪初）前后，在政治家和教育家之间就开始强调，一直到第一次世界大战后的所谓"大正民主主义"时代，都是根深蒂固地残存在保守阶层之间的一种意识形态用语。最为善意地来解释的话，这是明治维新后日本遭遇西欧化的洪流，为了寻求自己的国家以及国民的同一性（national identity）的一种绝望的努力在道德方面的表现。他们反复宣称，对日本帝国而言，并非是在儒教、佛教、神道这些非西欧的说教与在西欧的伦理中寻求"偏向性"，毋宁说，要将之与上述"传统"说教中所缺乏而必须补充的道德——比如所谓的公共道德——进行适当的捏合，从而树立帝国臣民

---

① 《丸山真男集》第十二卷，岩波书店 1996 年版，第 76 页。

应该遵守的新道德，并将之作为现代日本最切实的课题。既然是道德上的问题，"传统的"意识形态中，特别着力于儒教是很自然的。学者或教育家中这种想法的热烈主张者，被称为"国民道德论者"。①

丸山真男认为井上哲次郎就是典型的"国民道德论者"之一。他接着评价说：井上"关于'国民道德'的许多著作和论文，鼓吹的调子越高，其学术价值越低。但是其中他运用在欧洲留学所学到的西欧哲学范畴研究德川儒学的三部曲，是近代日本德川儒学史研究具有划时代意义的里程碑。因为它不为拥有长久传统的'经学'（中国古典的注释学）所束缚，不管怎样是将日本儒学史作为'思想'的历史来对待的最初的力作。即便考虑到将德川时代的儒者或儒教的思想家强行塞进朱子学派、阳明学派、古学派的某个框框里，或者在儒学史中机械地套用欧洲哲学的范畴或学派来进行解释这些缺点，这些著作，即便在今天，依然不失其生命"②。

这里可能有读者会问，丸山真男把井上的三部曲作为用西方哲学范畴研究日本德川儒学的开创之作，强调其划时代的里程碑意义，也就是说井上的三部曲可以说是近代日本学术史上日本思想史研究的一个"出发点"，这和约半个世纪之后他自己的《日本政治思想史研究》也成为该领域公认的"出发点"，这两个出发点之间有什么关系？丸山真男本人的态度，

---

① 《丸山真男集》第十二卷，第80—81页。
② 《丸山真男集》第十二卷，第81页。

或许如他所言："基于'国民道德论'及在此谱系上成为时代流行的'日本精神论'的思想史的力作（在量上占了绝大多数），即便不那么盲信，以此为前提的伦理上和政治上的教条，对于青年的我而言，几乎有近乎生理上的厌恶感。"①尽管如此，第一个"出发点"和战后日本思想界的关系如何，恐怕也是一个值得思考的问题。而且高调的"国民道德论"著作，即便其学术价值很低，但是其历史价值不低。我们相信本次推出井上的儒学论著，除了其"经典"的三部曲之外，还特意编译了一本《儒教中国与日本》，也不会是没有意义的。

四

其实，井上哲次郎对自己所从事的工作的意义，是有充分的自觉和自信的。根据井上的传记和年谱，他是东京大学哲学科（兼修政治学）的首届毕业生，自从1880年毕业之后，研究、编撰和讲授"东洋哲学史"是贯穿其整个学术生涯的一项重要工作。而以著作的形式展示这项工作的最初成果，就是他的日本儒学研究三部曲的第一部《日本阳明学派之哲学》。

井上哲次郎日本儒学研究的学术史意义和贡献，一言以蔽之，就是为"东洋哲学"研究奠定了基础、建立了范式。具体而言，一方面是运用西方哲学范畴研究、梳理日本哲学思想史的传统资源，一方面是对日本儒学的总体把握和学派分析。其

---

① 《丸山真男集》第十二卷，第89页。

思想史意义，主要是为东洋哲学思想的传统与发展赢得了话语空间。一方面挖掘了日本国民道德建设的传统精神资源，另一方面也为实现他的东西哲学思想融合的理想提供了一个蓝图，同时，这项工作本身也是一次思想融合的尝试。①

《日本阳明学派之哲学》的序文中开篇即表明自己从大学毕业后就开始着手编著东洋哲学史，积累了大量的中国哲学、印度哲学的材料，后来到1897年赴巴黎参加万国东洋学会，发表了《日本哲学思想之发达》，"归国以来益觉对日本哲学进行历史的研究之必要。于是稍致力于阐明德教之渊源、寻绎学派之关系，其稿渐多，堆满箱底。其中有关阳明学者自成一部，名之曰《日本阳明学派之哲学》，以稿本之原貌公之于世，欲为医治现今社会病根之资"。这里所说的"社会病根"，就是该序文中后面提到的明治维新以来，功利主义、利己主义思想流行，破坏了日本国民的道德心，如他在《日本伦理汇编叙》中所说的，造成了"可怕的道德上的危机"。那么如何培养或重振国民道德心呢？他说："欲知我国民道德心如何，需要领悟用以熔铸陶冶国民心性的德教的精神。如此书所述日本阳明学派之哲学，岂非其所资者乎？"他自信不仅日本阳明学派之哲学，也包括日本古学派、朱子学派之哲学，"在东洋哲学史中虽然不过为大鼎之一脔，庶几可成为将心德

---

① 关于日本明治时代政治、宗教、教育领域中日本与西方以及中国与日本之间的文化交涉，请参阅陶德民的著作《西教东渐与中日事情——围绕礼拜·尊严·信念的文化交涉》（大阪：关西大学出版部2019年版）。与本文相关的特别是该书第五章"'教育与宗教冲突'的背景与本质"和第七章"明治末年出现的神佛耶三教会同与归一协会的意义"。

发扬于世界万国之一具"。

　　井上对日本儒学学派的划分，我们从其三部曲的不断重印再版中可以看出他的观点基本上是一以贯之的。比较大的变化，比如阳明学派，在重订本（1926年巽轩丛书版）中增加了"渊冈山"一章，在新订本（1938年富山房百科文库版）中删去了佐久间象山，新订本序中指出："佐久间象山应该作为朱子学的倡导者，因此将他删了，换成了高井鸿山。"对佐藤一斋这种被评为"阳朱阴王"的儒者，在《日本朱子学派之哲学》中都只留其章名（第四篇宽政以后的朱子学派 第三章佐藤一斋），而该章的具体内容只有"揭于《日本阳明学派之哲学》第二篇第八章，故兹略之"。可见井上也已经注意到学派的复杂性。按学派来研究哲学思想史，有利于揭示其整体特征和发展状况，只要研究者不局限于学派，并不影响揭示个别哲学思想家的复杂性。

　　其他的修订，这里只举一个例子说明。《日本阳明学派之哲学》初版第37页中介绍中江藤树的著作，最后一项是"《藤树全书》十卷"，如其所言，该书明治二十六年刊行，当然是最新成果了。到1926年的重订本即巽轩丛书版中的这一项①，最后增加了一句："现在另有《藤树先生全集》的编纂与发行的计划，此书一旦出版，较之从前的将更加正确、完备，故裨益学者亦甚大。"到1938年8月"富山房百科文库"版的《新订日本阳明学派的哲学》中，则在此后专立一目"《藤树先生全

---

　　① 井上哲次郎：《日本阳明学派之哲学》，东京：富山房1926年第十四版，第35页。

集》（五十卷五册）"，并做了详细的介绍："此书由加藤盛一、高桥俊乘、小川喜代藏、柴田甚五郎四人编纂，是最为完备的藤树全集。尚增加有别卷一册，卷末不仅附有索引，而且刊登了英文的《藤树论》。学者宜用此书研究藤树之事迹及学说。"①《藤树先生全集》虽然到1940年才由岩波书店出版，因为井上哲次郎为该书的顾问，便提前在自己的著作中做了说明。其修订的状况，由此可见一斑。

还有一点是三部曲的"现实意义"，也不容忽视。《日本阳明学派之哲学序》落款日期为"明治三十三年九月廿四日"，就是1900年9月24日。同年7月14日，包括日本在内的"八国联军"占领了天津，8月15日入侵北京，光绪帝与西太后等西逃。八国联军中日军在中国的"出色表现"成了井上哲次郎宣传"高洁"的日本国民道德心的重要"证据"。他在这篇序文中写道："若再就眼前的事实来证明我国民道德心的表现的话，那看看我国军队在中国的表现吧。其独放异彩的是什么呢？不恣意掠夺，不逞暴恶，严守军纪，不为私欲所动，这不是我国民道德心的表现是什么呢？正是因为有如此的国民道德心，我们的军队才能独放异彩。"还说道："该事变是如何暴露了联合国军中各国官兵应被责难的地方的呢？在此期间，我国军队通过剑光炮声彰显了我国民的道德心无比净洁的姿态，闪耀于世界各国眼前。是该培养我国民的道德心呢？还是该消灭呢？我觉得问这个问题就十分

---

① 井上哲次郎：《新订 日本阳明学派的哲学》，东京：富山房1938年版，第28页。

愚蠢。"

　　这两段话，如果所说的事是真实的话，的确是很有力的证据。我手头恰好有两本关于八国联军的书，一本是《京津蒙难记——八国联军侵华纪实》①（以下注释简称《纪实》），一本是《中国和八国联军》②（以下注释简称《联军》）。两本书记录的都是当时的亲历亲闻之事和书报资料。日军当时从中国抢劫掠夺了多少财宝，书里有不少的数字记载，如"户部银库存的 300 余万两白银和内廷所存金银，全被日本人抢去"③，日本的媒体也报道过从开战到 10 月初，日本从中国"所得"多少米多少银多少武器军火。④准确的数字，待今后有空再去细查，否则有可能否认"掠夺"过的事实。兰道尔的书中是这样描述日军士兵的，说："和其他人一样，他们也抢劫，但用的是一种平静、温和，甚至是优雅的方式。""他们拿走喜欢的东西，但做得是如此得体，以至于你看上去不觉得这是抢劫"。⑤同时也记载了日本兵不温和不优雅的举动，和其他帝国主义侵略者一样幸灾乐祸地虐待中国的俘虏⑥、向中国的平民逞其暴恶⑦。兰道尔在评价当时的美国兵时说：

---

① 北京市政协文史资料研究委员会·天津市政协文史资料研究委员会编：《京津蒙难记——八国联军侵华纪实》，中国文史出版社 1990 年版。
② 兰道尔：《中国和八国联军》上下卷，李国庆、邱葵、周珞译，国家图书馆出版社 2014 年版。
③ 《纪实》，第 37 页。
④ 《纪实》，第 90—91 页。
⑤ 《联军》上，第 182 页。
⑥ 《联军》上，第 343 页。
⑦ 《联军》上，第 357 页。

> 我看到美国的报纸报道说，美国兵是在中国唯一绝对没有进行抢劫的士兵。这句话引申出来的意思就是，美国兵的道德观要高于其他国家的士兵。毫无疑问的是，其他参战国家的报纸也是以同样方式写他们的同胞的。如果报纸的内容总是真实的，那倒是一件非常愉快的事。但是就这件事而言，那种报道特别的虚假。在抢劫这件事上，美国士兵没有比其他人更坏，但更确实的是，他们也并不比其他在场的士兵更好。①

井上的上述文字，大概也是看到当时日本的特别虚假的报道，而引申出来的意思。因为事实是虚假的，从虚假的事实所引申出来的意思也自然是不可信的。从虚假的事实中引申出闪耀于世界各国眼前的日本国民道德心的洁净姿态，这就是日本当时真实的意识形态操作，作为史料，是非常珍贵的。但是，我发现在后来的重订本和新订本中，初版序言中的这两段都删去了。②这当然又是另一种历史的真实。把史实原原本本地摆出来，这对于我们深入了解日本近代的学术思想不会是没有意义的。

---

① 《联军》上，第183页。
② 另外，《日本朱子学派之哲学序》落款日期为"明治三十八年十一月廿三日"，即1905年11月23日。时值日俄战争结束，第二次日韩协约签订，日本掌握了韩国的外交权，在首尔设置统监。由此，该序的结尾这样写道："目前日俄战争已宣告终结，我邦之荣光发扬光大于四海宇内，欧美学者试图究明我邦强大之原因。此时展开朱子学派的历史研究，认识我邦德川氏三百年间的教育主义在国民道德发展史上带来的巨大影响，已是时不我待之事。有志于德教之学者，宜深思之。"这一段后来的巽轩丛书版没有修改也没有删节。

五

井上哲次郎，不只是一个普通的思想家，也是近代日本官方意识形态的重要代言人。这就决定了他的儒学和相关思想研究，不可能停留于纯粹学术的层面，他的研究和学术要为当时的国家意识形态服务。因此，要全面了解井上的儒学研究成果，只知道上述三部曲是不充分的。为此，我们编译了第四卷《儒教中国与日本》。

第四卷《儒教中国与日本》是一本"新书"。井上一生，著作等身。但有意识地编辑单册选集的，就我所知，最重要的应该是其自编的《井上哲次郎选集》，1942年11月由东京的潮文阁出版发行。该选集的内容依次分为哲学篇、伦理篇、宗教篇、教育篇、武士道篇、经济篇、圣德篇、圣哲篇、贤哲篇、军神篇，共收录21篇文章。这些文章一定是他在所涉及的相关领域自认为得意且能适应时代需要的作品。2003年，岛薗进和矶前顺一编纂的九卷本《井上哲次郎集》，列入"日本的宗教学丛书"中，由东京的クレス出版（KRESS株式会社）影印发行，为我们进一步了解井上哲次郎的相关思想提供了资料上的便利。以上选集或著作集，都是我们编辑《儒教中国与日本》的重要参考。

《教育敕语》（1890年）是继《大日本帝国宪法》（1889年）颁布、近代日本国家组织结构成型之后，以天皇的名义发布的宣示国民道德根源、国民教育基本理念的重要文献，可以说它是近代日本官方意识形态的灵魂所在。对《教育敕语》的解说书籍汗牛充栋，而井上哲次郎的《敕语衍义》（1891 年）作为师范学校和中学教科用书，影响最大、流传最广。①1899 年井上对《敕语衍义》稍加修订，出版过《增订敕语衍义》（文盛堂・文魁堂），而《儒教中国与日本》中收录的《释明教育敕语衍义》是井上哲次郎《敕语衍义》的最终版，1942 年 10 月由东京广文堂书店出版发行。

井上哲次郎的《敕语衍义》的特色与意义，特别是与儒学的关系，如前所述，拙编《明治儒学与近代日本》中已经阐述得非常清楚了，我们不妨来重新温习一下。比如，对《敕语衍义》在中日学界的回响，陈玮芬做了这样简明的概括②：

> 严绍璗认为它深深烙着德国国家主义的印记，指出井上的信念是留德期间受到俾斯麦、斯坦因等集权主义思想影响的结果。他批评井上的思想体系"既是学术的，又是政治的"，这个庞大体系的全部价值，"在于使国民加强天皇制国家体制的意识"③。王家骅主张《敕语衍义》刻意将天皇的神格和国家有机体说加以结合，构成一种天皇与国家一体而至上，"忠君"即"爱国"的专制思想，毒害了数代的日本人④。而日本学者则指出井上在《敕语衍义》中完

---

① 参见拙著《日本近现代思想史》第三章第二节"《教育敕语》的颁布及'敕语体制'"的形成，世界知识出版社 2010 年版，第 105—116 页。
② 陈玮芬：《井上哲次郎对"忠孝"的义理新诠：关于〈敕语衍义〉的考察》，载刘岳兵编《明治儒学与近代日本》，第 60 页。
③ 严绍璗：《日本中国学史》，江西人民出版社 1991 年版，第 305 页。
④ 王家骅：《儒学的政治化、社会化与日本的现代化》，载李玉等主编《传统文化与中日两国社会经济发展》，北京大学出版社 2000 年版，第 151—152 页。

整回顾了古来的日本人如何理解、说明、实践"孝悌忠信"的历史,这种"忠君爱国"、"死轻鸿毛"的精神,规定了井上此后的思考举措,成为他终身不渝的信仰①。

陈玮芬对于从《教育敕语》到《敕语衍义》的精神逻辑如何展开,在其论文的"结论"部分做了详细的阐述:

> 井上哲次郎的《敕语衍义》为《教育敕语》奠定了解释的基调,成为此后五十年间人们理解《教育敕语》的准则之一。当然,衍义虽然是敕语的注释,但是两者的思想理路、企图与策略并不是完全一致的。其最大不同,在于敕语的制定动机是针对维新以来西学影响的反省,关注的焦点在于国民道德的问题,而衍义的论述则着重于日本万世一系的特殊国体,甚乎国民道德。
>
> 《教育敕语》把国民道德的根据限定为天皇祖先的教训,除此之外,不允许人们由内在层面、或是精神权威(如良心)中寻求道德依据。国民如果选择了此外的道德权威,便违反了国体,必须加以遏止。文中罗列了孝父母、友兄弟、夫妇和、朋友信、恭俭、博爱、义勇奉公等各项德目,并不尽然是由儒教道德中取材。即便是五伦之一的夫妇之道,也避开儒教习用的"有别",而以近代的解释"相和"代之。至于个人的修德修学、社会道德范畴的博爱公益,或者是立宪国民国家的要件如遵守国宪国法

---

① 町田三郎:《井上哲次郎と漢学三部作》,载氏著《明治の漢学者たち》,东京:研文出版1998年版,第235页。

等，无一不在谆谆规范的项目中。至于国家有事时必须义勇奉公的要求，也许不能直接判为与近代国民道德互相矛盾的行为。

如果剔除《教育敕语》中天皇与国民的关系，可以发现其人际关系论中的道德，也就是所谓"父母孝，兄弟友，夫妇相和，朋友相信"，对于儒教已相当普遍的东北亚来说也完全没有任何不妥，它是一种理所当然的道德，也通用于现今的社会。不过，就算各个单项的德目无可挑剔，《教育敕语》本身却存在了根源性的问题，那就是要求国民奉行这些德目的最终目的，并不在于培养出具备"善良"人格的子民，而在于塑造出"朕忠良之臣民"与"显彰祖先遗风"的忠臣与孝子。可以说，《教育敕语》所描绘的理想人类图像，是一个绝不被允许跨出天皇制意识形态框架的人类。

此外，《教育敕语》虽然以"天皇祖训"的方式，为上述训诫日本臣民的教条赋予特殊的个别价值，但同时也反复使用"不谬"、"不悖"、"通古今"（＝时间性），以及"施中外"（＝空间性）等字眼，强调它所具备的普遍性、妥当性。这种将个别价值扩大为普遍价值的逻辑，正好等同于昭和时期甚嚣尘上的天皇制国家乃"八纮一宇"的逻辑。

井上哲次郎认同这样的逻辑，为了统合民心、巩固天皇权威，大篇幅铺陈《敕语衍义》，此书也和《教育敕语》、《大日本帝国宪法》等互为表里，成为天皇制国家的伦理、法理根据，担负了维持天皇政体精神秩序的使命。他试图转化宗教性的虔敬之心入道德领域中，建立"世俗的、实际的"国民道德，又藉由儒教的"差等之爱"来建构以天皇为顶点的世俗秩序①。他明确主张忠重于孝、使用"广泛"、"深大"等语词为忠君爱国的行为赋予正当性。他刻意忽略儒家对"仁政"的要求，批评中国的人民与皇帝之间、家族与家族之间都无法真正能够达到"血缘"的连结，国家由个别家族组成，无法真正贯彻"忠孝一本"的观念；加以历史上再三改朝换代，也造成人民在忠孝之间难以抉择。藉以标举世间唯有皇统一系的日本，把个别的家族制度都包含在天皇的大日本家族之中，提供了忠孝合致的理想社会。他采用日本拥有他国所欠缺的独特而完备的历史传统这样的论调，来激发全体国民的使命感，虽然所使用的诠释语言显然易见是简单、暧昧、也模糊的，却也的确成功地培育出许多忠臣良民。②

严绍璗先生的《井上哲次郎的"儒学观"："皇权神化"的爱国主义阐述》对《敕语衍义》的主题思想和精神实质做了清晰的概括：

> 日本社会正在日益接受欧美的文化思想，而这种世态

---

① 井上哲次郎：《儒教的长处短处》，《东洋哲学》第 15 号，第 67 页。同《非难教育上的世界主义》，《日本主义》第 1 号，东京：开发社 1897 年版，第 12 页。

② 刘岳兵编：《明治儒学与近代日本》，第 82—83 页。

的加深发展,势必会动摇日本天皇制政体的国家利益,于是,井上哲次郎便致力于把日本传统儒学中的伦理观念,与欧洲的(主要是德国的)国家主义学说结合为一体,着力于阐述"孝悌忠信"与"共同爱国"为日本国民的两大德目,是所有的"臣民"对天皇应尽的义务,从而试图创立起一种新的日本精神。

井上哲次郎的《衍义》,从儒学研究的视觉来考察,最可注意点有二:

第一、井上哲次郎抛却历来关于"孝悌忠信"的陈腐旧说,直接把它与"共同爱国"连接为一体,申言这是拯救日本的唯一之道,不仅使人耳目一新,而且使它具有了现代价值观的诠释。与十年前天皇的近臣永田元孚等江户老儒,用陈腐不堪的言辞来指责"文明开化"不同,在井上哲次郎的一系列的阐述中,非常注重近代性的国家意识的表述,其重点在于使"臣民"对于"君主"的忠诚,具有了"爱国"的最普遍与最神圣的意义,这就把传统儒学的政治伦理与欧洲国家集权主义学说融为一体。这是近代日本儒学主流学派的最基本的特征之一。

第二、当井上哲次郎在着力于重建日本国民的精神时,虽然阐述的主旨是传统儒学的伦理道德,诠释的方式是西洋的国家主义,但是,这内外两个理论于日本而言,却都是"异邦文化",这对井上哲次郎来说,确是一个颇为棘手的问题。于是,他又以十分的努力,致力于强调日本天皇臣民爱国的真正内容,在于建立起日本形态的皇统观念。

井上氏在为《敕语》的第一句话"朕唯吾皇祖皇宗，肇国宏远，树德深远"作"衍义"时是这样诠释的：

当太古之时，琼琼杵命奉天祖天照大御神之诏而降临，列圣相承。至于神武天皇，遂讨奸除孽，统一四海，始行政治民，确立我大日本帝国。故而我邦以神武天皇即位而定国家之纪元。神武天皇即位至于今日，皇统连绵，实经二千五百余年之久，皇威愈益高涨，海外绝无可以与相比者。此乃我邦之所以超然万国而独秀也。

这里阐述的是最典型的"日本大肇国观念"——所谓日本天皇，为"天孙降临"，乃"万世一系"；所谓日本国民，为"天孙民族"，乃"八紘一宇"；故而，日本乃"神国"矣，为"超然万国而独秀也"。这是井上哲次郎把握的《教育敕语》的真精髓，是他在《衍义》中贡献于日本国民面前的"爱国"的真内容，这也就是近代日本儒学研究的真灵魂。

《教育敕语衍义》构筑起了一个把传统儒学、西洋国家主义，与日本神国尊皇观念融为一体的缜密的思想体系。这个思想体系以粘着于天皇制国体为基础，以儒学的政治伦理为内核，以神国皇道观念为灵魂，以国家主义为表述形式。①

严绍璗在该文中还将井上哲次郎的《敕语衍义》和日本儒

---

① 刘岳兵编：《明治儒学与近代日本》，第 90—92 页。

学研究三部曲及 1912 年出版的《国民道德概论》联系起来,指出:"井上哲次郎以深厚的儒学教养,足实的西洋文化的熏陶和对天皇制国家的忠诚,开启了近代日本儒学研究的一个新的学派。"①对井上的儒学研究三部曲,严绍璗评价说:"在这三部著作中,井上氏遵循他的基本思想,把儒学的伦理与国粹派的尊皇观念的统一,把日本的传统(指包含了儒学与国粹诸方面)与西洋的价值观念的统一,作了合理主义的诠释。或许可以说,从《教育敕语衍义》到这三部'学派之哲学',井上哲次郎在近代日本的儒坛上,完成了作为日本儒学研究中主流学术奠基者的神圣任务。"②而井上的日本儒学三部曲也为他后来的国民道德论的铺陈与展开提供了重要的精神资源。

本书中收录的《释明教育敕语衍义》主要由四部分构成,第一部分绪言,说明《教育敕语》颁发的经过与原委;第二部分影印《敕语衍义》全篇;第三部分释明,这一部分是核心部分,是在《教育敕语》颁布半个世纪之后的新的历史时期,重新为其护教与辩诬,并赋予其新的历史意义;第四部分《附录 道体论之概观》也很重要,是要为日本的国体观念从哲学上寻求"道体论"的思想根据。

我们来举例看看他的说法,比如在"释明"部分的第十章"《教育敕语》与儒教主义"的结尾他写道:

> 我们日本国民如今在战时,在道德方面取得了优异的

---

① 刘岳兵编:《明治儒学与近代日本》,第 92 页。
② 刘岳兵编:《明治儒学与近代日本》,第 92—93 页。

成绩，无论从任何国家的立场来看都无法非难。不仅在轴心国被赞赏，在同盟国也惊叹不止。正因为如此，《教育敕语》的精神，不仅从儒教来看，不能非难，无论从佛教来看，还是从基督教来看，都不应该非难，我觉得倒是应该大加赞同。①

在第十三章"《教育敕语》与目的主义"，也就是"释明"部分的最后一章，在结尾的部分，他这样写道：

> 我们日本正如《神敕》中所宣扬的"宝祚兴隆，天壤无穷"一样，历经二千六百年，时至今日，这一宣言越发成为事实，如今感觉其效验最为显著。同时，我立即想到的是，神武天皇在《奠都之大诏》中显示了八纮为宇的国民理想。这是一种非常亲切、蕴含了博爱精神的国民理想。首先使之在日本全国实现，进一步扩大到大亚细亚诸国，最终使世界各国纳入其范围内，这是一个世界性的大理想。佛教、基督教、拜火教都论说最终的理想，康德、费希特、黑格尔这样的哲学家也论述终极理想，而且儒教以治国平天下为目的，但由于出现各种各样的情况，世界并未按照他们的那些理想进展。时至今日，我们日本已经在横亘大东亚诸国的广阔范围，正在不断实现八纮为宇的大理想。此次神圣事业的参加者，都正在实现他们作为人的生命的目的。

---

① 井上哲次郎：《释明教育敕语衍义》，东京：广文堂书店1942年版，第339页。

而且，为了使这种大理想惠及其他国家，兴亡盛衰不定，社会不安定的国家是不可能实现的。而我国像《神敕》中所说的"天壤无穷"那样，是一个永远无限发展的国家，只有我国才可能实现大理想。与实现这个目的相对，其他功利主义的国家、共产主义的国家、还有一群追随其后的小国家没有丝毫神圣的意义，这是显而易见的事实。我国现在举国正在不断成就着非常伟大的神圣事业，这是由于其在其根基上能够实行"惟神之道"这种大道的缘故。我认为这些事值得今天及今后的学者大力研究，为了广大的世界人类，应该阐明其真相。①

以战争中日本在道德方面的优异成绩来证明《教育敕语》精神的普遍价值，这种论证的方法，井上已经在前面提到的《日本阳明学派之哲学序》中用过一次了，后来相关文字虽然删去了，但是由此可见其思维方式并未改变。不仅没有改变，而且变本加厉，把近代日本自身所进行的"以帝国主义、侵略主义为目的，蚕食或吞并他国，或使其殖民地化，以他民族作为榨取对象"的行径美化为"伟大的神圣事业"，而且从不着边际的所谓"神敕"中寻找精神慰藉和动力。

在《附录 道体论之概观》一文本论的结尾部分，井上还煞有介事地论证着日本的"惟神之道"与其他各国的道的功能和特点不同，津津有味地讲述着其优越性和永恒性，相信在此引领下可以将世界化为一个"伟大的神国"，并且认为："只有

---

① 井上哲次郎：《释明教育敕语衍义》，第355—357页。

具有万古不变的基础的皇国，才可能实现这种社会的理想。"①这里已经将"皇国"日本及其"惟神之道"作为一种信仰，神圣化了。所谓论证，不知不觉中进入（或者被带入）一个"解释循环"之中。打破这个"循环"的，只有等到日本的战败。可惜他没有等到这一天。也许他是幸运的，可以抱着他的梦想死去。

《儒教中国与日本》中收录的其余二十八篇文字分为"中国哲学与文化""儒教与日本""古今人物论""序跋与行履"四个部分，其中"中国哲学与文化"部分值得听取的内容不少，特别是《性善恶论》这篇文章，其论述之条理、系统、深入，眼界之开阔，很难想象这是130年前发表的论文。"序跋与行履"部分收录了相关著作的序言和他对自己学术、人生的回顾以及自订年谱，这些对于了解井上哲次郎其人其学都是必要的材料。放弃个人的"厌恶感"，这些文字作为知识考古学的重要标本，是研究那个时代的精神结构、分析日本近代官方意识形态话语的形成的珍贵资料。由于井上哲次郎的"学界泰斗"身份，这些文字对于我们辨明近代日本的学术与政治生态，尤为重要。中村元、武田清子监修的《近代日本哲学思想家辞典》②，不愧如监修者所言，可以说至今仍然是近代日本哲学思想家个别人物研究"集大成"的辞典。按照经历、思想、著作、文献四个部分，囊括近代日本约一千名思想家，是所见辞书中

---

① 井上哲次郎：《释明教育敕语衍义》，第404、405页。
② 中村元、武田清子监修：《近代日本哲学思想家辞典》，东京：书籍株式会社1982年版，第59—62页。

对井上哲次郎记述最详细的一种。词条作者伊藤友信分析了战后学界对井上"负面评价"多的原因，在于他是官僚式的学者，而且具有国家主义者的思想性格。尽管如此，但是，作者提出对井上的思想不应该以其官僚的、国家主义的侧面为前提去看，而应该在明治时代的哲学潮流中对其进行客观的把握。①要简单地否定它很容易，但是要究明其思想肌理、剖析其逻辑结构，才是思想史研究的关键所在，只有这样才能做到真正有效的批评，才能粉碎它以免重蹈覆辙。而这依然是日本近代思想史研究中的一个重要的、艰巨的课题。

六

中国学术界，其实对井上哲次郎早就不陌生了。关心中国近代学术史的有心人，对这种"厌恶感"也许早就已经有免疫力了。

稍微调查一下就可以发现，《日本阳明学派之哲学》在著名的《教育世界》杂志上几乎全书都译载了。从1907年3月第148期的《教育世界》开始，到同年10月第162期，以《日本阳明派之哲学史》为题连载翻译了除序言和附录的几乎整本《日本阳明学派之哲学》。此外，1915年到1916年的山西宗圣会刊物《宗圣汇志》（《宗圣学报》）也节译过此书。

---

① 伊藤有信：《井上哲次郎》，中村元、武田清子监修：《近代日本哲学思想家辞典》，第60页。

井上哲次郎最初在中国有影响的刊物上亮相，大概要数在1899年5月发行的《清议报》第17期上发表的"来稿杂文"《读韩氏原道》了。该文结尾写道："韩氏《原道》，通篇支离而无理，矛盾而不通。既不通，又无理，可谓之旷世之大文字耶？近世学汉文者，何故藉藉称之也？吾久叹学汉文者无识见，而局于陈迹，不能驾古人而上之也。乃摘发韩氏原道之谬误，使其知前人之不及后人，后人之不复及后人。"文章劈头即狠批韩文"与真理相背驰也甚矣"。主要从论证逻辑和具体观点来批评韩文的论述。印象比较深的，首先是他从逻辑上指出："定名与虚位，毕竟无分别也。"其次是他认为个人的经验不能作为衡量"公言私言"的标准，"古今如此久矣，东西如此广矣，其所未闻见，不知其几千万也"。而且主张："公言私言不足以证是非正邪。"因为"真理之始出也，必私言也。若排斥私言，则真理亦不出也"。进而问责韩愈："韩氏排斥私言，则后世真理之不出于汉土，岂非韩氏之过耶。"从观点而言，与韩愈之排佛老，强调其道不同，井上则从三者可以统一融合的侧面，先强调"孔老二氏之学，其旨意亦往往相符合"。继而批评韩氏排佛之妄："佛氏说法，令一切众生始成世善，终成出世。终成出世，虽似外天下国家；而始成世善，与孔子之道何以异也。且夫佛氏以一切众生为平等无二，是与泰西所谓同等之权，其义稍相近矣。然则佛氏岂外天下国家哉。"最后，井上从经济学的观点来批评韩愈"鳏寡孤独废疾者有养"的结论"虽似仁者之道，而不必然也"。他将"人民"分为两类，一类是生产者，一类是耗产者。耗产又分为两种，一种是耗产而资以为益者,一种是耗产而后全不为益者。而"废疾者"则是属于"耗产而后全不为益者"之列。他担心以"夺生产者之所得,授之耗产而后全不为益者,则其由此而生之悲,不及由此而生之喜也。呜呼,是知二五而未知十之言也。生喜则生喜矣,然而后来妨生产之害,虽不彰著,而其实不尠尠也"。

在同月发行的《清议报》第 18 期上又刊载了井上哲次郎的《心理新说序》。该书为井上抄译倍因（Alexander Bain, 1818—1903 年）的《心理学》编成,于 1882 年出版。该序中强调"科学原出于哲学,而心理学实为哲学之根基"。通过对比东西洋哲学发展之兴衰,指出:"我东洋虽不乏哲学,而论法未穷其精,实验未得其法,而继起无其人,此其所以少创起欤。"并以中国哲学的发展为例做了详细说明。之所以翻译此书,是因为作者倍因属于实验学派,"其说精该,最可凭信",可以作为振兴哲学的阶梯。

他的基本哲学观念,也可以从发表在 1903 年 10 月《新民丛报》第 38—39 期合刊上的评论中江兆民的文章《无神无灵魂说之是非如何》中窥见端倪。井上在文章中对中江兆民在临死前所著《一年有半》和《续一年有半》中表现的哲学品格、破除迷信的自由精神表示钦佩的同时,也认为其无神论思想仅及事物表面现象而未及深入肌理,对此感到遗憾。他说:"吾人手足耳目之所得接触者,现象也。现象者刹那刹那变动不居者也。拘泥现象,不求其他世界之理,人生之事遂不可得而解释,又何哲学之足云？盖世界人生之事理于手足耳目所得接触之现象而外,又有不变之实在弥纶磅礴于其间。笃学之士,极深研几，发现此不变之实在以为立论之基础，始得解释世界人生之事理，始得谓之哲学。"那么这种实在究竟是什么呢，他说："实在云者，依心传心之物也。《起信论》所谓'离言说相离文字相'者也。惟其不可以言语文字显，故能超然而为世界及人生之根本主义，亦惟其为世界及人生之根本主义，故必由多方以显之。此各种之写象法所由兴也。"井上力图以"现象即实在论"的主张，会通东西哲学各派的宏愿，复流于另一种表面，这也不仅仅是个人的心力所限，那个时代的脚步太快，而对西方的了解尚浅。

  作为教育家的井上哲次郎，尤其受到近代以来中国学界的关注。他的道德理想主义的教育理念，他对德育的重视、对东洋传统中道德精神要素的阐发，在日俄战争之后，特别是他的日本儒学研究三部曲完成之后，就陆续在不同的杂志上翻译介绍到中国来。1906年在东京创办的《政法杂志》第1卷第5期（1906年7月14日发行）翻译发表井上的讲演《行为与目的之关系》（亦见于同年8月重庆广益书局出版的第114期《广益丛报》）、同年11月出版的《直隶教育杂志》第20期发表其《普通教育之德育》、1909年6月《教育杂志》第1卷第7期发表其所拟《学生座右铭》、1917年10月出版的《学生》第4卷第10期发表其《意志之修养》等，都是专门探讨教育的。不仅如此，我们也注意到，井上以自己的教育理念和道德观念对当时社会思潮和社会现象进行批评的文章，即作为思想家的形象也受到中国学界的关注。如发表在1921年3月刊出的《改造》（上海）第3卷第7期上的《私产之种类与其道德价值》，就是针对当时流行的社会主义思想而发表的。私有财产的道德价值，这是一个很有意义的话题，其中的一些论述也不乏精彩之处。但是他认为社会主义否定依靠自己劳动获得的私有财产，认为社会主义只重视体力劳动而不重视精神劳动，从而批评社会主义思想，这些都是时代的偏见或阶级的偏见。

1938年10月大阪每日新闻社编的《华文大阪每日》半月刊的创刊号上刊登了井上的《论新民主义并勖中国当局》，后来在该刊第3卷第11期（1939年12月）、第5卷第1期（1940年7月）还先后发表了他的《中国今后的思想界》《今后中国思想界的根本问题》，日本占领武汉之后成立的"奴化宣传机构"中日文化协会武汉分会出版的《两仪》月刊第2卷第2期（1942年2月）发表的《新东亚文化与日本之使命》，也是从井上的上述著作《东洋文化与中国之将来》中翻译的。这些文章和著作，充分发挥了井上作为官方意识形态代言人的作用，在日方操纵的中文杂志上传播，是不足为怪的。

话题扯得有点远，了解一些学术史，对于中国的研究者而言，大概也不是完全没有意义的。

七

这套《井上哲次郎儒学论著选集》从选题到编辑、出版，我的师妹韩国茹博士所付出的心力与辛苦，值得铭记。也要感谢中国社会科学出版社的社长赵剑英博士和总编辑魏长宝博士的大力支持。作为中国社会科学院培养的博士，我对"原典日本系列"的呼唤，从"打雷"到"下雨"，从《"中国式"日本研究的实像与虚像》的出版到"善美原典日本研究文库"的开张，都有幸得到了"自家"出版社的关照，我感到非常温馨和庆幸！

  也期待这套"选集"的出版，不仅能够为推进和反思日本儒学研究提供一份"原典"参考，更期待我们能够在充分消化、理解、批评"原典"的基础上，即经过一番与史料的"肉搏"之后，化"井上之学"为方法，为我们在建设人类命运共同体的征程中思考与处理传统与现代、东方与西方、理想与现实、学术与政治这些具有普遍性的问题时提供一些经验与教训。

刘岳兵
辛丑初伏第九日初稿于九樗仙馆
日本无条件投降七十六周年纪念日定稿

目录 CONTENTS

1 / 序

1 / 《日本古学派之哲学》三版序

1 / 叙　论

1 / 第一篇　山鹿素行

 第一　事迹 / 3

 第二　著书 / 23

 第三　学说 / 32

 第四　批判 / 67

 第五　素行关系书类 / 72

77 / 第二篇　伊藤仁斋及仁斋学派

 第一章　伊藤仁斋 / 79

第一　事迹 附伊藤氏系谱 / 79

　　第二　著书 / 97

　　第三　文藻 / 102

　　第四　学风 / 106

　　第五　经书评论 / 110

　　第六　学统 / 116

　　第七　学说 / 126

　　第八　批判 / 168

　　第九　仁斋门人 / 177

　　第十　仁斋关系书类 / 186

　　第十一　仁斋学派即堀川学派 / 189

第二章　中江岷山 / 197

　　第一　事迹 / 197

　　第二　学说 / 199

第三章　伊藤东涯 / 204

　　第一　事迹 / 204

　　第二　著书 / 213

　　第三　学说 / 222

　　第四　门人 / 235

　　第五　东涯关系书类 / 240

第四章　并河天民 / 243

　　第一　事迹 / 243

　　第二　学说 / 246

第三　天民关系书类 / 250

　第五章　原双桂 / 251

　第六章　原东岳 / 254

259 / 第三篇　物徂徕及徂徕学派

　第一章　物徂徕 / 261

　　第一　事迹 / 261

　　第二　著书 / 281

　　第三　文藻 / 291

　　第四　仁斋与徂徕的关系 / 296

　　第五　学风 / 301

　　第六　学说 / 311

　　第七　仁斋与徂徕学说的异同 / 363

　　第八　批判 / 365

　　第九　徂徕门人 / 375

　　第十　徂徕关系书类 / 386

　　第十一　徂徕学派即蘐园学派 / 389

　第二章　太宰春台 / 399

　　第一　事迹 / 399

　　第二　学说 / 404

　　第三　春台关系书类 / 410

412 / 结论

419 / 附录

　　附录一 / 421

　　附录二 / 425

　　附录三　古学派生卒年表（西历）/ 433

　　附录四 / 438

　　　　第一　我国古学派的特色 / 438

　　　　第二　山鹿素行先生 / 440

　　　　第三　山县周南 / 460

　　　　第四　市川鹤鸣 / 463

468 / 译后记

序

  明治三十年以来，我开始对日本历来的哲学进行历史的叙述，试图展现其与今后哲学的系统关联。我首先著述了《日本阳明学派之哲学》，此书于明治三十三年（1900）出版。之后，我便着手山鹿素行、伊藤仁斋及物徂徕等古学派系统的研究工作，耗时二年，如今终于脱稿，准备出版以颁行于同好之士。我著述此书，自认为已经竭尽微力，但恐怕还是会有想不到的错误。若有识之士能投书指教，我必不辞辛劳，他日予以补正。若真能如此，又岂是我一人之幸？

  此书以叙述古学派之哲学为主，如插入肖像之类，并非我的初衷。我曾偶然得到素行、仁斋、东涯和徂徕的肖像，而这些肖像均与《先哲像传》记载的不同，为此我就把它们放入书中了。其中，素行的肖像为外崎觉寄赠，仁斋和东涯的肖像为伯爵松平直亮寄赠，徂徕的肖像则是根据大槻文彦的藏画。仁斋和东涯的肖像应为堀川门人所画，徂徕的肖像则是成于平世胤（镝木梅溪）之手。兹对外崎、松平二氏的美意以及大槻氏容许我据其藏画配图，深表感谢。①

　　印刷已成，但需要修订的地方仍有很多。不过，要想令自己满意，绝非一朝一夕的事情。兹发行稿本，以补充学界的缺憾为自己的唯一慰藉。如那些落叶般常见的鲁鱼之误，现在是怎么也清理不完的，没能清理的，且待他日一并修正。

　　明治三十五年（1902）八月十九日　　井上哲次郎识

---

① 由于原书出版年代久远，书中肖像模糊不清，中文译本不再录入。——译者注

颜之推曰:"人生难得勿空过。"斯言有旨哉!盖群生之中,为人为难,且不能再生,岂可空过此生乎?可惜醉生梦死,枉过一生也。苟为人而不能闻人道,虽长生不死为空过。然则为人,则须要闻道。闻道之工夫,又唯在于能学而已矣。

——贝原益轩

《日本古学派之哲学》三版序

儒教在应神天皇十六年即公元二百八十五年传入我国,至平安时,颇为兴盛,如菅、江二氏以儒教成立家业,门下人才济济。不过,当时凭借强大势力而支配人心的是佛教,儒教不过是无精神、无趣味的训诂学的余绪而已,尚未展现出任何活力。至战国时代,朱子学经僧侣之手传入我国,在江户时代开始出现勃兴之兆。当时,阳明学亦已发端于江西,与朱子学相对,绽放出一种别样光彩。至此,儒教已与平安时代的无精神、无趣味不同,隐然成为一大势力,耸动人心,刷新风气,大有席卷六十余州之势。儒教何以能有如此大的活力?其曾于隋唐时一度极其衰落,至宋时终获反弹,呈现盛状。宋时儒教为反抗佛教的压迫,积极构筑其主义,生出满满活力。其余势延展及于我国者,正是当时的朱子学和阳明学。不过,宋时儒教虽然反抗佛教压迫,但仰赖佛教之处亦不少,未得洙泗之真面目。相反,洙泗之真面目被宋儒遮蔽,而古圣人之道不复明于世。山鹿素行、伊藤仁斋及物徂徕之徒对此大为愤慨，他们张笔呼号，抗击宋儒的压迫，试图发挥洙泗之真面目，故展现出了炎炎活力！这就是我国的古学派。它与平安朝儒学同样，亦欲追溯洙泗之渊源，但因产生于宋儒压迫之后，故面目自然有异，即以彻底反抗宋儒的理论为要务。为此，古学派与平安朝儒学之无精神、无趣味相反，实秉持令人耳目一新的态度。诸人各自彰显己学之本领，形成了震撼一代的势力。当时，朱子学派尊崇朱子，阳明学派尊崇阳明，而古学派并不尊崇这些中国后世儒者，他们的理想更高，欲直承孔子本人。其与室利·阿迪·商羯罗排斥佛教再兴婆罗门教、新康德学派于黑格尔之后复归康德、哈纳克及汉齐等排斥后世神学溯源原始基督教等，并无区别。总之，对古学派进行历史的研究，在很多方面都能产生不少有趣的结果。有志于精神之学的人，怎能忽视它？我自去年九月发行此书，初版售尽，第二版亦已售尽，今再发行第三版。兹于卷末附补正，以补初版之缺漏，并于卷首叙述己怀。是为序。

明治三十六年（1903）八月三日　　　井上哲次郎识

我如果不能通过自己的言语来说明，就会用自己的行动去充分展示。你不认为行动比言语更有价值吗？

——苏格拉底

叙　论

　　自镰仓时代起，海内战事渐多，尤其是在元弘、建武以后，完全沦为乱世，天下滔滔，只知武事，不知文事。当时，文学之权悉掌于五山僧徒之手，今想见其状，仿若西洋之黑暗时代。至德川时代，积年兵乱全归静谧，机运一转，文学骤然复兴，即"文艺复兴"。此时，讲儒者辈出，朱子学与阳明学各成一派。不过，别立旗帜而新开一派，忽放一异彩者，无他，正是古学派。文学的复兴，即人们久已荒废的文学兴趣被再度唤醒。不过，其趋势绝不仅仅止步于继承而已。人们的文学兴趣既然已被再度唤醒，自会于此一转，别开进步生面。这大概是必然的结果。毫无疑问，古学派就是此必然的结果。为什么这么说呢？诚然，古学欲复归古代之学，看似不会有什么创见，事实却并非如此。若意图回归古代之学，而后世之学甚有差谬，那么，看破后世学问的差谬，唱道直承古代之学的宗旨，不是新开生面又是什么呢？如字面意思，古学就是古代之学，但从另一角度看，亦可谓新学。宋学以来，世间学者不尊朱子即崇阳明，见解不出二氏之外。当时，大胆喝破其谬见而奋起的，不是中国人，而是日本人。山鹿素行和伊藤仁斋最先摆脱朱子学的窠臼，超然欲回归古学。二氏的见解不期而合，几乎同时看破回归洙泗之渊源的重要性。素行最先发表其学说，仁斋次之，从历史顺序来看，恐怕也不得不说是这样。不过，素行出版的著述遭幕府灭版，多不传于世，几乎无人知道素行属于古学派。与此相反，仁斋死后，其著书大多被出版，广布于世，影响很大。因此，世间论古学派，不言素行，而独以仁斋为鼻祖。如物徂徕等，亦未曾提及素行之古学。徂徕论古学之所以言仁斋，是因为他转入古学的契机是受到仁斋著书的刺激。总之，素行、仁斋和徂徕三者作为古学派的代表，最为杰出。他们"三人三趣"，虽都标榜古学，但不能简单地归为一类。所谓三人三趣，即素行是兵学者，他钻研儒学，具有打通儒学、兵学而融为一体的特点；仁斋有君子之风，具有专注个人道德实践的特点；徂徕重功利主义，兼具文学者与政治家之特点。因此，三人在古学派中各成一派。三人中，唯独祖述素行古学学说者少，为此素行那里没有形成像仁斋、徂徕那样强大的古学派。古学派中，不论是素行、仁斋还是徂徕，都主张活动主义，反对宋儒的寂静主义。这大概是日本民族的特有精神。即便是发展到今日，这一精神也没有丝毫改变。参照今日学理，古学派的学说确实有不少值得批评的地方，不过，与此同时，它也有很多可以用来警醒后人的内容。尤其是它蕴含的日本民族的特有精神，古今未尝有所间断。学者若能于此豁然相通、默识心契，定可产生血气翻涌之快。

第一篇

山鹿素行

第一　事迹

我国最先唱道古学的是山鹿素行。素行名高祐①，初名义以，中名高兴，字子敬，号因山，又堂号曳尾，轩号素行。后来，素行之号逐渐独行于世。通称甚五左卫门，陆奥会津人，祖先是筑前州山鹿（远贺郡）②人。庆长年间，有个叫山鹿六右卫门高道的，是素行的父亲。高道原本奉仕伊势龟山城主关长门守一政，食禄二百石，后因击杀同僚，自龟山逃至奥州，寄居在会津侯蒲生忠乡门下。后来，高道与大夫町田左近交好。左近拥有三万石的封地，家境颇为富饶。他赠给高道田禄二百五十石及宅邸，并把侍女许配给他作妾，此女即素行生母。素行生于元和八年（1622）八月二十六日，即木下顺庵出生后一年，熊泽蕃山出生后三年，山崎暗斋出生后四年，藤原惺窝卒后三年。素行出生不久，忠乡获罪于幕府，遭除国。左近转而从仕幕府，任百人组组长，推荐高道为骑士。高道谢辞，让长子总左卫门（素行异母兄）继承了这一职务，本人则剃发出家，自号玄庵，在江户以儒医为业。此事发生在素行三岁时。

素行幼名佐太郎，被寄养在江户榎町济松寺的祖心尼门下。六岁起，跟随塾师学书计，八岁顷，已经大体熟记"四

---

① 《先哲丛谈后编》言："名高祐，一名义矩。"又名"高兴"，见《语类》序。《近世丛语》中，"因山"作"隐山"，不知何为正解。

② 《近世丛语》以为是"东肥之山鹿"，误。东肥和筑前都有叫山鹿的地方。不过，《语类》序言"筑前州山鹿"，故明显不是东肥的山鹿。

书"、"五经"、"七书"、诗文之书。九岁拜入林罗山门下，时称文三郎。罗山令素行朗读无点唐本《论语》序及《山谷》，素行读得很流利，只是在训点方面还稍有不足。十一岁春，素行始作岁旦之诗，罗山看后，仅改一字，赞叹其才。十四岁顷，素行诗文娴熟①，曾在贵绅面前即兴创作诗文。即此可知，素行之早熟非比寻常。十五岁时，开讲《大学》，听众很多。十六岁时，又开讲《论语》。不过，仅仅修得部分学问，并不能让素行满足，他胸怀学遍当世学问的伟大志向，研究自然会涉及诸多方面。他自幼修习武艺，十五岁时，跟随尾畑景宪②、北条氏长学习兵学，从学五年。当时诸弟子中，无人能出其右。二十一岁时，尾畑氏传授素行印可，并颁发印可状（即毕业证明，译者按），印可状由尾畑氏高足北条氏长书写。关于印可添状（即毕业证明附件，译者按），据说尾畑氏此前还从未给获得印可的弟子写过。即此可知，尾畑氏是如何器重素行。添状文云：

> 于文而感其能勤，于武而叹其能修。噫！有文章者，必有武备。古人云，我亦云。

素行还研究神道。十七岁冬，获高野按察院光宥法印悉数传授神道秘诀，壮年顷，又获忌部氏嫡流广田坦斋悉数传授忌部神道口诀。《语类》序记载说："控忌部、卜部之奥仪矣。"若果真如此，则素行广泛通晓神道教义一事，无复可疑。素行自十七岁起，又修习歌学，至二十岁顷，已研习完毕《源氏物

---

① 《语类》序言"十岁而诗文殆熟矣"，今依据《配所残笔》。
② 与下文尾幡景宪、小幡景宪为同一人。——译者注

语》《枕草纸》《万叶集》《百人一首》《三部三代集》等。素行的歌学好像主要传自广田坦斋。此外，如老庄以下诸子百家之学，乃至佛氏教义，素行亦无不究明。简言之，素行致力于探究当时所有的学问。素行十七岁时，应纪伊大纳言赖宣卿之邀，约定受聘为七十人扶持，供职纪藩。与此同时，阿部丰后守忠秋亦称赞素行高名，委托尾幡景宪、北条氏长，想招聘素行。事情牵涉到两家，最终都没有成行。翌年，加州家委托町野长门守，想以禄七百石招聘素行，不过素行父亲认为非千石以上不可，予以谢绝。

正保（1644—1648）前后，素行兵法之名愈高，诸侯大夫以下，入其门者极多。就中，举其贵绅而言，有北条安房守、松平越中守、（奥州白河城主）浅野因幡守、丹羽左京大夫、（奥州二本松城主）阿部伊势守、板仓内膳正、松浦纪伊守、（肥前松浦城主）本多备前守等，皆为其高足门弟，据说对他非常尊信。

承应元年（1652），素行从仕播州赤穗城主浅野内匠头。此前，幕府近习番驹井左京、小姓阿部伊势守拜入素行门下，修习兵法。此事起因，本是大猷公听闻素行高名，欲将其加入近臣之列，故先令近臣向其学道，于是就出现了上述举动。素行亦心照不宣，断绝了从仕诸侯的念头。可是，庆安四年（1651），大猷公薨毙，素行进仕幕府的念头亦于此断绝。恰在此时，浅野内匠头以秩禄千石招聘素行，不让他担任任何职务，只以宾师之礼优遇他，甚至不直呼其名。承应三年（1654），素行赶赴播州赤穗，在那里待了八年。

万治三年（1660），素行年三十九，委托大岛云八代为请辞。内匠头听后，想着可能是俸禄少的缘故，准备按素行的意愿增加秩禄，以打消素行辞职的念头。素行陈言，与俸禄多少无关，而是有别的打算，所以才想辞职。最终，他辞去了内匠头给的禄职。此后，素行完全断绝了仕宦的念头，在江户专心教授文学、兵法。

当时，津轻越中守委托山口出羽守招聘素行，并传话说："津轻藩秩禄虽少，但土地新增了很多，秩禄可随您所愿。"素行以为，"越州公年纪尚轻，此次招聘缘于他人之劝，且贪高禄非吾之本意"，推辞不就。素行名声益高，殆有风靡一代之概。入其门执弟子礼者，实超二千人。素行一身荣华，自可想见。不过，正如老聃所言，"福兮祸之所伏"，随着素行名声的高扬，危难亦隐然伴随其后。宽文六年（1666）十月三日，北条安房守突然来信，曰：

山鹿甚五左卫门殿：
有事相询，速来我宅。以上。
　　　　　　　　　　　十月三日　北条安房守

素行读后，心中顿起疑云，已觉前路茫茫。此事对他而言，真有"晴天霹雳"之感。不过，他没有丝毫犹豫，立刻回信。文曰：

房州公：
贵函已拜见。所言有事相询，速至贵宅一事，谨遵贵旨，即往贵宅。以上。
　　　　　　　　　　　十月三日　山鹿甚五左卫门判

素行料想可能与《圣教要录》有关，虽不确定，但已知此事非比寻常，心中早有觉悟。他在自著《配所残笔》中详细记载了此事的原委。文曰：

> 心畅食毕，清水洁身。思必非无事，立留遗书。思若告死罪，宜呈诉状于幕府，书一封而藏之于怀。又书五六封短函。不告老母，私往宗参寺拜诣。从者宜少，携武士二人，乘马赴北条氏之宅邸。云云。
>
> 门前人马集结。吾若不至，似欲即往灭吾宅。递太刀于下人，上座。笑曰："所为何事，门前外人竟如此之多？"而入内。顷刻，北条氏出而会见。北条氏曰："汝因著述出版大不敬之书物，被发配至浅野内匠头之所，请速往彼地。于家若有所托，代汝传之。"言辞诚挚。福岛传兵卫持砚至吾旁，曰："君之传言，吾代为通报。"吾对北条氏断然答曰："君之照顾，非常感谢。吾素日离家时，力使心无所遗，故无遗言。"
>
> 其间，岛田藤十郎君驾临。北条氏长使其列座，并传唤于我。吾舍短刀而入，岛田君与北条氏互与我致深切问候。北条氏宣："汝对幕府作不敬书物，被发配至浅野长直家，乃老中下达之通知。"吾因而对曰："通知之事，吾先谨遵。然对幕府不敬者，在吾书何处，还要请教。"北条君对岛田君言曰："甚五左卫门虽有意见，然既已传达，则不可辩解。"吾对曰："若如此，吾无何辩言。"立而起。步行目付众二人唤来内匠头之武士，有骚动之势。吾笑而施礼，告退。内匠头之武士当晚与吾言，当时举止毫无

瑕疵。

如此，素行立刻赶赴北条安房守的宅邸，安房守与目付岛田藤十郎共同传达幕府之命，宣布他因著述不敬书物，被发配至浅野内匠头的属地。素行怎会不感到意外？他原本从学罗山，故崇奉朱子学。年四十后，始疑理气心性之说，乃悉数烧毁先前所著经解之书数种。及宽文六年（1666）春，著《圣教要录》三卷，刊行于世。此书本不过是琐碎小册，但其对汉唐宋明之学一并排斥，尤其排斥宋明理学，大唱"道统之传，至宋竟泯没"，欲直承孔子。门人等撰有小序，颇为可观，中有言曰：

> 圣人杳远，微言渐隐，汉唐宋明之学者，诬世累惑。中华既然，况本朝乎？先生勃兴二千载之后，垂迹于本朝，崇周公、孔子之道，初举圣学之纲领。云云。门人等辑其说为篇，谒先生请曰："此书可以秘，可以崇，不可广施于人。且排斥汉唐宋明之诸儒，是违天下之学者。见者献嘲乎？"先生曰："噫！小子不足谋。夫道者，天下之道也，不可怀而藏之。可令充于天下，行于万世。一夫亦因此书起其志，则赞化育也。君子有杀身以成仁，何秘吾言乎？且说道而谬人者，天下之大罪也。汉唐之训诂，宋明之理学，各利口饶舌，而欲辨惑，惑愈深，令圣人坐于涂炭，最可畏也。圣经粲然于世，不可劳多言。云云。后世可畏，吾何敢无过乎？吾言一出，天下之人可以告，可以毁，可以辨。得其告其毁其辨，而改其过，道之大幸也。

云云。予者师周公、孔子，不师汉唐宋明之诸儒，学志圣教而不志异端，行专日用不事洒落。云云。圣人之道者，非一人之所私也。如可施于一人而不可扩天下，则非道。必示之于天下，待后之君子，惟吾志也。"

由此可知素行的抱负是如何之大。他认为，不论是汉唐还是宋明，所有后世儒者的主张都未得圣人之正脉，反而是荼毒了名教，因此，要扫荡一切是等儒者，独自追溯洙泗之渊源。素行的志向真可谓远大。因此，《圣教要录》正好是当时人应该拥抱欢迎的。可是，何等愚蠢！此书竟然被有些人称为不敬之书。那些愚者才是真正的不敬之徒。不过，事已至此，原因决非二三俗吏从中作梗，毫无疑问，此事变发生，还有一些深层次的原因。

今究其原因，乃全为学派之冲突。出版的《圣教要录》虽只是琐碎小册，却是朝向朱子学派之铁壁发出的令人恐惧的炮弹。因此，素行才会遭受不测之祸。想来，自藤原惺窝鼓吹朱子学以来，学者多汲取紫阳余流，尤其是林罗山，他被幕府重用，信奉的朱子学也成为幕府的教育主义。素行本出自罗山之门，因此攻击朱子学就是攻击师说。此时，罗山已经去世，不过有春斋，有凤冈，罗山子孙蔚然成风，形成学阀。在他们看来，素行反抗他们，犹如光秀所为，岂不危险？又推而论之，反抗罗山就是反抗幕府的教育主义，不对，他是要从根本上破坏幕府的教育主义。我们再转变视线，民间当时虽然已经存在阳明学派，但海内学者十之八九都属于朱子学派。在这种情况下，素行孑然一身，鼓吹古学，虽为"不待文王而兴者"，然其状殆有举一州之兵对抗天下之势。其不得同道，而一旦陷于囹圄，可谓是必然的事情。

素行陷于囹圄，还有直接原因，无他，即保科正之的倾轧。正之是二代将军秀忠的亲生儿子，家康的孙子。因为一些原因，他成为肥后守保科正光的继承人，后来转封会津。三代将军家光薨后，正之遵守遗托，辅佐幼主家纲，地位类似摄政。正之性情刚正和醇，自幼饱读诗书，曾耽于老佛之书，及中年，始读《小学》，知《大学》之基，乃尽焚所读老佛之书，专修朱子之学，还聘用山崎暗斋，深信其学。这样的人在当时手握大权，占据官府中枢，与素行产生冲突就是不可避免的了。《殿中日记》云：

> 十月三日，名山鹿甚五左卫门之浪人、军法者，作《圣教要录》，并出版此书。虽说□道，其行迹奢。于其不敬，今日招此浪人至北条安房守宅邸，命其委身于先主浅野内匠头之所。目付岛田藤十郎到场。

此事全为保科正之所为，可谓板上钉钉，确凿无疑。其文云：

> 宽文六年冬，居江户之会津先封浪人山鹿甚五左卫门者，巧言惑人，宜严加处置。老中、中将下令，幽其于播州赤穗城主浅野内匠头之所。云云。

文中所言"中将"即保科正之。由此看来，迫害素行的必是保科正之无疑。又《鸠巢小说》中，记录了胁田九兵卫、斋藤中务二人给前田对马等人的书信，里面报告了素行谪迁一事。其文云：

> 肥后守并老中传令："此度，甚五左卫门著《圣教要录》，并板行配发于弟子。其书诽谤曾子、朱子，言'三千岁不传之道在我'，言辞狂妄，无人能比。其弟子计二百人，出入其间无断。考其言行，不知将变为何等曲者，故幽之为善。"

书信末尾说素行"不知将变为何等曲者"，尤其引起吾人的注意。这是因为，由此可知幕府排斥素行的原因并不仅仅是学说之异。想来，庆安四年（1651），由井正雪企图对幕府不轨，后虽事发自杀，但在当时，无疑引起了幕府的恐慌。素行崛起于正雪之后，兵法胜过正雪，名望亦高过正雪，学识亦优于正雪，在所有方面几乎都超过正雪。幕府既然已经经历过正雪的阴谋，又怎会对素行不产生怀疑？更何况还有如此多的人士出入其门下？古语有云："惩沸羹者吹冷齑，伤弓之鸟惊曲木。"可约略想见幕府当时的状况。总之，素行并不单单是因为自己的主张而遭遇厄难，还有其人物影响力使幕府感到恐惧的缘故。幕府恐惧素行的影响力，而他又恰于此时出版了《圣教要录》，故幕府私下以为，唱道如此大胆主张的人，其将来的言行是无法想象的，于是断然对他下达了谪居的命令。

素行谨遵谪迁之命，暂住在内匠头的府邸，闭门谢客。九日拂晓，自江户出发，前往赤穗，二十四日到达配所。关于当时的情况，他自叙说：

九日未明，自江户启程。幕府似有命："此人有大量弟子门生，当防其徒党私结。道中自不待言，其亦可能于出发地江户芝、品川一带抢夺，切勿大意。" 从者亦似担忧。为此，自早至午，自午至晚，大小便亦节制，不给其等添麻烦。十月二十四日晚，抵达赤穗。我等不过一介匹夫，然人皆认为，我一人指挥而大量门弟归服。此事发生实属不幸，然岂无显示我作为武士所具之觉悟？抢夺之说，渐为不实之传闻。故于赤穗，已无疑虑之必要。

素行出发时，幕府认为途中肯定会发生事变。由此看来，毫无疑问，除学说之外，幕府对素行还有其他深深忌惮的地方。

素行一开始接到安房守的来信时，并不知道自己是会被处死还是被贬谪。考虑到可能会被处死，他决定提交一份辞世书。他一挥而就，藏于怀中。其文云：

　　北条安房守殿：

　　蒙当二千岁之今，大明周公、孔子之道，犹欲纠吾误于天下。开板《圣教要录》之处，当时俗学腐儒，不修身不勤忠孝，况天下国家之用，聊不知之。故于吾书无一句之可论，无一言之可纠，或借权而贪利，或构谗而追踪。世皆不知之，专任人口而传虚，不正实否，不详其书，不究其理，强嘲书罪我。于兹我始安，我言之大道无疑，天下无辨之。夫罪我者，罪周公、孔子之道也。我可罪而道不可罪。罪圣人之道者，时世之误也。古今天下之公论不可遁。凡知道之辈，必逢天灾，其先踪尤多，乾坤倒覆，日月失光。只怨生今世而残时世之误于末代，是臣之罪也。诚惶顿首。

十月三日　山鹿甚五左卫门

尽管事变骤然爆发，山鹿素行却丝毫不露狼狈之态。他冷静沉着，即便后期计划也是安排得滴水不漏。他自言："最近穷究人生一大事，而五十年之梦醒。此间再无可乱心之事。"遭逢此变，他的言行可谓是非常得体的武士之举。不过，除此之外，还有更加值得注意的内容。刚跨过不惑之年的素行，一旦豁然，悟入大道，内心获得"常住不灭"之物，怎会因为外界的骚扰而被搅乱呢？这是他被投入风涛之中仍然始终泰然自若的原因。想来，三十岁是思想发展的时机，四十岁是思想确立的时机。穆罕默德四十岁时突然变为宗教家，筏驮摩那四十二岁时悟得一切种智，这样的例子并不少。孔子三十岁时立志，四十岁时不惑，即所谓"三十而立，四十而不惑"。孟子亦言"我四十不动心"，即是"知"。素行也像孔子那样，四十岁时开始达到寂然不动的境界。再回过头来考察我国的先辈，四十岁前后往往也是他们突然转变的时机。最澄三十九岁时开创天台宗，法然四十三岁时开创净土宗，亲鸾二十九岁时立下志向，而到四十岁时才开启真宗之基，中江藤树三十七岁时学问突然发生改变，伊藤仁斋也是在三十七八岁时突然转入古学。他们几乎都是在四十岁左右开始明确自己的主张。素行也是如此，他四十岁左右，学问忽然转变，四十五岁时，对世界及人生已经完全形成一家之见。即此可知，他所谓"穷究人生一大事，而五十年之梦醒"，就是指此而言。

素行在配所反而受到优待。赤穗藩连衣服、饮食、住宅等都配发给他，力求不让他感到有丝毫不如意。特别是大石赖母助良重（良雄祖父），他每天早晚都会给素行送蔬菜。素行推辞，赖母助说这是遵从内匠头的命令，并依然如故。素行非常谨慎，受到如此意外的待遇，心中似稍有不安之念。不过，素行对内匠头的感激之情，又自然加深。

素行在配所居住十年，他自己透露此间消息说："除生病外，未尝一日睡懒觉，无违礼之举。"即此可知，即使是在自己的房间，他也非常谨慎，绝无懒惰之态。《先哲丛谈》中，以下记载值得注意：

> 素行常辱赤穗侯长友知己，辞禄之后，犹屡与之交。窃谓侯曰："自干戈止，殆五十年，天下无事，欲为死以有报旧德，而时不可为也，则无可授命以达宿志。又欲有致而酬非常之遇，而非膏谫劣无能为，皆系于时势。然私心所安，不为无所期，臣以经义与韬略教侯之诸臣。臣精力所蕴，皆在于此，故能达臣旨。若处伦理之变，万一无服勤，有所偿乎哉！"侯大喜。尔后殆五十年，至元禄年间，其子赤穗侯长矩时，赐死而国除，其遗臣四十七人，果有袭杀吉良氏，殉成君志之事。世称之赤穗义士之复仇焉。

正是因为素行的教育，才有了义士之举，二者之间的关联不容否定。不过，《先哲丛谈》所说的并不是素行谪居时的事情，而是承应元年（1652）至万治三年（1660），即素行奉仕赤穗侯凡九年间的事情。素行谪居期间，绝非无所事事。《谪居童问》（三卷）就是他在谪居期间为给门生讲课而著述的。由此看来，他将自己之前培植的教育，在谪居期间进行了再巩固。毫无疑问，一旦有变故发生，其培植的素养必然会显露出结果。今观其《语类》，卷十四"论死节"曰：

> 委身者臣之道，临急中节，弃身轻死，是则臣之义也。常务守死时，以忘家不顾私为本。云云。至于死，人之所重，是又详究理而可全死，是所谓死守全道也。然务守死节者，常忘家。就内外固非常之戒，虽入闺门之内，不挠勇气。出门，已舍家事。出朝廷，坐位付席守礼，容貌言语不为无礼。如慎急计难、处变不乱之事，可勤也。变者，斗诤、喧哗、狂乱、报仇、雷火、地震、时变，或他国之变，或廓外之变告来之类，各是也。当此时，若平常疏于恪勤练习，必损颜色，乱容貌，违言语。颜色容貌言语常不至者，素日练学不厚，而心不正也。心不正者，知之暗也。其知暗时，其言行共违，已平生十分之一亦不畅也。故以死节守也。

又卷十七论"报仇"之道曰：

> 凡知仇之所在，则速至其地，潜身谋事，详仇之居所，详索仇平生之体、交友、造业、往来之道、警惕之形状，考其时机，是当闯入报仇，抑或待途中而伏击之。不详知其用法，任道听途说，或看错仇，或致仇遁，一生之谋毁于一旦。能练能谋，全尽其可讨之术，而后可决无双之斗诤也。其谋如此，而报仇不得，或仇遁，或吾身战

死，实亦可谓舍身之报。不然，唯任血气之勇，不详谋而赖天运，事不成却言此为舍身之报，可谓未究理之薄也。

素行居住赤穗前后计有十九年。其间，他致力于教育，讲说君臣之道颇为详密，几无疏漏。从学素行的并非只有执弟子礼的内匠头（长友），大石良雄就亲身接受过素行的熏陶。《先哲丛谈》云：

> 大石良雄当素行被幽于赤穗时，亲炙之学兵。后游京师，从学伊藤仁斋云。方其枕于窥隙之间，潜行如避，惰游示废，旷日持久，乃能使仇不动不惊，夷然居之而至忘为之戒心矣。而后一鼓得遂其志，且使其四十六人众率之以义，各见死如归。固非从事于暴卒之间，而不顾成败者之所能及也。其处人伦之变，置非常之事，一伸一屈，虽出于天授，素行遗泽之所存者，亦可谓不鲜矣。

素行谪居赤穗始于宽文六年（1666），当时良雄八岁，被赦免是在延宝三年（1675），当时良雄十七岁。可以推知，良雄多少受到过素行的指教。以良雄为首的四十六名义士，卧薪尝胆，据义誓死，一举击杀仇敌吉良上野介，继而皆从容殉死。今遥想其事迹，真如秋霜烈日一般。世界虽然广大，但东西方的历史上还没有出现过这样的事情。如此非常之举，岂是偶然？毫无疑问，正是素行十九年间的教育熔铸陶冶了赤穗的人心，才诞生出这一奇异的结果。确实，素行教育之功，不可谓鲜少。

素行谪居长达第十年时，私下以为已至将死之时。其境遇真是让人可叹。《配所残笔》中，他自叙真情云：

>我等觉悟之所在，望专念而能读者得之。居于配所，今已十年。凡物必十年而变。今年我等于配所，有将以戴罪之身亡去之觉悟。云云。

素行预测自己的一生将会这样结束，故著述《配所残笔》，送给山鹿三郎右卫门和冈八郎左卫门两人。所谓"残笔"，就是遗书的意思，即他担心自己死后，经历的事情万一不清楚或被误解，才写了这本书。因此，《配所残笔》本质上类似于自传（autobiography），事实上也可说是临终遗言。

不过，让素行没想到的是，他在当年（延宝三年，1675）六月十五日被赦免了。赦免原因难以尽详，不过，幕府应该也终于明白素行并没有什么特别的罪行。素行被赦免后，回到江户，在浅草田原町三丁目找了个宅子，并在那儿居住。或许是偶然，那宅子里有个匾，上面写着"积德堂"，恰好适合素行的书斋，因此素行就把它作为堂号了。幕府禁止素行像从前那样集结浪人，素行自然不得不"离群索居"。三四年后，素行罹病，连走路都不方便，旧识贵绅也罕有来访问。素行谪居期间，母亲、儿女都住在江户，十年不曾见面，幸运的是还有再见的机会。素行归家行孝三年后，母亲去世，之后，他愈加衰老困窘。贞享二年（1685）九月二十六日，素行辞世，享年六十四岁，葬在早稻田榎町的宗三寺（禅寺）。据说素行下葬时，很多诸侯大夫的使者前往送行，街道往来亦为之阻断。今以此可想见其盛况。素行法名"月海院殿瑚光净珊居士"。墓碑背面刻有如下文字：

>先考，名高祐，藤姓山鹿氏，别号素行子，生元和壬

戌载八月庚戌，殁贞享乙丑岁九月癸未。

孤子　政实 高基　泣血稽颡立

素行有二女二男。长女为津轻信政的养女，嫁给了弘前的津轻将监。次女嫁给了津轻平十郎。长男名政实，称八郎左卫门，本是素行的侄子（兼松氏的次男），后成为养子，继承了家督之职。后来，他还从仕津轻家，成为家老，称津轻大学。次男名高基，通称藤助，继承了素行的衣钵，以兵法闻名于世，元文三年（1738）去世。《盈筐录》云：

> 高基门前，诸侯大夫之仆从，日日充塞。高基出门，常乘轿舆。江户士人之子弟等，如有从者，伴其轿之左右。其行伍之严，不下于诸侯大夫云。天降如何之幸，使山鹿父子得天下如此尊崇？觉此为可怪之一事。

素行五世孙名高美。高美字子善，称八郎左卫门，以兵法从仕弘前藩，常讲甲阳兵法，颇用力于国防，著有《美言残滴》二卷（写本）。高美之孙名高补。高补字子修，号素水，又号梅园，又号积德堂主人，生活于文政年间，奉仕弘前藩。他继承祖父高美，讲述兵法，教授家学。他虽是素行的七世孙，但因继承祖父，故自称六世孙。经过他的努力，《武教小学》《武教全书》均获出版，《美言残滴》亦获编辑整理。自著有《海备全策》四卷、《海备刍言》一卷，均为写本。斋藤拙堂在《刍言》卷末说："素水山鹿翁，素行先生之裔也。承修家学，名于海内，属者来讲兵于我国校。"据此可知，其为当时所重。不过，关于儒家，他并没有任何功绩。现在有个叫山鹿旗之进的，在横滨当基督教牧师，听说隶属于美以美教会，是素行的后裔。

山鹿氏略系表

山鹿高道	素行	政实素行养子，仕津轻家，为老臣，子孙今尚存	高丰
		女子素行长女，津轻信政养女，嫁津轻藩老臣（津轻监物）喜多村政广，后剃发称琳光院	
		高基称藤助，号山井堂，仕浅野侯 妻津轻政朝女	高道
		女子嫁津轻平十郎	
	义昌素行弟		

素行门人有矶贝十介、布施源兵卫、高桥十郎左卫门等，学术皆不足以自成一家，只有兵法得以传授，即山鹿流。多少主张素行学问的，是津轻耕堂。耕堂（道）名政方，亦号一花翁，本是武阳人，年少时遭素行之丧，深有所感。三十年后，耕堂（道）奋起，著《圣学问答》二卷，祖述素行之学，主要论述道德及政治。著作还有《圣学入门抄》《大学解义》及《纲目提要》等。①他曾作诗《春窗见梅》云：

大道从来在近卑，世人误向异方索。
几年踏破陇头云，笑嗅梅花思戴益。

盖抒发自得之意。不过，其虽然祖述素行，但反响毕竟

---

① 补正二：津轻耕道还著有《武治提要》（一卷，上下二篇），论述武士道。此书久以写本传世，最早收入《武士道丛书》（上卷）。

微弱。

因此，相比作为儒者，兵学家的素行更为世人所熟知。总之，可以说，素行作为儒者，并没能形成强大的学派。他死后，岁月荏苒，终于得到了一位有力的继承者，即吉田松阴。松阴家世代讲述素行兵学，他在自著《武教讲录》的开头，道破此事曰："余袭家学，幼读山鹿先师之书，以至今日。云云。"松阴常以素行为先师，尊崇其兵学，又不限于此，在人物、品行、识见等诸方面，均极为敬服素行。他叙述开讲意旨曰：

> 欲知道，在能服膺先师之教戒。古今书物亦多，余何故尤信仰先师之书耶？见此书，可具知吾先师之教。言其一端，先师曾被召至北条安房守之宅，承谪居赤穗之命。观当时之事，可知先师平日之觉悟品行。再观赤穗遗臣复亡君之仇之始终处置，可知大石良雄学于先师之所得。至国恩之事，当时满世俗儒，贵外国，贱我邦，而先生生于其中，独卓然排异说，究上古神圣之道，撰《中朝事实》，可考知其深意。云云。余为罪囚之余，虽不能接触他人，然所志独在报皇国之大恩、勤武门武士之职分。吾虽死，不敢变此志。今诸君以亲戚之缘故，惠然来会。吾愿阖族相谋，励志，以不负先生之行实。昔先师以斯道为己任，不顾世之是非毁誉，其极至于谪居赤穗。吾辈岂可不励志以卫斯道乎？

考松阴事迹，其处人伦之变，断然不屈其节，肯定也是学习素行的缘故。

素行有英迈之才，修己谨严。其平素之行，颇有可观，故号素行。朱舜水曾作《子敬箴》云：

> 问学如何？征乎素行。素行如何？希贤希圣。匪敢僭越，勉承来命。尧舜可为，人皆此性。儒道非难，善至德盛。懿美内涵，闻望外令。文物张弛，维人无竞。温恭诚允，端庄静正。不在他求，是在子敬。

舜水对其推赏至此。据此，亦足以知晓素行之性情超拔当世。

《先哲丛谈》云：

> 素行资性英迈，卓绝古今，加旃以洽闻强识，达练时态。其为人谋也，敷陈利害，论定得失。莅事果断，疑嫌立决。一执贽者，歆挹风猷，依赖于是，不啻问道请教。虽机密事，吐露情实，受其截断矣。故自王侯至士庶人，出入于门者，日数十百人矣。家颇富饶，妻妾之奉，奴仆之仕，虽五六千石者，不能与之抗其储藏费用云。

据此，素行之人物、品行、名望、权势可以想见。素行在万治三年（1660）辞职，当时赤穗侯对他说："从今以后，再有诸侯问聘，若无万石，勿应其聘。夫百石千石，士之常禄也。不食万石士禄，出不足以行军国之用、戎器之具，入不足以祭祀祖先、养父母、抚君臣。"作为民间学者，素行名望之高，可谓无与伦比。①

《先哲丛谈》又云：

> 素行与人语，不合道义，励辞大詈。然人人推爱气宇，皆喜直谅，退无后言。云云。有一贵绅惮其謇谔者，谓以若斯之辈，不可谋。其包藏不轨，至于妒忌之，而沮裁行趾矣。

此"一贵绅"到底指谁，无从知晓。素行对任何贵绅，都毫不忌惮，贯彻自己的主张，似是事实。素行与幕府老中板仓内膳公的问答，有如下一节，云：

> 次，阁下问："世间风闻如何？"鄙人答曰："世上风闻一概不知，风闻者指而无益。"阁下问："世上能者当多有之，望听其风闻。"鄙人答曰："权贵者中亦少有贤人君子。民间大概无有能者，若有能者，风闻等亦或不曾传至阁下矣。有风闻者，多出入于大名众，轻视町人风情，谓世上贤者。"阁下问："愿闻其世上贤者。"鄙人答曰："乍恐非汝所想。世间贤者，能勤御时代之势，能言尊上之所想。恶者恶之，秀者亦无不如此。能处理我身奉公，亦能妥善处理人事，实者谤恶。如斯者之言，阁下容许，乃重要之仪也。"阁下问："自古尧舜亦有问于贱者。"鄙人答曰：

---

① 补正二：《铃林卮言》（卷之十五）论素行曰："山鹿氏韬钤之盛名，今古无其比。因自尊大，而失抑损谦让之风。一大诸侯使使者招请，山鹿受之，恬然乎不敢辞，终蒙公之尤而谪。其咎在夸大而非兵。云云。"素行很早就树立一己之见，不阿谀世俗，因此往往受此苛责，亦不足为怪。

"欲知夫贱者，宜问乎贱者。"此问答再三，少不如阁下之意，然皆为我所秉信，故无有顾及。定被视为无礼之举。

素行在贵绅面前并不畏惧，断然贯彻自己的主张，丝毫不露畏缩、逡巡之态，足以为世人之表率。也因此，他对板仓内膳公的态度，被世人风评为"无礼"。

世人推举德川时代的学者，历来先举伊藤仁斋和荻生徂徕，不知二者前还有素行。素行"不待文王而兴"，毫不逊色于二者，作为一代伟人，绝不可不记。永富独啸庵曰："偃武以来，豪杰之士四人，山鹿素行、熊泽了介、伊藤仁斋、物徂徕。"可谓恰当。

第二　著书

《圣教要录》三卷

上卷八章，中卷十三章，下卷七章，凡二十八章，为素行记载学问要领所作。此书一经出版，即为幕府所忌，刻版被毁，传本极少。高等师范学校藏有原来的木版，传本多为写本。近时，此书收录于《日本伦理汇编》（卷之四）及《躬行会丛书》（第一集）。

《山鹿语类》四十三卷

卷一至卷十二为"君道"，卷十三至卷十六为"臣道"，卷十七至卷十八为"父子道"，卷十九为"兄弟之序、夫妇之别、朋友之信"，卷二十为"三伦谈"，卷二十一为"士道"，卷二十二至卷三十二为"士谈"，卷三十三至卷四十三论述圣学。

最后所论圣学凡十一卷，谓《圣学篇》，只有此部分全为汉文书写，为素行择取儒教各问题而阐述的纵横捭阖之言。素行之学力识见，见于此书。《圣学篇》外，皆为和汉混交文。序云：

> 癸卯，先生之学日新，而直以圣人为证。故汉唐宋明之诸儒，其训诂事论各可执用，而至其圣学之的意，悉乖戾先生之志。冬十一月，门人等辑录先生之语类，其书皆因先儒之言，以纠其道。乙巳，书成。云云。

由此看来，《语类》成于宽文五年（1665），即素行四十岁时。《圣教要录》为《语类》的荟萃。序又云：

> 先生垂迹于本邦，崇周孔之道，嗣不传之统。所谓君臣父子兄弟夫妇朋友修身圣学之要道，二千岁之后，在先生之学。其纲领也在《要录》，其条目也在《语类》。

据此可知《语类》和《要录》的关系。《语类》每章皆以"师曰"二字开头，似经门人之手辑录而成。观其文字复杂，多不完备，大概就是这个原因。德川时代的儒者也不是没有类似《语类》的著作，不过，像素行《语类》这样浩瀚、整备的，却是没有。考虑到如此巨著，素行大概不能不让仁斋、徂徕有瞠目结舌之感。《语类》中的"士道"和《圣学篇》收录于《日本伦理汇编》（卷之四）。

《武教小学》一卷 木版

此书教授武士当守之道德，绝不可将其作为兵书等闲视之。凡讲述男子平生规则举止，极为恳切。全篇凡十章，第一章"夙起夜寐",第二章"燕居",第三章"言语应对",第四章"行住坐卧",第五章"衣食居",第六章"财宝器物",第七章"饮食色欲",第八章"放鹰狩猎",第九章"与受",第十章"子孙教戒",皆为汉文。据《先哲丛谈》,此书与《圣教要录》同样,刻版皆被销毁。天保年间出版的《武教全书》,开头附载有《武教小学》,后面揭载有《武教全书总目录》。吉田松阴将后者视为《小学》的终篇,论云:

> 此一篇可为《小学》之终篇,勿以其别为一卷。自序言"门人等所辑录《武教小学》,始著其教戒,终次其序品",其证可知。"教戒"即上之十篇(自"夙起夜寐"至"子孙教戒"),"序品"即此篇。素水刻本中"子孙教戒"之末言"《武教小学》终",非也。吾家藏本无此五字,为善。云云。

松阴的观点似乎正确。松阴所著述《武教讲录》,虽说是《武教全书》的讲义,但实际上是《武教小学》的讲义。其发挥素行之微言大义,纵横捭阖,真可谓酣畅淋漓。至近时,《武教小学》收录于《日本伦理汇编》(卷之四)及《武士时代》(第一卷第二号)。

文政年间有个叫高林政明的,他把《武教小学》翻译成日文,题名《武家小学》,以便给童蒙讲习。

《武教全书》八卷 木版

此书全述兵法。后序曰:"崇文者轻武,专武者轻文。夫文武者不容有所偏废,唯因其人之量而有先后而已。于文而示武，教武而以文，是王者之所师也，武教之所全也。"此书久以写本传世，至天保十五年（1844），山鹿高补将其出版，公布于世。解释此书的有《武教全书解》（写本十卷）及《武教全书详解》（写本廿六卷）。前书不详，后书为洼田清音所著。①

《武教辨论》八卷

《武教全书问答》五卷

《廿骑卅骑备》

《士谈》

《神道书》

《武教总要》七卷

《武教要录》五卷

此书与后列《兵法或问》同为素行三十岁前的著作。

《武教续集》一卷

《武教别集》一卷

《武教余录》二十卷

《武教三等录》三卷

明历三年（1657），江户大火，素行移居至高田山下，著述此书。此事见于《语类》序。大学图书馆内现存缺本一卷。经检查，自引中云："兵法者不出三品，所谓主将、官长、平士也。主者，性心也。将者，志气也。官长者，五官四支也。平士者，皮肉骨节也。云云。"这是此书题名为"三等录"的原因。

---

① 补正二：《武教全书》的注解书有《武教全书抄》（二十四卷），福井中学藏。《武教全书解》著者未详，观《诸家著书目录》，"铃木铎"条下有《武教全书解》，未述卷数。大概是同一书。

不过,其举四品,却为三品,可知其名不副实。

《武家事记》五十卷

此书编述日本历史,由汉和混交文写就。全篇分前集、后集、续集、别集四部。前集记载"皇统要略"和"武统要略",后集记载"武朝年谱"和"君臣正统",续集记载"谱传""小传""战略""古案""式目""地理""驿路""国图",别集记载"武家式""年中行事""国郡制""职掌""臣礼""故实""武艺""将礼""武德"。序云:

> 记诵之俗学,文墨之腐儒,或学屠龙之手,或待遗契之富。远谙外国之虚文,近不知本朝之事实。作力曩负异域之俗,更不审吾中朝之灵妙超过万邦。鸣舌而空谈汤武之兵,聊不通吾武德之要。谟胥参于天地,所谓白面书生事终不济也。是予慨然所以深叹长思也。云云。

由此看来,当时儒者多崇信外国虚文而不知本邦事实,素行慨然于此,而著此书。序文中日期落款为"延宝元年癸丑春三月日",可知此书为素行谪居赤穗时的著作。此书或亦简称为《武事记》。

《手镜要录》四卷

据《近代名家著述目录》,此书有四卷,不过现存只有二卷,全为汉文书写,专门论述兵法。据《语类》序,此书成于明历二年(1656),即素行供职赤穗时的著作。

《备教要录》十卷

《治教要录》三十一卷

此书为素行尚未进入古学阶段之前的著作。《语类》序云：

> 先生圣学之志愈进。诗文咏歌之词章，老庄释氏之异说，众技小术，皆以为非圣人之学。退述《治教要录》三十一卷、《修教要录》十卷，此书专以周、程、张、朱之学为宗。

素行是站在宋学立场上著述此书的。此处所言《修教要录》，似与前列《备教要录》为同一著作，但不知二者到底孰为正确。此二书为素行在万治三年（1660）至宽文二年（1662）期间所作。

《治平要录》二十卷

《备要录》十卷

有人怀疑此书是《备教要录》的简称。不过，《近代名家著述目录》中并举此二者。姑且遵从后者意见。

《四书句读大全》二十卷

《七书谚解》三十八卷

《孙子句读》

《孙子口义》

《兵法神武雄备集》五十二卷

此书为素行二十一岁时的著作。《语类》序言："中以兵书鸣于世。壬午年，二十一岁，述《兵法雄备集》五十卷，杏庵正意为序冠之。先生之名声，充于世间。"据此可知。

《古战折本》

《城取稽古口诀》一卷

《武类全书》四卷

《武教全书传解》五卷

《武教类集》三卷

《本论》一卷

《近代名家著述目录》只言《本论》，不过，详言则为《武教本论》。《语类》序言："丙申，《手镜要录》及《武教本论》成。"据此可知。《语类》序又言："其神武也，博涉雄备，约究《本论》。"又可为证。《兵法神武雄备集》类似《语类》，《本论》类似《要录》。此书详略结合，可以看出素行的准备极为周全。

《神武雄略》

《雄备奥仪抄》五卷

《战略考》三卷

《古今战略考》十二卷

《兵法或问》二卷

《师弟问答》三卷

《足轻左右》五卷

《百结字类》百二十卷

《自得奥仪》三卷

《中朝事实》二卷

此书专论神道，以汉文写就。凡十三章，上卷有"天地""中国""皇统""神器""神教""神治""神知"七章；下卷有"圣政""礼仪""赏罚""武德""祭祀""化功"六章。序云：

愚生中华文明之土，未知其美，专嗜外朝之经典，嘐嘐慕其人物，何其放心乎？何其丧志乎？抑好奇乎？将尚异乎？夫中国之水土，卓尔于万邦，而人物精秀于八纮。故圣明之洋洋，圣治之绵绵，焕乎文物，赫乎武德，可以比天壤也。

"中华之土""中国"，皆指本邦。《武家事记》序言："往年窃辑《中朝实录》，将俟余年以覃武家之事。"《中朝事实》与《武家事记》同样，均系素行谪居赤穗期间所著。《中朝事实》先成，《武家事记》后成。《中朝事实》序中有日期落款"龙集己酉"，即此可知其为宽文九年（1669）的著作。

《原源发机》二卷

《原源发机谚解》二卷

此书为素行被赦免后所作，实为其晚年思想的记述。就其题材而言，略如《通书》《正蒙》，有些内容又像《太玄》，颇与《易》类似。书中有言："不识者必言吾此象准拟《易》。"不过，不可否认的是，此书与《易》确有相似之处。所谓"谚解"，即对前书《原源发机》的解释。解释全为汉文，叫"谚解"似乎并不妥当。《原源发机》是素行在延宝六年（1678）为教授津轻越中守信政公而著；《谚解》系作于贞享元年（1684），即素行去世前一年。信政公是素行的高足，据说领悟了军学的奥秘。

《四书谚解》五十余卷

此书为素行青年时代的著作，大概以林道春为宗。

《四书或问》十卷

《配所残笔》一卷_{木刻本}

此书为素行谪居赤穗时所作。谪居第十年，素行认为大凡事物必十年而有变，自己将在这一年于配所去世。因此，他叙述自己一生的经历，是为"残笔"。今日征引素行事迹，无不依据此书。此书久以写本传世，近年，近藤瓶城将其收录于《存采丛书》。如今，此书还收录于《日本伦理汇编》（卷之四）。大学藏本有二卷，不过，此书本来并未分卷。

《结要品》七卷

《辨惑论》一卷

《当用集》一卷

《大星大事目录》一卷

《一骑武者受用》一卷

《三重极意传授》一卷

《八个条一子相传之极秘》一卷

《子孙传录》一卷

《修身受用抄》一卷

《职分记》三卷

《谪居童问》三卷

此书为素行谪居时所作，由和汉混交文写成。卷末跋文曰："戊子三冬之遥夜，童子在旁，问之难之，或再之，或三之。以续秋蟀之余吟，慰谪居之寥寥，终草焉如脱稿，俟来日之润色云。宽文第八腊天日，山鹿子蟠叟。""戊子"大概是"戊申"之误。

《谪居问答》三卷

由题名可知，此书亦为谪居时所作。

《武具短歌》一卷

总记六十部，大约六百卷

世间传说有"山鹿流十八部书"，具体如下：

（一）《兵法神武雄备集》　　（二）《武教要录》
（三）《手镜要录》　　　　　（四）《备教要录》
（五）《山鹿语类》　　　　　（六）《兵法或问》
（七）《武教全书》　　　　　（八）《自得奥仪》
（九）《治平要录》　　　　　（十）《武事记》
（十一）《武教余录》　　　　（十二）《百结字类》
（十三）《谪居童问》　　　　（十四）《七书谚解》
（十五）《古今战略考》　　　（十六）《武类全书》
（十七）《中朝事实》　　　　（十八）《神道书》

《诸家人物志》加入《圣教要录》，列举了十九部书目。将这些书作为"山鹿流十八部书"，毫无根据，可谓杜撰之甚。《圣教要录》大概是因为绝版，所以未被算入其中。

第三　学说

一　总论

德川时代儒者，于宋明之间皆有所宗。如朱子学派以紫阳为宗，阳明学派以姚江为宗，即便是有创见的儒者，也是各有所宗。只有素行不这样。他一开始尊信程、朱，四十二岁时，学问发生变化，排斥一切汉唐宋明之学，欲直承孔子，于此成为古学派的肇端。溯源考察的话，菅公早在王朝时代便意图彰显孔子之学，有诗可证，如"尼丘千万仞，高仰欲扬名"，又如"此间钻仰事，遥望鲁丘尼"。不过，这种愿望只出现于诗中，他并没有致力于立教。与素行相比，二者所处的境遇大不相同。在菅公所处的时代，儒教不过是停留在以汉唐注疏为准据来解经的程度，但在素行的时代，朱子学、阳明学判然相抗，一世学者翕然相合，相映成趣，分派立党，各致力于唱道高妙精微的理论。素行独卓然立于其间，鼓吹古学，天下学者愕然失色。素行之举，真可谓破天荒！松宫观山《学论》（卷上）云：

> 有甚五左卫门山鹿子者，出自我先师之门而成一家，著《圣教要录》，梓行于世，非陆也，非朱也。此方破宋学者，素行子其嚆矢也。世人皆以原佐伊藤子为破理学之魁，不知素行子在其前也。

又涩井太室《读书会意》（卷上）云：

> 伊藤氏之徒动辄曰："仁斋之看破宋儒，在徂徕之前。"予闻山鹿高以先伊藤不善宋儒。云云。

又《先哲丛谈》（后编卷之二）云：

> 世人称素行者，皆视以兵家者流，徒知长于韬钤，未知精于经术。余尝读其所著《圣教要录》《武教要录》《四书句读》等，持论立说，虽尽不醇，能抒其所独得，未尝剽窃先修之说，专门经义，既在当时，别构一格矣。伊藤

堀河、物赤城辈，以一家学风靡海内，素虽气运之使然，其嚆矢之任不得不让诸素行矣。

如今看来，素行大抵与仁斋同时转入古学。《语类》序云：

> 癸卯，先生之学日新，而直以圣人为证。故汉唐宋明之诸儒，其训诂事论各可执用，而至其圣学之的意，悉乖戾先生之志。

癸卯即宽文三年（1663），素行四十二岁。又据《古学先生行状》，仁斋转入古学是在三十六岁，即宽文二年（1662）。确实，仁斋比素行早一年唱道古学。不过，据仁斋《读予旧稿》可知，其学说开始转变是在三十七八岁以后（参看仁斋"事迹"节）。毫无疑问，素行在万治三年（1660）辞职后，学问就发生了重大变化。《语类》序云：

> 庚子致仕，浅野氏甚厚遇，先生犹存君臣之礼不怠。先生圣学之志愈进。

即此可知，素行的学问逐渐出现变化的迹象，不过尚未回归古学。《语类》序中还叙述有如下内容，云：

> 诗文咏歌之词章，老庄释氏之异说，众技小术，皆以为非圣人之学。退述《治教要录》三十一卷、《修教要录》十卷，此书专以周、程、张、朱之学为宗。

由此看来，素行此时还未摆脱周、程、张、朱的窠臼。所谓"先生圣学之志愈进",即指他排斥词章之学、异端之说,转入宋儒性理之学。上述引文是素行自己对当时情况的描述,或者我们姑且认为是素行自己的描述。《配所残笔》云:

> 辞禄后少顷,浅野因州公、本多备前守殿等来访吾宅。其时,因州公叹曰:"云云。发明圣学之筋目者,异朝亦未有之,通古今者,唯阁下一人矣。"

因州公所言"发明圣学""古今一人",无疑是在称赞素行复归古学。"少顷"虽然笼统,但可以想见其时间应为辞禄后不久。《配所残笔》又云:

> 数年间,此疑问不得分明。宽文之初,我等思之:"或为读汉唐宋明学者之书,而不得分明耶?直读周公、孔子之书,并以此为规范,岂不可正学问之筋耶?"自此不用后世书物,专读圣人之书,日思夜想,初体得圣学之道筋分明,而定圣学之理。

此处素行亦仅言"宽文之初",没有说明具体时间。或许在宽文初年,素行学问已经显露出转入古学的征兆。不过,这是无法确定的,没有人能够断言素行确实比仁斋更早唱道古学。但是,素行与仁斋几乎同时转入古学,这是毫无疑问的。在日本哲学史上,我们必须以素行先于仁斋唱道古学,这是因为素行率先发表了自己的学说。仁斋以古学为宗旨的最早著述《论孟古义》及《中庸发挥》,成书于宽文二年(1662),不过正如《行状》所言"草定",并没有直接刻版印刷。《论孟古义》出版是在正德二年（1712），《中庸发挥》出版亦在正德二年，即在仁斋死后，东涯才将它们发布于世。而素行的《圣教要录》在宽文六年（1666）就已经出版发行，比《论孟古义》及《中庸发挥》早了几乎五十年。这就是我们把山鹿素行视为古学鼻祖的原因。

二 古学主张

素行排斥汉唐宋明之学，欲直溯洙泗之渊源，彰显孔子之圣，故其学称古学。《圣教要录》论"道统"曰：

> 伏羲、神农、黄帝、尧、舜、禹、汤、文、武、周公之十圣人，其德其知施天下，而万世被其泽。及周衰，天生仲尼，自生民以来，未有胜于孔子也。孔子没，而圣人之统殆尽，曾子、子思、孟子亦不可企望。汉唐之间，有欲当其任之徒，又于曾子、子思、孟子，不可同日而谈之。及宋周、程、张、邵相继而起，圣人之学至此大变，学者阳儒阴异端也。道统之传，至宋竟泯没，况陆王之徒不足算，唯朱元晦大功圣经，然不得超出余流。噫！道之托人行世，皆在天，其孰强与于此乎！

参看《语类》之《圣学篇》可以进一步理解此段的要旨。简言之，素行认为，孔子殁后，圣人学脉几乎断绝，宋明之学即陷于异端之见，而如曾子、子思、孟子，亦多不及。《语类》云："曾子、子思、孟子虽因循来，于夫子不可企望。"对于宋儒，素行悉数排斥，痛击酷评，无所不至。他论周濂溪曰，"圣人之罪人,后学之异端","惟一个硁硁乎小人哉",气意昂扬;论张横渠曰,"其所学杂驳,而其所本在老子","其要论皆相违,不可费眼力",甚是轻蔑;论程明道曰,"有释老之隐",学习他的人"竟到放荡风流";论程伊川曰,"惜乎不穷圣学之要",轻视二程;论邵子曰,"其害太多","后学之惑",又曰,"其学癖于数,竟未得圣人之道",将他剔除于道统之外;论李延平,亦如邵子,断言他"未通圣人之道"。唯独对朱子,素行颇为推重,论曰:

> 其于圣门有功,孟轲之后,唯朱元晦也。圣学之传,到宋每有过高之病,故学者舍近求远,处下窥高,驰心空妙之域,陆子之徒专鸣于世,周、程、张、杨、罗、李多表儒,而其标的在高尚。微朱子,学者悉左袒也。

又曰:

> 圣人之道,夫子没而后虽不明,子思、孟轲少有其传。汉唐之间,虽人皆知圣人可贵,其学杂博而不纯,至宋周、程、张子,皆嗣曾点之风流,圣人之微旨殆绝。朱子近于日用之间详其学,是孟轲之后,唯朱子一人之功也。

素行虽如此推尊朱子,但亦认为其不脱余流之弊,曰:

> 唯朱元晦之学压先儒,然不得超出余流,若令元晦生周子之地,无余流之染,必可承不传之统。云云。

素行论陆象山、王阳明之徒曰,"乱圣人之道,儒之异端

也",对其大肆贬斥。简言之,他断言汉唐宋明之学均不传孔子学脉,唱道自己独得二千岁不传之道统。《语类》序云:

> 先生垂迹于本邦,崇周孔之道,嗣不传之统。所谓君臣父子兄弟夫妇朋友修身圣学之要道,二千岁之后,在先生之学。云云。

此固然是门人所记,但恐怕是素行的内心独白。素行以圣人为日常行为的标准,以学圣人为学问之道。他在《配所残笔》中详细叙述了学问工夫,曰:

> 初见得圣学之道理分明,而定圣学之理。如裁直纸时,不论何等之能工巧匠,不使定规,仅凭感觉裁割,亦不可皆成。虽己可如此,人人亦不可如此。而若有定规,大凡幼弱者,亦可按其筋目裁成。其间,虽有上下之分,然其方法一也。能会得圣人之道理,与使定规同样,因其人学问之增进,可与道合辙。故圣学之筋,不入文字、学问。今日得教,即可理会今日之用。工夫、持敬、静坐,亦不需要。或人言行正,修身,知千言万句,此为杂学之人,无学圣学之道筋。又或人虽知一言半句,但知圣学之筋。是以定规可正判也。

他认为,在实际应用层面,这种功夫有确切的功效,论曰:

> 夫今于未见未闻之事,若能得以上之道筋,亦可会得十之五七。俗学杂学之辈,恐难十得其三。于此,我等确

信无疑。依之，博学之人尚不如世上无学之人，故为世人耻笑。削铁制炮弹，而无定规，与裁直纸同，劳而无功，常苦而更无益。如致学问，则益愚。我等思之。

又云：

能知圣学之定规、铸型，按此规矩准绳，则见事能通，闻事能明。无论发生何事，其诸般对策明白可知，故逢事无所屈。此大丈夫之气魄也。诚可谓心广体胖也。此学相续时，智慧日新，德自高，仁自厚，勇自立，终无功无名，可至无为无妙之地。自功名入而无功名，唯尽人之道耳。

如此，素行以圣人为行为的标准，而且，由此工夫，可达至得道的妙境。因此，他论"师道"时说："学必在师于圣人。"其理想之高尚，据此可知。朱子学派以朱子为理想，阳明学派以阳明为理想，于此天下纷然相争之时，素行排斥一切是等宋明学者，卓然于世，只把儒学的大本源——孔子作为自己的理想。其气象有壁立千仞之势，足以睥睨当时群儒。

三 宋儒与素行的不同点

如上所述，素行一旦确立自己的创见，便奋起排斥一切宋儒。那么，素行的主张与宋儒有什么不同呢？素行的思想并没能形成一个完整的体系，而且，若与宋儒对照，其立脚点到底在哪边，亦尚难确知。

（一）仁　素行认为，仁者兼五常而言，圣人之教以此为极。汉儒以爱为仁，故过于卑下而有所不及。宋儒又以仁为性，故高妙而远于实行。故素行论曰："共不知圣人之仁。汉唐之弊少，而宋明之弊甚。仁之解，圣人详之。"即此可知其异。

（二）理 素行论理曰："有条理之谓理。事物之间，必有条理。条理紊，则先后本末不正。云云。凡天地人物之间，有自然之条理，是礼也。"据此可知，素行承认伦理秩序（moral order）的存在，并把它视为理，而宋儒以性及天为理，故素行排斥宋儒的见解，断言其为差谬。

（三）中庸 素行解中庸，只是取无过不及之意，即不偏于两极。宋儒亦取不偏不倚之意，然或以未发之中为性，附会深远幽窅之旨，素行非之，以其并非中庸；或分中、庸，以二者相对立，以庸别立工夫，素行非之，以其违反圣人之本旨。而且，关于宋儒"于其未发，当以敬存之"的认识，素行论破曰：

> 然唯曰敬，不谓格物致知，则其存养省察，共陷静寂无事。是宋儒切好静坐，谓主一，全蔽聪明，厌思虑，竟所以恶异端入异端也。故宗宋儒之徒，其学者一个沉默谨厚之小人，而至其成，亦硁硁乎？是不通大本达道之中和，唯弄其文义耳也。

素行厌恶宋儒的禅气，以其非圣人的正脉，因此才如此痛斥。

（四）敬 素行认为，礼、敬当并行，论曰："圣人之教在礼，礼行乃敬存，专敬乃礼不全。"但是，宋儒以敬为学问之本，说主一静坐。素行举其弊，断言其谨厚沉默、迫塞浅狭。

（五）性　素行认为，理气妙合而有性，性乃天之所命，以善恶不可言。孟子所谓性善之说，并非圣门之学。但是，宋明学者嗜好孟子性善说，立心学、理学之说，言本然、气质之性，把复归本然之性作为学问的归旨。素行对此驳斥说："欲认本然之性，是异端之教也。"

（六）太极　素行认为，宋儒太极之说大谬。周子始作《太极图》，他抨击周子说："甚圣学之罪人，后学之异端也。"又叙述自己的见解说，"周子以无极而三字冠太极字上"，"太极之外别无无极，则其言赘也。太极之前有无极，则异端之说也。圣人之教，唯日用而已。太极乃含蓄先后本末，至矣尽矣"。

根据以上所列，可察知素行学问的大概。大体而言，宋学是儒、佛二教矛盾融合并以此为胚胎而生成的，因此与原始儒教相比，从中可以发现不少的"异种"。这是人人都可以想见的。素行要追溯原始儒教，与宋儒相背驰，自然也是必然的结果。

四　宇宙论

关于素行的宇宙论，有一些地方值得注意。素行认为宇宙是无体无形、无始无终的，与邵子的说法相反，论述极为明白彻底。邵子曾论天地曰："既有消长，岂无终始？天地虽大，是亦形气，乃二物也。"邵子还运用奇怪的算法，以十二万九千六百年为一元，论述天地之消长无息，其主张殆与佛家"成住坏空"之说类似。这固然是荒诞无稽之甚，但遵奉宋学者沿袭日久，不知其非。故素行喝破说：

> 天地本无甲子可建，何有十二万九千六百之数乎？天地、人物一般出来，无其始可求，无其终可知。既言出来，乃似有始，有始乃有终。天地常无古今，古今唯一般，人以为有古今也。天地有始终，则不可言无穷。（《语类》卷四十）

可以说，此段足以打破邵子之妄说。素行认为宇宙无体无形，如此，包罗有形万象的宇宙就只是苍茫，没有定形。凡是有定形的，就不免消长，而无定形的，就不可谓有消长。为此，他以宇宙为无始无终，论曰：

> 天地何有开辟之说？既无开辟，故无未判之论。天地本天地，万古以前又天地，万世以后又天地，更无消长增减也。（同上）

即此可知，素行不取天地创造之说，而且，他断言天地毕竟是"长住不灭"、毫无些许消长之类，殆可使人联想到今日的科学思想。不过，他尚未将现象和实在进行抽象，并以此来论述消长的方面和不消长的方面，这是个遗憾。他又论曰：

> 人物又与天地长久也。自万古至今日，人物相生生。斯民也，上世之后昆也。斯物也，上世之遗种也。日月有出没盈亏，人物之死生荣枯无可怪也。（同上）

由此看来，素行似乎在外形消长之外，看透了未消长的内容——本体。每个物体和每个人都是变化不止的，不过，物质本身并不会有丝毫增减，生命本身也不会有所谓生灭。他又论曰：

> 起灭者，人以为此说。故以灭乃灭，以不灭乃不灭也。天地人物，更无起灭可名也。（《语类》卷四十）

且不管其立论如何，此段是说天地、人物本身并没有所谓生灭。如此，素行认为，宇宙及人物是没有消长的。不过，他并不否认"化身"的消长，论曰：

> 盈天地之间，所以为造化之功者，阴阳也，天地人物之全体也，互消长往来屈伸，生生无息。（《要录》）

素行不否定阴阳的消长，并以此为生生无息的表征。又曰：

> 天地生生无息，唯自疆不已也。复之见天地之心，终而复始，无始终也。其德至大至公正大，而天地之情可见也。（同上）

"终而复始"虽然很难理解，但总而言之，素行看透了宇宙的无始无终，且承认其生生存续不已。

五　道德论

素行论述道德的言论有很多，其义利之辩尤其吸引了笔者的注意。他认为，君子和小人的区别只在义与利，论曰：

> 人知多，故欲亦多。欲不可充。君子以义为利，小人知利不知义。君子之利能亨，小人之利不全。义利不支离。利者义之和也，义之所有，利随之。（《要录》）

素行还认为圣学和异端的区别也在义与利，论曰：

> 人皆有希圣之志。其知不至，动陷异端。异端之教也，矫人情直情径行，戎狄之道也。圣教异端、圣学俗学之辨，唯在义利之间。（同上）

这些论述不能说是切中肯綮。如老佛等所谓异端，就绝不以利为目的。不过，如君子知义而小人知利不知义，再如圣学所主在义而不在利，这些不管是谁都会毫不犹豫地承认的。但是，让人想不到的是，素行只论述重利的必要性，殆似当今功利者的口吻。其言曰：

> 利为《易》之四德之一，《书》之三事之一，非可恶之。人心皆有好利、恶害二者，是谓好恶之心。依此心立教，遂而述圣人之极。云云。无此利害之心，则死灰槁木而非人。人情，古今不异，四海共同。故孟子论性，以利为本云。唯其私利而惑于利故，戒之也。人必过于利，圣人所罕言也。当时学者动辄生利害之心，然欲绝此心，尤为误也。皆其知不究，故有是惑也。（《谪居童问》卷上）

又曰：

> 今以天下之人情考之，人之性无不以利为本。以利为

本，故此道立而行。君君，臣臣，若失却此利心，则君臣上下之道不立，无辨善恶邪正之人，天地忽覆，日月忽坠于地。四夷以利之小为事，中国以利之大为事，悉因此利，而万物立、万事行也。唯学者不知其实，不究其知，故有此惑，可知也。（《谪居童问》卷上）

这些论说均以利为主，与前说义利之辩自相矛盾。结合素行资产富裕，就不能不让人产生怀疑，素行或许真的是以利为目的的。但是，事实绝不是这样。《语类》卷二十一末尾"自警"一目中，有言曰：

> 吾生质元本简而乏礼容，衣服、居宅、饮食皆过简，是居简而行简。云云。

"子弟警戒"中亦有与此类似的条款，曰：

> 凡可明君子、小人之机。君子因天地之大道，而少不喻己之厉害。小人以成败利钝，而衒其才、卖其知。才知之所及虽同，其所根如天壤。毫厘之差，千里之谬，唯在义利之辨也。慎思兹诫，则知其判然矣。

由此看来，无须再辨，素行并不主张舍义取利。① 他之所以说以利为本，只是因为认定私利之外还有公利的存在。特别是关于财宝，素行有一种极为卓越的见解。《武教小学》"财宝器物"章云：

---

① 后亦可见，请参看"武士道论"节中的"辨义利"目。

> 天下之财宝者，天下之财宝，而非一人之财宝，能交易利润而通用万物，故是曰财宝。有财之人，皆言厌费，不知费，金玉盈堂，财器在府，而不知施用，则天下之财滞一所，而不为天下之用，费蔽何事如之乎？人好财，则大概吝啬之。故圣人以金玉不为财，不贵难得之财，况藏土器画轴铜铁之器而财之，以千金易之，其惑甚乎？

素行好像是学了现代经济学而提出了这一观点。固定资产多绝不是国家的福祉，财宝的重点在于流通和活用。据此考察，素行绝不是因为利而出现差谬，况且，他还警戒吝啬呢？

六　国体论

当时，儒者纷纷崇拜唐土，称唐土为"中国"或"中华"，甘以东夷自居。与此相反，素行卓然而立，超脱时流，认为日本比唐土优越，称日本为"中国""中朝"，又称"中华文明之土"。他著述《中朝事实》，又著述《武家事记》，都是为了引起时人对祖国起源的注意。《武教小学》序云：

> 有宋晦庵述作《小学》，而人生自八岁迄十四岁，教以洒扫应对进退之节，爱亲敬长亲友之伦，且以嘉言善行为终篇。其功伟哉！盛哉！然俗殊时变，倭俗之士所用尤泥着，则居阃国而慕异域之俗。或学礼义用异风，或为祭礼用异样，皆是不究理之误也。学者为格物致知，而非为效异国之俗也。况为士之道，其俗殆足用异俗乎？

由此看来，素行的见解反而是正确的。我国自然有我国的国体，异域自然有异域的国体。醉心异国国体，污蔑我国国体，这种行为真可谓倒行逆施之甚。况且，若比较日本与中国二者，日本不是远远优越于中国吗？①关于自己如何发展至尊重国体的思想历程，素行在《配所残笔》中进行了叙述，曰：

> 我等以前喜好异朝之书物，日夜勤学。关于今年新渡来之书物，虽未读，然十年前渡来之书物，殆一览而无遗。故不自觉中，以异朝之诸事皆宜。本朝乃小国，万事皆不及异朝，故圣人亦出于异朝。非独我等持此见，古今学者皆如此，慕而学异朝。近顷，始知此见有误。信耳而不信目，弃近而取远，然不及是非，诚学者之通病也。其详载于《中朝事实》，此处述其大要。

素行见解一转，述说缘由，以进一步辨明自己的意旨，曰：

> 本朝作为天照大神之苗裔，自神代至今日，其正统无一代违之。云云。民安国平，万代之规模立，上下之道明，此非聪明圣知之达于天德乎？况以勇武之道言，平三

---

① 日本自近世开始，不少日本儒学者就有一种借助外来文化构建日本精神的倾向，而山鹿素行可谓其中的佼佼者。他以《日本书纪》、日本神话为依据，从论说水土优越到皇统连绵，力证"日本为中华"的合理性，论证日本"卓尔于万邦"的观点。这种思想为井上哲次郎所继承，并将其发展成日本民族的"大精神、大骨头"，后来成为日本国粹主义的重要资源，给世界和平带来了深重的危害。读者需要注意。——译者注

韩而使其纳贡本朝，攻高丽而使其王朝陷落，设日本府于异朝，扬武威于四海，自上代至近代皆然也。本朝之武勇，异朝亦恐之。迄今，外国未尝能征服我国，且不能夺我一隅。武具马具剑具之类，兵法军法战略等等，彼国非可及也，此武勇岂不胜于四海乎？智仁勇三者，圣人之三德也。此三德缺其一，则非圣人之道。今以此三德，一一举证，较量本朝与异朝，而本朝远胜也。可谓中国者，实分明也。此更非私言，天下之公论也。云云。

甲午中日战争及联合军等即可证明素行所言非虚。若素行重生于今日，想必也会震惊。我国皇统连绵，历经数千年，世界万邦中仅此一例。而且，不管哪个强国都不免遭受别国的侵害，只有我国卓然立于万国之中，延续此金瓯无缺的国体。无疑，这是我国显著的优点。①确实，我们不能说素行的言论是出于虚幻的夸耀之心。如兵器之类，我们就不精良，这在今天是显而易见的。不过，素行所说的"彼国"是指唐土、朝鲜，那么我们就不能一概断言之为虚妄了。

---

① 甲午战争特别是日俄战争前后，日本社会出现了大量宣传和鼓吹武士道的言论。井上哲次郎认为，日本在甲午战争中获胜的一个主要原因就是贵清廉重节操、不畏死亡的武士道"忠君爱国精神"，而武士道精神的高扬，完全仰仗于日本万世一系的皇统思想。也就是说，甲午战争的胜利，就是因为日本民众"忠君爱国"，愿意抛弃个人权利乃至生命，绝对服从"天皇日本"。因此，此处宣扬日本"卓然立于万国"之国体就不足为奇也。但我们应该看到，井上的这种观点，与其武士道精神一脉相承，本质上就是奴役和束缚日本民众的一种思想工具，是应该加以反思和批判的。——译者注

七　异端论

素行修习老庄之学，又喜欢佛教，曾会见五山僧徒，拜访隐元禅师①，询问佛法大意。不过，他最终将其视为异端，认为学问的目的在于溯源孔子之圣，道的着眼点在于立于我邦，挥舞起破邪显正的利剑。在《配所残笔》中，他叙述了自己对异端的态度，曰：

> 学问之筋，古今其品多，是故儒、佛、道各有一理。我等自少年迄壮年，专勤程子、朱子学筋，故我等述作之书皆为程、朱学筋。中顷，好老子、庄子，思玄玄虚无之理为本。此时，别贵佛法，会诸山之名知识，乐参学悟道，迄访隐元禅师。然我等不器用故，奉程朱之学而陷持敬静坐之工夫，觉人品陷于沉默，以老庄禅之作法较朱子学活达自由。性心作用同天地妙用，其理高妙。万事皆本心自性之用所，故无所滞。纵乾坤打破，万代不变之一理惺惺洒落，无所存疑。然于今日日用事物之上，却难以领会。思此乃我等不器用之故，再深入体悟便可领会，后愈加勤于斯道。亦思之，或日用事物之上皆甚小之事，并不足虑。然置身于五伦之道，应接于日用事物之间，终有所滞。定居于树下、石上，闲居独身，舍世上之功名，无欲清净，绝言语，或可至妙用自由之所。然我等若如此，事

---

① 我国黄檗宗的祖师，曾在万治元年（1658）到江户，素行前去访问。——译者注

> 关天下国家四民之大事，自不待言，即便日常小事，亦与世上之学者同然，不可理喻。或言能体认仁，则天下之事一旦可领会；或言以慈悲为本，即为过去、未来之功德也。此等论说，实将世间与学问别为二也。不知他人，而我等之见如此。是等绝非学问之至极。云云。

由此看来，素行自宋学、老庄，以至禅学，逐次钻研，进而看透各自的利害得失。如素行所言，程朱之学动辄会使人丧失活泼之态。又如素行所言，即便理会得老庄、禅学的出世观念，达至圆融无碍的妙境，亦不免与世间疏离，与现实脱节。如此，素行知晓宋学的弊病，又察知老庄、禅学的弊病，故终于杀开一条"古学"之血路，以致巩固自家的堡垒。

在《语类》（卷三十三）及《谪居童问》（卷中）中，素行也对异端进行了颇为详细的论述。他在《语类》中对宋学判下铁案，曰：

> 周、程、张、李之大儒，亦其所论说，大概在于禅佛。唯朱子杰出其间，明辨杂学辟之，其功尤大也。然犹宗周、程、张、李，以立本原，故其所论到本原，便又入禅佛。由此思之，圣学之不明于世，亦命也。

如此，素行认为宋学混入了异端。而像陆象山的自他之辨，王阳明的致良知工夫，也都与释氏没有什么不同。《谪居童问》论云：

> 元明学者，悉以程朱之学为宗，圣人之教殆废。其

故，在以程朱之解为本。故圣人之言行，悉落在程朱之私见，是乃使圣人坐于涂炭也。

即此可知，对素行而言，宋学自不用提，即便是元明之学，也与异端同样，因为其带有佛教的气息。虽然素行从各方面批评佛教，但其旨归却是拒绝所有超绝的观念，只在讲述日常彝伦之道。他本来就是现实的世俗人物，不喜欢深入钻研哲理，因此最终把孔子作为唯一的理想人物。

八　武士道论

叙论

我们以上简略叙述了素行的学说，如果不对他关于武士道的见解作一介绍，那么就像"画龙不点睛"。武士道本来是发展于镰仓时代的一种精神训练（mental discipline），到德川时代，武士无不因此立身。论其性质，它完全是神、儒、佛三教融和孕育出的，可以说是我国一种特别的产物。希腊的"斯多葛"主义（Stoicismus）、中世的"骑士精神"（Knighthood）、今日的"绅士风度"（Gentlemanship），虽然与武士道不无相似之处，但我们绝不能将它们与武士道等同视之。武士道处人伦之变，会给人比像冰雪还要凌厉的、可以显露节操的峻烈志气。这是"斯多葛"主义、"骑士精神"、"绅士风度"无法企及的。特别是像切腹，我们只有在武士道中才能见到。素行本人就是武士道的化身，即武士道的权化（Verkörperung）。之所以这样说，是因为武士道自镰仓时代开始发展以来，还从没有人能像素行这样地领会、实践和论述武士道。前无古人，后亦无来者。翻阅《武艺小传》，可以发现通晓兵法的人有很多，但还从没有听说过有像素行这样的有学识的兵法家。素行不仅有学识，事实上，还以武士道为胚胎，通晓儒、佛、道三教，而且研究得很深入。在兵法家中，找不到这样的人。此外，自镰仓时代以来，硕学鸿儒层出不穷，也没听说过有人能像素行这样还精通兵法。总之，素行集第一流的学者和第一流的兵法家于一身，应该是我国从未有过的人物。如果说素行的特色，这肯定是最显著的。若再论素行的武士道，我们就不能忽视其学问、性行、教育、感化等方面。如果忽视了这些，那么就是忽视了武士道的内核（Kern）。作为素行施行武士道教育的结果，并将其转化为现实的，是"四十七义士"。义士的行为就像秋霜烈日，千古不灭。这如果不是武士道焕发、留下的痕迹，那又是什么呢？若探寻其产生的渊源，则在于素行的学问。素行的学问之所以能在群儒中绽放出一种别样光彩，就是因为武士道。素行的武士道精神，在《武教小学》中得以完整的体现。此书简约而不涉细目，只有与吉田松阴的《武教讲录》合起来讲，才能得其全貌。素行在《语类》中对武士道有详细的论述。《语类》"卷二十一"分上、下两部分，全都是在论述武士道。拿来一读，其文字酣畅淋漓，雄壮的气象跃然纸上。这些内容是学者最应该着意玩味的。最近，新渡户稻造著述《武士道：日本人的精神》（Bushido: The Soul of Japan），试着给海外稍稍介绍下武士道的趣意。今观其书，令人可惜的是，此书丝毫没有涉及素行的见解。因此，我们可以推知，他漏掉了可以说是武士道精髓的重要内容。在这里，我们介绍下素行士道论的大意。

素行的士道论，分六篇：第一"立本"，第二"明心术"，第三"练德全才"，第四"自省"，第五"详威仪"，第六"慎日用"。之后，作为附录，记载有"自警""子弟警戒"及"御奴警戒"。

第一　立本

第一：立本　　此篇分三章：（一）知己职分；（二）志于道；（三）在勤行其所志。

（一）知己职分

农工商不得已而相起也，然士不耕而食，不造而用，不买卖而有利，是何故也？我今日顾此身，父祖代代生于弓马之家，为朝廷奉公之身，是以不耕不造不沽而为士也。士不可无其职分。若无职分而食用足者，则可谓游民。此当于己身详省考也。士若不勤而终此生，则可谓大贼民。若问士之职业为何，自勉而究明士之职分，则士之职业初可显也。凡士之职，在顾其身、得主人尽奉公之忠、交朋友厚信、慎身之独而专义也。身有父子、兄弟、夫妇之交，天下万民皆有之人伦也，然农工商以其职业无暇，故不得尽此道。士无农工商之业，专于此道，三民之间苟有乱人伦之辈者，速施处罚，以待天下人伦之正。此是士不可不备文武之德知之所以也。于此不勤，盗父母之惠，贪主君之禄，一生之间，与盗贼全其命者同，甚可叹息也。故士之本，在知职分云也。

（二）志于道

人既及究明我职分，则不可无勤其职分之道，是当志于道也。而能志于道，我先有志，求能行得之人，是当赖其指导、任其引导也。其师之行迹有所违，言似而其应事物不明，则速去勿从。久染邪师之教时，则不经意间，其人有负担，离诚之道愈远。若于外无可为师之人，则自反内省，勤圣人所垂之格言，而圣人之大道于是可得也。假令知士之职分，而不志于道，则有知而无行，不能全也。

（三）在勤行其所志

曾子曰："士不可以不弘毅，任重而道远。仁以为己任，不亦重乎？死而后已，不亦远乎？"士其器尤广，不能忍其所处，则不可耐重致远也。知职分而志于其道，然不勤行其所志，则唯言而无实也。虽行而一生勤于是，若不死而后已，则中道而废，道不可遂。故以勤行为士之勇也。然利欲之间、色欲之妄动、名根之所萌，因循以久，而我无大力量，则必被其所诱，不可尽其诚。我能使出大力量，赖志之深浅也。志浅，所勤不可深也。凡大丈夫云者，是志于士之道而实勤行其所志也。不如此勤其厚正之所，则士之本不可谓立也。

第二　明心术

第二：明心术　　此篇分十章：（一）养气在心，论养气；

(二)度量;(三)志气;(四)温藉;(五)风度;(六)辨义利;(七)安命;(八)清廉;(九)正直;(十)刚操。

(一)养气在心,论养气

所谓浩然之气者,孟子亦述其难言也,故今以是无所云。唯心因气,或动摇或困苦,能领会此处,常以道养之,则可知如使气之不饥也。养得此气时,至大至刚,而能伸于万物之上,于物无所屈也。心因气,故气能静时,则心静也,气动时,则心于是动,是以心气不二而更无所间隔也。心者内而气者动于外,当先养得此气,以为修身存心之本也。养者,思我天质之气之过不及,损其过,补其不及,如当于事物之间,使其动静皆宜。是日用之工夫也。人之气必易扬,易动,了解此处而养气,顺和其环处,不妄其动处,动静得处,气以无虚妄,而心为此不妄动也。

(二)度量

士其至受天下大事,无从容致此大任之心,则度量不宽,陷于迫切浅狭。然如长江大河之更不可知其限,泰山乔岳之隐草木鸟兽,其胸中容天下万事,当使其自由,是谓度量。"天空任鸟飞,海阔委鱼跃,大丈夫不可无此度量",言得此心也!力量者,在从容齐万物、谈笑从四海、负地之重、涵海之广。天大而无外,日月之光无所不通,是自然之力量也。我所养气薄,大丈夫之本意不立时,则就利害好恶,心动于斯,气妄作于斯,而失其真。人遇事，皆有滞塞，以气妄动而失其处也，更无所宽广。大丈夫临生死大事之地，蹈白刃，迎剑戟，现刚操之节，始可得置天下于泰山之安。

（三）志气

志气云者，大丈夫所志之气节也。为大丈夫者，少去其志，则所为所学皆至于微，非大器也。后汉赵温云："大丈夫当雄飞，安能雌伏？"大丈夫之气节若不如此，必屈于小事，不能成大事。古之人臣言，致君为尧舜，以一夫不得其所为己之耻，事父如曾子而可也云。去其未足之志，是皆志气高尚而不以小成小利为事故也。

（四）温藉

温藉云者，有含蓄包容之意也。内含德包光，而外无圭角也。小智短才之辈，以器狭立我知，耀人炫世。度量气象能卓尔于万物之上者，更无所立功、夸名，且无忿厉之气。温和自发于颜色，现仁人君子之姿，待人接物时，如阳春之丽而能利物。是温藉之所致也。"碧藏泽自媚，玉收山韬光，大丈夫不可无此慰藉"云者，可为此心。

（五）风度

大丈夫一向立刚操，则其风俗似可卑，是非大丈夫之本意。"月至梧桐上，风来杨柳边，大丈夫不可无此风流。"风度非在世俗，如明珠在侧，自然照人，是言风情也，少无拙鄙之质。如水晶之瓶蓄秋水，白玉之盂装冰块，风情聊无所缺，是可谓大丈夫之风度也。夫内无所谄，外无可屈之物，无论至何处，其气常伸于万物之上，鸢飞戾天，鱼跃于渊，与月来梧桐、风拂杨柳无异。养得如此风度，岂非如一尘不染乎？尤可慎也。

（六）辨义利

大丈夫存心之工夫，唯在辨义利之间。君子小人之差别，王道霸道之异论，皆在义利之间。若言何谓义，内省有所羞畏，处事而后自谦，是可谓义。若言何谓利，内纵欲而外从其安逸，是可谓利。古今之间，学者入道之始末，唯当在详义利之辨也。圣人君子之教，非谓恶生就死、趋害避利、劳而勿逸。圣人君子之好恶，亦不异于凡人，唯在于其间辨惑耳。若言何谓惑，唯利自身而不顾其外，是谓惑也。好利自身，是又天下之同情，而圣人君子能辨其轻重。轻重云者，君父兄师夫为我之重，臣子弟幼妇为我之轻，天下国家重于身，视听言动轻于心。详此轻重，则惑可止于斯。其故，处生死刹那之地，为使君、他人或我所重者无害，可速死而不顾。我所重者无害，在能保、能养、全其命。

（七）安命

人之所苦，死亡祸难贫贱孤独也。人之所乐，此反也。苦时，心为此不安。乐时，心为此而变。故当忧喜，则其所志变，心于斯不存，是寻常之情也。大丈夫于此时存心安命，是不拘于富贵贫贱故也。凡所指命，人不可造为，天自然成其形，使有其理、有其事云。尽养生，命缩于此，至当义可死之地，是则命也。时至，地于此塞，势遂渐衰，虽有知者贤者，援是而无益，及于灭亡，是命也。凡人之立于世，第一在得时，第二在生于优秀之家，第三在有与其人其时相应之气质。此三者实现，初得时也。此三，无一为我可所作为者，唯天地自然之理也。此间，虽偶以才觉，得少许之富，然仅五十步百步之异，不至变贫富。若勤而无实现，是天之有命，唯当安我所好之义理也。如虽同为松，有高砂之松，有住居之松，生于高下山河遥隔之地，或因高获赏，或隐于卑不为人知，其所定乃天之命，而非人之术。夫常安此天命，富贵而不骄，贫贱而不恶，是天命而己所不得已者也。若此时，富贵贫贱共非心之所存也。岁寒而青松始卓立于涧壑，其存心之处，刚操亦始现也。不安命而强妄动妄作，大丈夫尤当所慎也。

（八）清廉

大丈夫内不守清廉，则事公、从父兄，而利害萌生于此，天性之心放失。清廉者，外之贿赂，内之货财，心更不存之。立于世人难行之所，更无所屈。内无清廉，外为浅薄利害所夺，失其守，则心于此放失也。

（九）正直

大丈夫立世，不可不正直。正者，于其义处守而更不易之谓也。直者，不论亲疏贵贱，改其所当改，纠其所当纠，不谀人，不流于世之谓也。"松到天而不屈，兰无人而亦香"，是可谓大丈夫正直之立处。"直、方、大"者，《易》所重言，事君父立世，昼夜唯以正大直方为本。不拘于世俗名誉，非仁义则不陈于君前，临大节而凛然跨四海，是正直而存心之所以也。

（十）刚操

大丈夫在世，若无刚操之志，则不能存心也。刚者刚毅而不屈于物之谓，操者我守义之志而毫不改变之心也。大丈夫无此志，则屈于利、溺于酒、惑于色，遂忘义，违生死之大事，临大节而变约。此岂可谓大丈夫所立之志耶？为士而不练得大丈夫之体，唯碌碌小书生之志耳，何为天下之大器乎？

第三　练德全才

第三：练德全才　　此篇分四章：（一）励忠孝；（二）据仁义；（三）详事物；（四）博学文。

（一）励忠孝

大丈夫在世，出则仕君接朝廷，入则仕父兄齐家，故助天下之政事，救万民之忧。或不顺之逆臣出，己为将而领关外之任，运筹于帷幄之内，立功于万代之上，或奉使决大事而不辱君命，或致死轻命，弃百岁之寿于一刃之下，是事君励忠也。而于父母，竭力，色养永慕而致死不顾，于内，此岂非尽孝者乎？大丈夫之责甚重，是以常养气而使其安静，存心味义理，移此于君父，详忠孝之实，是士之勤业也。出仕君而不以德入，入仕父兄而无诚，则养气存心之用更不可现。盖德者，内用其所存养，尽其诚，理无不究，是名为德。练德者，先励忠孝尽其诚，事君父之间，当从天性以更不违为本。君父者人伦之大纲，我所事不尽诚，则君臣父子之道不明。欲尽诚，若不练德，则其实必薄，或处害而变，或临死而变。凡不至临大节、逢大变、决大事，其德不显现也。非常之变至，为臣为子者欲明白尽其诚，然以德不正，不可行也。

（二）据仁义

仁者天地生生之心，恻隐之情发而中节，爱之用也。义者处事而有羞恶之情，内有所耻，推而中节之名也。然无仁心，则宽容大度之形不现，其陷溺好恶。是所以以仁为圣人之源也。无义心，以处物无节，无截断果敢。务仁时，礼于是立；务义时，智于是明。圣人教人，不出仁义二字，以仁为德之本，以义致事之用。大丈夫所志之道，以仁义为据，内不练其德，则以何可得其实乎？

（三）详事物

君子仰视天，俯察地，中察人物云。是详究明天地人物之事，而后，圣人之才于此逞，众理备而可应万物。德者本天德，仁义为人之道，谁不由之！云练德据仁义，然于诸般事物，若不尽其千差万别之处，则处事之道不自由，其才不能通于三才也。事君父、自修之间，皆如此。大丈夫救一世之民，立功于万代，翼天地之德，尽圣人之诚处，唯当在立德全才。

（四）博学文

古今人物甚异，异域之格言亦尤异也。德有等天地，才有及万物，其用舍在我，其事迹著于书。故当博览古今之书，详辨事物之用。学者或记诵古今之事，以此夸于世；或弄诗文必词章，以是为学，皆非大丈夫之学。一个老博士、三尺书生，以笔砚为事，舌耕佣书，缩人脚下，是不可谓大丈夫之本意。何为学文？以务古圣人之道为本，以贤人君子之行迹为助，辨古今时代变化、人物之理，博其见闻，增其才，磨其智，是为学文。

第四　自省

第四：自省　　此篇仅自戒一章。

（一）自戒

　　大丈夫常当自省，考其气质之旧处，计我好恶之癖处，鞭打其旧。凡天下事，其成处坚，其起处详，然不改正，不省明，则必有弊。赖此时，失乃生，经时而有破也。故初致其事物之节，虽详究理，欲全其事物，然不能考时累节、屡省察之而改其弊、修缮不合于时，则终不能全也。

第五　详威仪

第五：详威仪　　此篇分九章：（一）毋不敬；（二）慎视听；（三）慎言语；（四）慎容貌之动；（五）节饮食之用；（六）明衣服之制；（七）严居宅之制；（八）详器物之用；（九）总论礼用之威仪。

（一）毋不敬

　　明格致而比天下之大德，欲正圣学之源流，而身不敬，则何以得其要？敬身之术，当先正威仪之则。此威仪之则，何以为先？于身，不因非礼而使视听言动感动，是可谓威仪之要也。威仪如何可正？《曲礼》云"毋不敬"，当在此三字下工夫也。礼节之本，以毋不敬为极。敬云者，非默而不言、缩形不动，是于事不疏不轻，能究计其理之谓也。疏轻则怠出，心放失于是，唯任情欲耳。敬与怠相敌，敬则怠灭，怠则敬灭。凡性心属内，身体之动静视听接于事物是外也。内外一致本无别，外之威仪正则内之德正，外有所乱则内必应之。威仪者礼之形也，礼者以毋不敬为本。志于威仪之辈，平生有毋不敬之工夫，则道更不远也。威者，自容貌至言语不可轻，甚庄严，人可畏之形也。仪者，容貌接于物，至言语之事，详以究明，其姿人皆法，宜为模范，是谓仪也。夫内思敬，常究理容貌言语，故及此也。修身之要，在详威仪。威仪止于毋不敬。

（二）慎视听

孔子谓颜渊曰："非礼勿视，非礼勿听。"如何可谓非礼？见闻事物之形，失威仪，任己之私，是谓非礼。唯见彼之邪色，听邪声，非谓非礼。邪色、邪声来于外，我不欲是，然不得已而见闻，是不可谓非礼之视听。正色、正声者虽非非礼之色声，然于见闻失威仪，唯任情欲，是非礼之视听也。可视听者，各有礼，一违其节，是非礼也。大丈夫立世正身，为万人当法之规范，在先慎视听之威仪。

（三）慎言语

言语有通内之用，虽戏言亦出于思。言语者动于内发于外，故妄动必有妄言。动辄聒噪轻忽而过节、发言多语，或成当时之伪言，或过言而怒人。凡开口言，易，然言不以节，则多言饶舌而更无益。行不能践其言，则多至虚言食言，甚可耻也。故言必有节云。此方欲出言，当详计时宜、考其节。若轻忽而任口，多言而言多失，我大劳役，而威仪于此不正，人听之无益。我思欲言时，下气静气，不使其疏草。疾言时，缺威严而旁人不理会；声高时，无事而惊人。且言辞之详者，多初声高而终至难。《礼》曰，"口容止，声容静，气容肃"，当如此。人之问寻，应诺之节，尤当详其时宜而安定之。于其言其答之事，若有当虑之仪，宜详论讲谈。或公私之用事，或至世上人生之传言，必色退辞让于左右，不得已时，可详其言。已自以为是，疾言卒尔应答，则礼让有所缺，威仪不整也。凡不详审人之所言，傲然应答，则有轻忽之失，以至应诺必违。言不知为知，不觉为觉，而后首尾不合。"一言既出，驷马难追"，古之戒在此。故"然诺必重应"云也。言语者内之所发见，稍有忽视，威仪则乱。君子慎非礼之言，尤当玩味也。

（四）慎容貌之动

容貌者，天命之性心所入之器也。内之思不正，则容貌倾于是，其表著于外。欲正容貌，当纠明内之所思也。内有思而色不著于表，内外表里本末一贯之天然，更无差别可存也。无事静坐，养其气象，不著傲惰之形；与人接，以恭敬和气，是大丈夫之坐法也。如箕踞之放，不收手足之容，现急慢之姿者，似坐而即立，似立而又坐，躁动妄动，心于是不定也。岂大丈夫之道乎？欲自座立时，宽手足，顾前后左右，考可立之节，而于是可立。于不立之前领会当立之道，是立之威仪也。立而步入座席时，必具见其前，不可蹈默人物。常慎步行，不乱其容，当存敬也。虽有急事，然如冒然接物，亦非大丈夫之心。虽一时慌乱，倾曲不正，当知其内之所养。故学字画，亦以放心为戒，况于读书之法耶？夫读时威仪放荡，或高枕启书，或寝卧而读，心于是不正，而内无所记识。尤古今圣贤、天子、高贵之人之行迹名氏，载于其内，聊而忽之，非大丈夫之意。动静失所，威仪纷乱，于是时，自然内之志放荡，而其德不正。容貌之威仪，悉系于内之德。其重可知也。

（以下"节饮食之用"等五章不适当，省去）

第六　慎日用

第六：慎日用　　此篇分四章：（一）总论日用之事；（二）正一日之用；（三）辨财用受与之节；（四）慎游会之节。

（一）总论日用之事

人之在世，日日所用，悉道之所存也。自治乱盛衰之大，至一事一物之变，更不离天地之法则。君子大丈夫能体认此心，始可语道也。顾其身，形有耳目鼻口四支百体。奉此身，有衣服、居宅、用器、用物，有饮食、情欲之分。相交处，有君子、父子、夫妇、长幼、朋友之交际。身虽有贵贱贫福之差别，然上之种种，一不可缺也。持此身而去此事云者，当死而后已。此间详辨其理，即便成一事、交接一人、独坐，皆守天地之准则，而与不可离之道相合。以天地为仁之体，制万物，是可谓君子日用之工夫。我所说之理并不远，不可离，不因人。人皆于日用之间，号心悦云道，内疚云人欲，唯此两般耳。日用之事，岂可忽乎？

（二）正一日之用

人寿以至百岁为上寿，大丈夫唯当以今日一日之用为极也。积一日至一月，积一月至一年，积一年至十年，十年积累而成百年。一日犹远，有一时；一时犹长，有一刻；一刻犹多，有一分。是以千万岁之务，皆出于一分，究于一日。轻忽一分之间，遂到一日，而终变为一生之懈怠。天地之生生，一分之间亦不滞；人之血气，一分亦不塞。如此而得天地长久，如此而成寿命永昌。德知之流行如此，而为圣人也。

（三）辨财用受与之节

有财而不得用，则财皆非财。有用而不量财，则用皆非用。财者以用为财，用者以财为用。财用之间更不两，而财有量、用有得也。夫货财者……用有得则为宝，用不得则鄙吝之情日萌，过奢之祸时起，共非君子之道。大丈夫所存唯义而已。若吝财宝、玩器物，则武义自阙如，临大节，而殆不可忘家。思家之切，弃义而遁死，受谤于指头，及污于父祖。人面兽心之事，何乐有焉乎？金银器宝有余之辈，或失国灭家，或易身积财，古今不可枚举也……天下之财宝者，天下之财宝，而非一人之财宝，能交易利润，而通用万物，故是曰财宝。有财之人，皆言厌费，不知费，金玉盈堂，财器在府，而不知施用，则天下之财，各滞其府库，而不通天下之用。费蔽何事如之乎！人好财，则大概吝啬之，故圣人以财货不为宝，不贵难得之财，况藏土器画墨铜铁之器而宝之，以千金易之，其惑甚乎！

凡施受之道，君臣上下之义，朋友相接之礼，士之所可慎守也。物无轻重大小，其间皆有义，而或与或受。故与施不以道义，则人不喜，士不来。《传》曰："使义士不可以财。尔来之食，乞食之贱亦不受。"岂可不慎乎？受之道有其义，则不依物之轻重，受之可也。阙一义去一道，则虽千钟之禄天下之重，不可受矣……不得其道，则与而不感，受而不喜。施与受之间，专可慎也。

（"慎游会之节"一章不适当，省去，易之以《武教小学》"子孙教戒"章）

（四）子孙教戒

子孙之恩情者，天道之自然，血脉相续之所成也。人伦之厚，何事及之乎？我身既没，而嗣子放僻，则家绝身灭，何以恩爱之甚，不垂教戒之事哉？士者，以大丈夫为勇。于爱惠之切，不以信勇戒之，则非志士仁人。凡幼稚之间，气之所禀，唯天然，而心知未有所主，其习日长月益，善恶之所机,甚可慎。云云。士之教戒子孙,使正其知,勇其机,信其事。故于知之发,考邪正,戒邪扬正,养勇而不使恐威之。虽少事,不以诈伪,戏游必以弓矢竹马之礼,言语皆以武义礼让之节,使其精气全,情欲寡,教以文学。然或陷记诵,或玩词章,则忘倭俗,而欲汉样。云云。人有气禀之异,故考其轻重清浊,令习驯。言语已通,则选师考友,勿令到人品之下。师弟之相接,尤可敬恭。兵书武册,不可置污席。盥漱而披之,贵师如父兄。凡女子之教戒,甚以可慎。其法多以懦弱为教,大误也。为士之妻室者,士常在朝,而不知内,故代夫而戒家事,岂以懦弱乎?云云。阖国武将之妻室,以盛衰不改节,以存亡不易心,或当贼,或死敌。如斯之礼节,如此之立操,岂以懦弱之教乎?

第四　批判

素行率先唱道古学,是仁斋、徂徕的先驱,不过,他并没有建立起系统的学说。通过《圣学篇》,固然可以窥知其卓越见解,但其中多数内容,不过是主张打破宋明诸儒的学说,欲直接追溯洙泗的渊源,尚不能发现有值得大书特书的一家之言。从这一点来看,他是比不上仁斋、徂徕的。而且,如果仔细考察,素行试图直接追踪孔子之圣的伟大抱负固然值得大加赞言,但他对宋明诸儒的攻击却有失于残酷。宋明儒学远较孔孟儒学发达,以至具备深远的旨趣。其之所以达到如此成就,完全是因为受到了佛教的影响。佛教在后汉明帝时传入唐土，势力渐强，至隋唐时，席卷思想界的中心。在成千上万的群儒中，只有韩退之作《原道》排击佛教，不过也是蚍蜉撼树，怎么能期待其效果？如此，反抗佛教的思潮，早晚要发生。事实也确实如此。赵宋时，形势陡然一变，儒学大兴。不过，此时的儒学已经不是纯正的孔孟儒学。宋儒大多钻研佛教，殆有以佛教解邹鲁之学的痕迹。毕竟，他们把儒佛二教熔铸于一炉，与以往相比，主张更为发达的儒教，因此不免阳儒阴佛。素行发现宋学带有佛教的气息，与孔孟之学大有不同，于是全面排斥宋学，卓然而立，试图追溯洙泗渊源，主张自己体得了二千岁不传的正统。他的志向固然远大，但可以看出其眼光在学问上尚未透彻。为什么这么说呢？即便宋学带有佛教的气息，可素行为什么要排斥它呢？素行本来就反对佛教中出世的内容，因此，他就认为带有佛教气息的宋学是不对的。佛教偏重于出世，固然不可，但这些内容是可补于世间的元素，怎么能将其排除在外呢？大概关于佛教教义，并非全不可取。换句话说，佛教并非一无是处。学者的真正目的在于探究真理。如果佛教中有真理，怎么能囿于佛教而舍去它呢？如果儒教中有非真理的内容，又怎么能囿于儒教而采用它呢？简言之，既然本旨是探究真理，就不应该拘泥于佛教或儒教。

假令崇奉儒教，但专限于孔孟，也未必恰当。孔子这样伟大的人物，并非后世所能达到的，但就学问而言，后世之学反而要比孔子之学发达。毫无疑问，孔子之言确实是简单适当，利于实践，但就学问而言，那只是平易明了的名言佳句而已。

可以说，在深远幽旨方面，孔子还不如老子。黑格尔评论孔子说："我们看到孔子和他的弟子们的谈话（按即《论语》），里面所讲的是一种常识道德，这种常识道德我们在哪里都能找到，可能还要好些，这是毫无出色之点的东西。孔子只是一个实际的世间智者，我们在他那里是看不到丝毫的思辨哲学的。云云。"（黑格尔，《逻辑学》）

固然，黑格尔对儒教的研究并不深入，仅凭译书便下此断言，却恰好切中肯綮。孔子之学光明正大，但疏于深远幽旨。宋儒从佛教汲取营养，恰好使儒教的旨趣具备了深远幽旨，这是宋儒有功于儒教的原因所在。素行如此轻视儒教的发展，企图返回单纯的孔子之学，可说是对人类思想进化的逆行。概言之，回归孔子之学，固然可以直承其简单的本来思想，但却是过分拘泥于孔子这个人物。孔子是儒教的祖师，仰赖孔子奠定基础的儒教，却不仅仅属于一个时代，经过二千余年的长久发展，我们不能说原本的思想才是真正的儒教，发展而来的也是儒教。有形的孔子在当时已经去世，然而无形的孔子却因儒教之名而得以存续。宋儒不过是将无形的孔子践行为应该有的姿态。素行识见卓拔，却不及此，让人遗憾。

素行国体论中值得注意的，是主张日本主义。当时，群儒滔滔，随波逐流，忘掉了自己的立足点，专崇外朝。而就在此时，只有素行大声疾呼，应以我国国体为宗，其状真可谓鹤立鸡群。吉田松阴于《武教讲录》（卷上）中论曰：

> 至国恩之事，先师生于满世俗儒贵外国、贱我邦之中，独卓然排斥异说，穷上古神圣之道，撰述《中朝事

实》之深意，可考知。

又曰：

> 国体云者，神州有神州之体，异国有异国之体。读异国之书，唯思异国之事为善，贱我国，美异国，为学者之通患，是不知神州之体与异国之体有异故也。

这完全是在附会素行之旨。想来，德川时代初与明治时代的今天颇为相似。今天的学者亦不脱崇洋媚外的潮流，而在当时，素行心怀独立的思想，气宇轩昂凌厉，作出中流砥柱的举动，岂是简单？可以知道，素行的识见确实非同寻常。

我认为，素行功绩最值得称道的，是鼓吹武士道。近年来，人们慨叹气节之心渐次消磨，论说武士道的有很多，却未尝言及素行。这是为什么呢？新渡户稻造著述《武士道》（*Bushido*），认为阳明学与武士道有关，而于素行却未置一言。阳明学于德川时代初传至我国，与武士道的发展毫无关系。比如主张阳明学的藤树，也看不出他对武士道有何贡献。与此相反，素行是武士道的化身，而且，他的学问并非阳明学，而且，不仅不是阳明学，他还猛烈攻击王阳明。以武士道得益于王学，完全是臆断，没有史料能证明。不过，说到实践的决心，武士道确与王学类似。《语类》卷十二《治谈下》之"论顾命"节曰：

> 凡人今日所为之言行，悉为后之教戒。如命临终时，尤当留何遗言、戒何事耶？云云。平生所云所行所为之所

戒，是各遗命也，遗言也。

又云：

然平生所戒所教疏忽，而死后即便有教戒，聊不可立。云云。无迹之教戒，当在生前之积习。况天下之大，人情之变，不可豫计。以义正，以道立，可谓万代以前、万代以后皆不易之遗命也。云云。

由此看来，素行笃于实行，与王学者不相伯仲。若能执其所存精神，则平生之一言一行，悉可为后人之法则。康德关于纯粹实践理性的方法说："使主观原则合乎客观实践原则。"二者是同一旨归。武士道与王学均坚定决心，敏于实行，大概主要是从禅学得来。正如王学不是武士道的余蘖，武士道也并非王学的后裔。武士道对后人永远有裨益的地方，是可在生死之地鼓舞人的决心。随着延续一千八百六十九年的封建制度被废除，武士道的形骸也一并覆灭，其精神却依然存在于很多人的头脑之中。关于武士道的学习方法，其早已不存于世，因此其精神有衰退的倾向。世人纷纷流于浮靡轻佻，沦为志浅行弱之徒，原因固然有很多，但毫无疑问，最重要的原因是武士道的衰退。如今，素行的《武教小学》及《语类》应该可以说是起死回生的良药吧。新渡户认为武士并没有什么宪法，说：

武士道，如上所说，乃是要求武士遵守的，或指示其遵守的道德原则的规章。它并不是成文法典。充其量它只是一些口传的或通过若干著名的武士或学者之笔流传下来的格言。①

从镰仓时代一直到素行在世之前，武士道确实就像新渡户所说的这样。不过，《武教小学》及《语类》出现后，武士道就突然有了自己的经典。吉田松阴曾评价《武教小学》说，"先师之诚教，具存于此书"，非常推崇这本书，他本人似乎也从此书中获益甚多。

松阴还评论作为《武教小学》终篇的总目录说：

> 约说全篇之归宿而置于篇首者也。与《孙子·始计篇》全相表里，古今有数之大文字也。以余窥之，觉其比《大学》一篇更为着实该备。云云。

松阴的推赏固然过当，但素行的著书，大体上也当得起如此赞誉。因此，如果要论述武士道，就绝不能忽视素行的著书。关于素行著书的重要性，其实际上可以被认为是武士道的宪法。不用再说，如果我们承认武士道精神是构成未来日本道德的要素之一，今后就应该多多提高素行著书的身价。

第五　素行关系书类

《山鹿子由来记》稻叶则通著

---

① 译文参照了新渡户稻造《武士道》，张俊彦译，商务印书馆1993年版，第15页。——译者注

《素行先生实传》斋藤时良著

《山鹿志》一卷 津轻政方著

《武教讲录》二卷 吉田松阴著

《史料原稿》一卷

《山鹿素行》一卷 长田偶得著

此书收载于裳华房发行的《伟人史丛》中。

《先哲丛谈后编》（卷二）东条琴台著

《近世丛语》（卷四）角田九华著

《千载之松》大河原长八著

《鸠巢小说》

《武艺小传》（卷之一）日夏繁高著

《武术流祖录》

《盈筐录》

《明良洪范》（卷之十一）真田增誉著

《津轻旧记》

《安斋随笔前编》（卷之十一）

《诸家人物志》

《近代名家著述目录》

《日本名家人名详传》（卷之下）

《事实文编》

《江户文学志略》内藤耻叟著

《日本伦理史稿》汤本武比古、石川岩吉共编

《日本哲学要论》有马祐政著

《大日本人名辞书》

《日本哲学思想之发达》（独文）井上哲次郎著

○杂志中所载文章

《山鹿素行》日下宽　《东亚学会杂志》第一编第九号、第十一号；第二编第一号、第四号

《山鹿素行与赤穗四十七士》长田偶得　《太阳》第三卷第十三号、第十四号

《山鹿素行与赤穗四十七士》红于生　《教育学术界》第四卷第五号

《关于山鹿素行》《武士时代》第一卷第三号①

○ 武士道关系书类

《藤树先生文武问答》一卷

《武训》二卷 贝原益轩著

《武道初心集》三卷 大导寺友山

《士道要论》一卷 斋藤拙堂

《兵要录》二十一卷 长沼澹斋

《尚武论》一卷 中村元恒著

《武士道》（英文）新渡户稻造著

《江户时代之武士》瓜生乔著

《禅与武士道》足立栗园　《禅宗》第六十二号以下

《武士道》松本爱重　《东洋哲学》第四编第三号

《武士之准备》内藤耻叟　《皇典讲究所讲演》第一百六十三号

《武士道对快乐说》《六合杂志》第一百七十一号

《武士道》松本爱重　《皇典讲究所讲演》第八十八号、第九十号、第一百零

---

① 补正二：素行关系书类中，加入：《濑田问答》（一卷），收载于《温知丛书》第六编）；《武事提要》（一卷，山鹿高恒编）；《铃林卮言》（卷之十五）。

三号

《尚武之风》目黑和三郎 《皇典讲究所讲演》第一百零八号以下

《武术之源流》小宫山绥介 《皇典讲究所讲演》第一百十三号、第一百十六号

《武士道》细川润次郎 《学士会院杂志》第十八编之五

《关于武士道》宫田修 《丁酉伦理会讲演集》第四辑

《武士道与将来的道德》井上哲次郎 《教育公报》第二百四十八号

《巽轩论文》二集

《武士道》北泽定吉 《日本济美会杂志》第一号以下

《武士道》户川残花 《警世》第十七号

《武士道发达史》足立栗园著

《武士道》一卷 井上哲次郎讲话 兵事杂志社发行

《武士道》一卷 山冈铁舟著

《武士道之女性》一卷 川崎安民著

《文明之武士》一卷 利涅尔（Ligneul）著

《武士时代杂志》户川残花发行

《日本武士道》一卷 三上礼治著①

---

① 补正一：素行关系书类中，加入：《津轻信政》（一卷，外崎觉著）。此外，外崎觉还有《山鹿素行的效验说和津轻信政》（《日本弘道丛记》第百三十三号乃至第百三十四号）一篇论文，可并考。补正二：武士道关系书类中，加入《竹马抄》（一卷，斯波义将著）、《明君家训》（一卷，室鸠巢著）、《武士训》（五卷，井泽蟠龙著）、《武家须知》（一卷，蟹养斋著）、《武治提要》（一卷，津轻耕道著）、《武事提要》（一卷，山鹿高恒著）、《武学启蒙》（一卷，力丸东山著）、《武教录》（一卷，力丸东山著）、《武经》（一卷，总生宽著）、《武士道丛书》（三卷，井上哲次郎、有马祐政共编）、《武士道家训集》（一卷，有马祐政、秋山悟庵共编）、《武士道丛论》（一卷，秋山悟庵编纂）、《日本武士道史》（蜷川龙夫著）。

吾辈虽虫蚁之微，讲究武道而待其时，则天地神明等不照览其心乎？子孙之教戒自不待言，推至宗族乡里之子弟，吾沥丹心精血彻其肺腑，使其天性之良智感发，渐次相继，岂可千万世而绝乎？

——吉田松阴

第二篇

伊藤仁斋及仁斋学派

第一章
伊藤仁斋

第一　事迹 附伊藤氏系谱

古学派以山鹿素行、伊藤仁斋和物徂徕三人为代表。素行秀于武士道，仁斋长于道德，徂徕著于文章，三者各有特色。关于素行的事迹、学问等，前面已经叙述。接下来，我们以仁斋为研究题目，首先说明其事迹。仁斋姓伊藤①，名维桢，字源佐，号仁斋，又号古义堂。其堂前有一株海棠，遂又号棠隐，并给自己的书房命名为诚修。门人等私谥仁斋谓古学先生。仁斋是京都人，祖先世代居住在泉州堺。祖父了庆长泽，原籍摄州尼崎，被曾祖了雪收养，冒名伊藤氏。元龟、天正年

---

①　据东涯《古学先生行状》，仁斋初名维贞，字源吉，幼名源七。当时朝臣中，兵部大辅名叫贞维，仁斋为避其名讳，遂改"维贞"为"维桢"。此事见《闲散余录》卷之下。仁斋以其字为通称，此为堀川家风。

间，摄、泉二州大乱，闾里不宁，长泽便迁往京都，居住在近卫南部的堀川东街（现在的东堀川下立卖上）。父亲名长胜，以贩卖木材为生，世称长泽屋七右卫门。母亲名里村，有三个儿子，仁斋为长子。宽永四年（1627）七月二十日，仁斋在堀川家中出生，其自幼深沉，不好与人争斗，与寻常孩童不同。十一岁时，他开始跟随老师读《大学》，在读到"治国平天下"章的时候，说："今世亦有知此者乎？"不久，仁斋便能作诗，诗作多非凡品，令人惊叹。十九岁时，他随父游琵琶湖，赋诗曰：

> 古来云此水，一夜作平湖。
> 俗说尤难信，世传讵亦迁。
> 百川流不已，万谷满相扶。
> 天下滔滔者，应怜异教趋。

又登至园城寺顶峰，赋诗曰：

> 山行六七里，往到杳冥中。
> 船远间间去，天长漠漠空。
> 岭环村落北，湖际寺门东。
> 男子莫空死，请看神禹功。

据说这些诗作均为当时名宿所传诵。青年的仁斋便能写出这样的文字，可以推知其文才之美。诗中所言"男子莫空死，请看神禹功"，以此足以想见其志向的远大。当时，仁斋还读过《延平答问》，反复研读以至纸张散烂。《敬斋记》（《文集》卷之一）云：

> 幸尝读延平先生书、文公小学书，始大感悟。于是平生之志，沛然莫之能御焉。遂定矣，而信之益笃，积之益久。一旦融然，利禄之念，功名之志，尽得忘于怀矣。且自以为遁世不为人知而不悔者，固学者之常分也，圣人岂远乎哉？于是益不自量，以斯道为己任焉。

自此，仁斋用心于伊洛之学，专心研读《性理大全》《朱子语类》等书籍，朝夕不怠，穷其精奥。他作诗《无极吟》云：

本未曾生岂又死，悠悠盖壤共吾身。
有人若问斯心妙，无极一图是个真。

仁斋曾著述《心学原论》《太极论》及《性善论》，三篇论文均为当世杰作，收载于《古学先生文集》（卷之二）。他写这些论文的时候，事实上才只有二十八九岁。他还给自己的书房起名为诚修，用来警示自己。可是，仁斋这时突然罹患痼疾，惊悸不安，殆有十年之久。其间，他从没出过家门，乡人大多都不认识他，只有一个叫井上养白①的人跟他有交流。仁斋一开始学习句读，便怀有以儒者鸣世的志向，及年龄稍长，便艰苦自勉，临近而立之年时，造诣已经渐渐深厚。此时罹患痼疾，对他而言确实是一大灾难。不仅如此，在他前进的道路上，还有别的绊脚石。他家素来从事商贾，亲族也不知道道学

---

① 养白是丹州保津人，以医为业，天资滑稽而有诡辩之才，事见《先游传》。

的可贵，认为他凭借志向取利的想法非常迂腐，纷纷劝阻他说，"学问是彼邦事也，在本邦固属无用，假令能之，不易售，不如为医术以致生产"，逼他逼得很紧，他坚决不从。当时，仁斋家道已日渐衰落，且似乎完全没有止步的迹象，因此他们更是不停地阻拦仁斋，要他放弃自己的志向。不过，仁斋志向很坚定，毫不妥协。他经历了千辛万苦，才最终得以坚持自己的志向。他在《送片冈宗纯还柳川序》中叙述了当时的情况，曰：

> 今之俗，皆知贵医，而不知贵儒。其知为学者，亦皆为医之计而已。吾尝十五六岁时好学，始有志于古先圣贤之道。然而亲戚朋友，以儒之不售，皆曰为医利矣。然吾耳若不闻而不应，谏之者不止，攻之者不衰，至于亲老家贫，年长计违，而引义据礼，益责其不顾养。理屈词穷，而佯应之者亦数矣。时我从祖来自播州，往而见之，拒而不纳，盖怒吾之不改业也。亲戚从旁解之，而后始得见焉。爱我愈深者，攻我愈力。其苦楚之状，犹囚徒之就讯也。箠楚在前，吏卒在旁，迫促讯问，不能不应焉。然而以吾好学之笃，守志之坚，而后得到于今矣。云云。

仁斋门人并河天民曾说："此邦儒无恒禄者，宜兼岐黄。偏以儒居，则产难支，终或不能固其志也。"因此，据说天民门人多"儒而兼医"。在当时，仅凭儒者成家大概是很难的事情。但是，仁斋曾作《儒医辨》，大加否定"儒而兼医"，他呵斥说，"医而志于儒则可，援儒而入于医则不可"，气势汹汹，无人可挡。正因为有这样的抱负，他才能排除万难，作出贯彻自己志向的举动。他把家宅托付给二弟，自己则住在松下庵，专事读书。仁斋有时还研究佛老之教，曾修习白骨观法，修习久了，觉得山川城郭皆为空想，但不久他就发觉这种认识是错误的，于是就完全抛弃了白骨观法。

宽文二年（1662），京都发生地震，仁斋又回到了自己家里。这之前，他就怀疑宋儒的性理之说与孔孟之学乖离。他相互参证，沉吟有年，终于恍然自得，大致确定了自己的想法。他认为，《大学》并非孔氏遗书，明镜止水、冲漠无朕、体用理气等说皆出于佛老，而非圣人之旨。于是，他开始设立门户，教授学生，学塾称古义堂。跟他学习的人并不少，相信他的人说他是当世伟人，怀疑他的人认为其学问是陆王余说，毁誉褒贬，纷纷而起。但是，仁斋恬然自得，对此并不在意，专以继往开来自任。当时，仁斋三十八岁。东涯所著《古学行状》中说是三十六岁，但根据仁斋的《读予旧稿》（《文集》卷之六），毋庸置疑，其学问是在他三十七八岁时才开始发生巨变的。《先哲丛谈》（卷之四）说他"及年三十七八，始出己见"，应该是恰当的。三十七八岁时，仁斋开始起草制定《论孟古义》及《中庸发挥》。其鼓吹古学，于此打开端绪。他还创设同志会①，在北面墙上挂孔子像，鞠躬礼拜，退讲经书，与诸生相互讨论过失，品评人物，作为砥砺名节的一种手段。他或

---

① 《同志会籍申约》《同志会式》《同志会品题式》三篇文章可见于《文集》卷之六，《私拟策问三十篇》并《同志会笔记四十七则》可见于《文集》卷之五，皆可参考。

而私设策问，考验诸生，或而拟定题目，给诸生布置文章作业，每月举办一次同志会。其劝诱指导的方法，无所不至。当时，大寺藤公好学，经常召集京都诸儒，令他们互相讨论，以聆听定说如何。仁斋也常常列席。据说，诸儒一开始都很礼貌，低声辩论，但意见一旦不一致，就立刻互相排击，喧嚣不止，而只有仁斋始终如一，坦率平易，温和恭敬，为此，众人最后均信服其德行。

延宝元年（1673）五月，京师发生大火，仁斋也深受其害，百物荡尽。他什么都不管，只携带一部古义逃出，寄居在京极方恩寺。此后，仁斋心忧母亲的膈噎之病，奉养尽心竭力，以至三年。当时，肥后侯（细川越中守）想用一千石的俸禄召聘他，但他以没人奉养母亲为理由，予以谢绝了。《文会杂记》（卷之一上）记载说：

> 纪州以千石召仁斋，辞而不就。其辞纪州侯曰："无法外出奉公，但与俸禄多少无关。虽小事，若相谈国政，吾自前往。"于此，其大志可观也。

这件事发生在仁斋多少岁时，并不清楚。但不管怎样，像他这样一生不仕，作为一名民间儒者终老，在当时不能不说是个奇葩。

此年，仁斋的母亲在寄居地去世。据说她在临终前，双手合掌对仁斋施礼，感谢他的孝顺奉养。由此，可以推知仁斋的为人和品行。翌年九月，仁斋的父亲长胜也去世了。仁斋在仅仅两年间便失去了双亲，服丧前后凡有四年之久。除丧那天，他咏歌曰：

>　三年有定期，今朝舍藤衣。

内藤耻叟在《江户文学志略》中说：

>　按：我邦为父服三年之丧者，以纪夏井为始，吏部王（重明亲王）次之。天子中，后村上天皇为父皇服丧三年，当时，右大将长亲为君父服三年之丧，可谓厚也。尔后降至战国，海内离乱。及东照宫起，大明伦理之教。野中传右卫门为土佐国老服三年之丧，其士人亦多行正礼。京师有川井正直者，亦行三年之丧，事见《孝子传》，庆安中之事也。至是，伊藤维桢又执三年之丧，人称其孝。

延宝四年（1676），仁斋守孝期满，十月开讲《论语》。自此，定于每月的三日和八日，讲授《论》《孟》《中庸》三书，循环往复，周而复始，并旁及《易》《大学》《近思录》等书。仁斋如此讲授凡四十余年，丝毫不曾懈怠。他开讲肯定会直接道明主旨，间述己见，力求学者能领会运用，而如细枝末节，并不追究。他讲述圣贤之言就像讲述自己的话，熟练至极，而且声调自然，毫不做作，听讲的反而多受警发。仁斋曾论曰：

>　儒者之学，最忌暗昧。其论道解经，须是明白端的。若在十字街头，白日作事，一毫瞒人不得方可。切不可附会，不可穿凿，不可假借，不可迁就。尤忌回护以掩其短，又戒妆点以使人悦。（《仁斋日札》）

仁斋声名日高，远及四方，来学者愈众，达三千余人之多。①东涯著《盍簪录》（卷之二）云：

> 先人教授生徒四十余年，诸州之人无国不至。唯飞弹、佐渡、一岐等二三州人僻远不著录。及门执谒之士，殆以千数。

仁斋门人中，最著名的除东涯、兰嵎外，还有并河天民、中江岷山、北村笃所、小河立所等。宝永二年（1705），仁斋染上痢疾，三月十二日于家中去世，享年七十九，葬在洛西小仓山二尊院。他先娶绪方氏，后娶濑岐氏，生了五个儿子和三个女儿。五个儿子分别是长胤、长英、长衡、长准和长坚（上述内容主要依据东涯《古学先生行状》）。仁斋曾在堀川宅邸内设立祠堂，祭祀祖先。仁斋的子孙一直延续至今，他们住在堀川，又建了个一模一样的祠堂，祭祀包括仁斋、东涯在内的诸位祖先。据说祭祀仪式完全按照《文公家礼》。

仁斋仪表清贵，举止可观。所司代曾在路上碰到他，误以为他是王公，遂下马步行。近卫观白常称赞说："仁斋先生为大纳言以上之人品也。"仁斋的操行亦多有值得称赞之处，东涯叙述其操行曰：

> 性资宽厚和缓，人不见其疾言遽色。不设城府，不修边幅，未尝为古怪迂僻矫激之行，以取骇异。人无少长，

---

① 补正二：仁斋有诗云："游学书生数百辈，随行逐队满京师。众中元有口豪杰，打破乾坤不可知。"

接之以诚,无厌怠之色。及其大义之所关,虽诱之以万钟,而不可夺也。

这应该是事实,东涯绝不是在夸耀父亲的德行。《先哲丛谈》(卷之四)云:

> 大高坂清介著《适从录》,以驳仁斋。弟子持来示之曰:"先生作之辨。"仁斋笑而不言。弟子曰:"人著书以恣议己,苟辞不塞,岂可默而止乎?先生而不答,则请余代折之。"仁斋曰:"君子无所争。如彼果是我果非,彼于我为益友。如我果是彼果非也,他日彼其学长进,则当自知之。小子宜深戒。为学之要,惟虚心平气,以为己为先,何毁彼立我?徒增兹多口。"

仅仅通过这一件事,便可以知道仁斋的宽宏气度。康德、达尔文都屡次受到非常的责难,但他们泰然自若,仍然敢于把自己投入纷纷扰扰的辩难漩涡中去。特别是达尔文,他坦白说:"我是乐于避开论难的。莱伊尔在多年前就痛心地忠告我,关于地质学的书籍,绝不要卷入论难中去。论难几乎罕见有好的结果,非常浪费时间和精力。"(《达尔文自传与书信集》)为辩护自家学说,而与批评者一一论难,则是过分的细心胆小,即德语所谓"心胸狭窄"(kleinlich)。这是小人所为,非大人君子之志。不过,我们不能说"君子无所争",君子对于应该抗争的还是要据理力争。事关学术、道义,不能不论争的时候,就要堂堂正正地去论争。仁斋抨击宋学,主张古学,就是因为有所争,但确如其言,不可妄争,否则会"徒增兹多口"。汤浅常山著《文会杂记》（卷之一上）云：

> 君修同家中人见仁斋，云："总觉仁斋为安于一处之人，如泰山，而颇难动也。"

卷之二下又云：

> 春台语云："至东涯，温厚之人也，仁斋亦然。然仁斋眸子明亮，所谓眼光射人也。其练积学问，定是有圭角之人。虽颇温和，但极有英气。"春台亦深心服仁斋。

如《文会杂记》所言，太宰春台心服仁斋。春台本是徂徕高徒，他对徂徕和仁斋的比较见于《紫芝园漫笔》（卷之四），云：

> 伊仁斋豪杰之士，所谓不待文王而作者也。物先生亦豪杰之士也，然后伊氏而出，故其学虽不本伊氏，而不能不以伊氏为嚆矢也。

又云：

> 仁斋有不可及者三焉。学不由师傅一也，不仕二也，有子东涯三也。物先生不有一于此。

如春台所言，徂徕并没有像东涯那样优秀的儿子。但是，关于学问没有师傅这一点，并非只有仁斋如此，徂徕也没有。而且，仕宦与否并不足以成为评判优劣的标准。着眼点若是实行道德，那么仕宦与否都没有问题。孔孟难道不求仕宦吗？

春台想不到这些，对徂徕的评论尚不能说是恰当。又卷之六云：

> 或问："仁斋与徂徕孰优？"曰："仁斋之学不及徂徕，徂徕之才尤非仁斋所企及也。若识则仁斋实为之嚆矢，徂徕虽超乘而上，所谓青出蓝者也。至其所以教人，则仁斋以君子望于人，徂徕以豪杰望于人。是二先生之风不同，犹马援所称伯高、季良之异也。学二先生者，其得失亦犹是也。"

又卷之八云：

> 徂徕先生谓："仁斋先生好奇。"自余观之，徂徕好奇甚于仁斋。古人所谓尤而效之者，有夫子也。

《今世丛语》（卷四）云：

> 或问太宰春台曰："伊藤仁斋如何人？"春台曰："观其貌也恭，听其言也从，君子人也。"

又云：

> 太宰春台曰："伊藤仁斋之读书也，慧眼了了，洞彻纸上，所谓眼光一人也。"

徂徕与仁斋各自成立学派，互相对立，有二分天下之势。尽管如此，春台作为徂徕门人，反而更为钦慕仁斋的人物品行。即便是对立派，也不能不认可仁斋。从此，我们可以看出仁斋德行的巨大影响。就连徂徕自己，他虽然千方百计地攻击仁斋，但私下也承认仁斋道德的高尚。他常说：

> 熊泽之知、伊藤之行，加以我之学，则东海始出一圣人乎？

不仅是道德方面，在学问方面，徂徕亦推尊仁斋。他品评当时人物说：

> 人才则熊泽了介，学问则伊藤仁斋，余子碌碌不足数也。

即此可知，徂徕眼中只有蕃山、仁斋二人。祇南海是木门高徒，与仁斋学派自异，然其《送高生序》（《南海先生集》卷之五）云：

> 闻世有《语孟字义》之书，索而读之，于是始知京师有伊藤君者。予固拘于兹，虽不能一见，然苟观其书，则可知其为人也。观夫至言要言，以圣贤为左右，鞭棰邪说，奋然把麾，为世先登，昭昭乎见于笔端，使人惊见，犹景星卿云之可仰而不可企也。呜呼？是岂今之人也哉？抑古之所谓超然独立者欤？

汤浅常山亦评论仁斋曰：

> 宋后数百年，理学滔滔，古学先生出于此中，能发独得之识，可谓射日本文运启行之嚆矢者也。

朱舜水称赞仁斋说："学问文章，日本翘楚。"永富独啸庵评价仁斋为偃武以来四豪杰之一。岛田博士还说：

> 仁斋的学说，大有得，亦大有失。虽瑕瑜互出醇驳不同，但重要的是，他具有卓越的才识，再加上多年的钻研之功，遂打破当时学者就简安陋之学弊，开启学术进步之道路，诚可谓豪杰之士也。(《哲学杂志》)

诸家推尊仁斋，可谓至极，但像贝原益轩，就对仁斋不满意。他在给五井持轩的信（出云松江三岛佐次右卫门藏）中，评论京都学术说：

> 或问："京都学术如何？"曰："京都学者之风俗不好，各比党，且立一己之见，相与商量，而无归一工夫，迄至立我。山崎氏傲满骄夸，其徒尤效其尤，夸高妄议古人，且遍非今世，只我而已，自好自夸。虽如此，凶德之至，不可过之也。闻伊藤氏门人，亦阿其所好，妄议先正，方不知其量。又别有一派朱学之徒，夫亦自是，好名誉背风俗，惊人之耳目。过当之事，往往有之。如上之儒术，一向远人情，背时俗，而使日本虚有其表。世俗存之，而反为道之害。古人言'士大夫欲务道学之实，不欲务道学之名'，至当也。苦心务学，然为名，则无用之事也。凡为学，无他事，在知道。上之学风恶，皆无知道之工夫，唯止于圣学训诂耳。山崎、伊藤（以及当时朱学者）等学问皆为训诂之学，为好名之徒，非知道，是皆不知'明'之一字故也。知'明'则无此种蔽惑。为道而学，则于人我

无己私。所谓道理，无偏无党而平正公共也。云云。"

暗斋和伊藤等各自创立门户，产生学问派别，造成党同伐异的弊端。益轩认为，这是不对的。他不立学派，因此会有这样的评价。这也是他激烈抨击他们的原因。不过，暗斋和仁斋等的学问是训诂之学，他们是好名之徒，为学的目标并不是知"道"——益轩的这些评价，完全不是事实，全为失言，甚是可叹。《近世丛语》（卷之五）曰，"贝原益轩与五井持轩书言，伊藤仁斋执拗偏见，似郝京山矣"，应该传达出了上述书信的主旨。想来，用"执拗偏见"四字形容仁斋，也不能说不贴切。如其《大学定本》，就有不少执拗偏见的地方。板仓胜明认为益轩所言正确，也不是没有理由。（《甘雨亭丛书·伊藤仁斋先生传》）尾藤二洲在《素餐录》中也说：

余看仁斋之言，而知义理之难明。渠于程朱书非不读也，唯其偏执自信，乃致后之悖谬如是。学者于此不察，不为仁斋者几希。

这固然是一面之词，但也不无道理。此外，还有人持门户之见，大肆訾言仁斋。《常山楼笔余》曰：

见室师礼之《骏台杂话》，甚诽仁斋。然其于仁斋之书，秋毫之末亦不见，唯闻论理学，即瞋目出恶声。浅薄之人物也。云云。

邻居挖井，仁斋与众人一同拉绳子，不辞劳苦。立春之夜，他散炒豆，呼"福内鬼外"，不违世俗风习。经过寺院看到佛像，他即进行礼拜，不敢污蔑。①即此可知，仁斋平生丝毫不为奇癖之行，而是致力于与大众调和。东涯叙述仁斋的性行说："未尝为古怪迂僻矫激之行，以取骇异。"他的话应该是可信的。

仁斋作诗咏歌，常好书法，每天早上起床，都会凭几信手写几张。若逢天气明媚，他便会携子弟外出，逍遥吟咏而归。他酒量不大，新年有诗云：

> 平生不善饮，一盏即醺然。

又有诗《游鹰峰蕉窗主人别业》云：

> 酒不能多咽，三蕉聊醺然。

即此可知其平日如何。仁斋赤贫如洗，但毫不介意，唯孜孜于讲学，不知疲倦。他自己也说："于好学一事，虽圣人亦不敢让焉。"（《送浮屠道香师序》）这应该不是夸张。《先哲丛谈》记载有下面一段话，曰：

> 仁斋家故赤贫，岁暮不能买糯资，亦旷然不以为意。妻跪进曰："家道育鞠，妾未尝为不堪。而独其不可忍者，孺子原藏未解贫为何物，美人家有资，连求不已。妾虽口能诮呵之，肠为断绝。"言讫泣下。仁斋隐几阅书，一言

---

① 此等事皆可见于《先哲丛谈》卷之四、《日本儒林谭》卷上、《闲散余录》卷之上等。

不为之答，直卸其所著外套以授妻。

仁斋交往的人，除井上养白外，还有很多，皆见于《先游传》。他与安东省庵有书信往来，与宇都宫遁庵是知己好友。物徂徕曾给他写信，但不知为什么，他并没有回信，为此二人未曾有过交往。仁斋还和贝原益轩见过一面，但因为意见相左，二者没有建立起联系。东涯曰：

> 前时海之西有二巨儒：曰省庵先生，曰损轩先生（益轩）。先人之于省庵子也，虽未识面，竿牍往来，每相推重。于损轩子也，尝相会于一缙绅家，而道不契。（《绍述先生文集》卷之十五）

古人中，仁斋最景慕范文正公、程明道、许鲁斋三人。《刻鲁斋心法叙》曰：

> 予于古今人物得三大贤：宋明道程先生也，范文正公也，元鲁斋许先生也。观夫贤者之表于世焉者，博学文章，才节行义，固不乏其人，惟实德为难。盖有实学而后有实德，有实德则实材随焉。云云。

大概仁斋有实学且有实德，熠熠生辉，因此被后世推重。

仁斋不怎么旅行。他曾出游过大阪，著《游摄州记》，又至近江水口，有诗"出洛十余里"，等等。此外，他只去过奈良和丹波保津。他就像柯尼斯堡府的大哲学家，虽然不能说是一生不出家乡，但也几乎不知道家乡以外的生活。①

纵观仁斋的一生，他以当世师范自任，态度堂堂正正，卓越于群儒，足可称旷世伟人。仁斋虽为句读之师，但学说并无师传。《答安东省庵书》云："若仆者，学无真师。"这与素行完全相同。而且，他与素行几乎同时提出古学，也是自己的独特创见。北村可昌作碣铭云："先生高尚，不近利名。"仁斋心念极为高洁，乃至于迂阔，不与当时污俗相接。他很早就知道自己要承担的使命，为完成这一使命，他立下志向，不管有什么样的困难，都不以为意。他虽然极为困窘，但是绝没有因此而有所动摇。尽管有阻碍其志向的东西，他也毫不改变自己的意志。十年羸疾，并没有让他屈服，而随着年岁的增长，钻研功夫也是愈密。除这些困难外，还有人质疑他的操行。毫无疑问，那只是荼毒其声誉的恶言。"名声所扬，必起恶言"，古今皆如此，仁斋也不能免于此祸。《年山纪闻》（卷五）曰：

> 为章（安藤年山之名）虽未在弟子之数，然经年听其讲说，亦知其人品。其温厚和蔼，可亲谦让，真君子者，诚为是等人也。然其嫌程朱学风，立己之见识，遂为世人所嫉。

新芦面命记载了下面一段话，曰：

---

① 补正一：文中所述，指哲学家康德一生不出家乡，以此与仁斋比较。不过，库诺·费舍叙述康德的一生时说："康德已经八十岁了，并且从未离开过他的家乡（省），仅有几年离开家乡。"［《近代哲学史》（第三卷），第40页］由此看来，我们可以说康德未曾出过家乡所在省，不能说他未离开过家乡。

太田藤九郎传语：近年伊藤源助（仁斋）呈纪州侯书简曰："天无二日，日本有二日，是以号令不正。将军宜践帝位，封天子为大和公。"纪州侯大怒曰："是等妄言若传至江户，当处以死刑。"然以慈悲，乃默止不提。间下旨戒之曰："以后此等，不可著于笔，亦不可口吐。"

　　这完全是胡说。仁斋曾作诗云："神皇正统亿万岁，一姓相传日月光。市井小臣尝窃祝，愿教文教胜虞唐。"又作歌《寄道祝》云：

　　为吾国人心之种者，唯此道也哉！使其代代不绝！

　　《论语古义》（卷之五）亦云："吾太祖开国元年，实丁周惠王十七年，到今君臣相传，绵绵不绝，尊之如天，敬之如神，实中国之所不及。夫子之欲去华而居夷，亦有由也。"由此可知，仁斋对皇室丝毫没有不敬的念头。仁斋曾在新年作诗说，"近岁增多口，是非俟圣贤"，就是说诬蔑纷扰，起于四方。但是，不论什么样的"波旬"，都不能侵夺仁斋的志向。仁斋曾作题壁诗曰：

　　天空海豁小茅堂，四序悠悠春色长。
　　笑杀渊明无卓识，北窗何必慕羲皇。

　　又曰：

　　有井无田贫亦极，才支伏腊意悠悠。
　　平生不作颦眉事，直以百年当一游。

即此可知，仁斋心中悠闲自在，从容不迫。且不论其学说，即便是在行事方面，无疑也有很多值得后世学者借鉴的地方。

伊藤氏系表

道庆	了雪	了庆名长之	了室名长胜，字七右卫门	仁斋	长胤字原藏，号东涯	善韶字忠藏，号东所	弘美字延藏，号东里	弘济字寿贺藏，号东峰	重光字□□，号牺斋
					长英字重藏，仕福山				
					长衡字正藏，仕高槻				
					长准字平藏，仕久留米				
					长坚字才藏，号兰嵎，仕纪藩				
				男某					
				男某					

第二　著书

《论语古义》十卷

此书系正德二年（1712）刊行。东涯作序曰："改窜补缉，向五十霜。稿凡五易，白首纷如。"可知仁斋是如何用心校雠。

《孟子古义》七卷

此书为仁斋著《论语古义》后所作，系享保五年（1720）

刊行。《文会杂记》（卷之三下）曰："元献曰：'仁斋《孟子古义》，格外出色。仁斋于《孟子》一部，无一言不垂。与祯之见如合符节。'""祯"即汤浅常山自己，"元献"是何人尚不清楚。高养浩的《时学针炳》（卷之下）曰："《论孟古义》，坯璞略具，而成说未完。先生（东涯）与门人校雠讨论，予亦忝在末席。以今思之，《论语》一书，章章句句，说修为者多，故仁斋之旨符合矣。抑至《孟子》论心性，则窒碍不通者过半矣。故今所刊行《孟子古义》，其实成于东涯削鐻之手者也。"此若属实，《孟子古义》比《论语古义》优秀，岂非出于东涯努力的结果？①

《大学定本》一卷

仁斋认为《大学》非孔子之遗书，创立一家之言，且痛斥朱子。此书系正德三年（1713）刊行。

《中庸发挥》一卷

仁斋于"叙由"论曰："《中庸》又演绎孔子之言，其书虽未的知子思之所作与否，然以其言合于《论语》，故取之。今效赵岐《孟子集解》，分为上下篇云。"朱子解《中庸》未尝分篇，而仁斋分为上、下二篇，认为上篇是《中庸》原有内容，下篇非《中庸》原文，下篇即"鬼神之为德"云云以下。此书系正德四年（1714）刊行。

《语孟字义》二卷

此书系门人林景范（字文进）于宝永二年（1705）刊行。

---

① 补正三：伊藤东涯作《孟子古义》（写本，一卷）。

卷末附有《大学非孔氏之遗书辨》和《论尧舜既没邪说暴行又作》二篇论文。东所著《古义堂遗书总目》"叙释"中云："此书有绍述先生校本，今收于家，以俟他日之改刻。"又注曰："《定本》《发挥》及《字义》，共有坊间赝刻本。" 林景范所刻似是赝本，姑且存疑。

《童子问》三卷

此书由上卷五十九章、中卷七十七章、下卷五十三章构成，凡一百八十九章。林景范述跋文曰："至平素所讲明人伦日用之工夫，则毕备于此书。"此书可谓堀川派的教科书。欲知晓仁斋学说，《童子问》和《语孟字义》最不可或缺。《文会杂记》（卷之一下）说这两本书"可见一生之学问也"，确实如此。此二书之于堀川学派，不亚于《辨道》《辨名》之于蘐园派。香川修德在《孟子古义》跋文中曰：

> 去岁韩人来聘，归舟至备后州鞆津。先生次子长英时为福山记室，负责接待事务。有书记名成梦良者，与长英书曰："久承尊考仁斋先生文采郁郁，为日东之儒宗，道德文章为世所尚，冀赐览其遗文，以为此行之大收获。"遂请得《童子问》，珍重而归。

即此可知，《童子问》很早便传播海外。此书系享保五年（1720）刊行。

《古学先生文集》六卷

此书为东涯所编，仁斋未回归古学时代前的作品亦有收录。其中，写作年代确定的，都有记录，有利于仁斋学说的研究。此书系享保元年（1716）刊行，卷首载有东涯所撰《古学先生行状》。《文会杂记》（卷之二下）曰："《古学行状》，东涯之作，极其出色。"《行状》末尾有字"孝子长胤"，即此可知东涯之志。

《古学先生诗集》二卷

此书亦为东涯所编，系享保二年（1717）刊行。有上、下二卷，下卷又分本、末二卷。收录有五言律诗五十五首、五言古诗四首、七言律诗八十三首、五言绝句六首、七言绝句二百五十三首，凡四百零一首。最后是东涯所作跋文，曰："文集旧三卷，诗一卷，今分为八卷。云云。"即此可知，全集本来有四卷，东涯后来将其分成了八卷。

《古学先生和歌集》一卷

此书被编入《甘雨亭丛书》，所载悉为短歌，凡二百八十六首。卷末有仁斋所作跋文，其中解释了自己在作品中加点的事情，最后有言，"元禄癸未年二月中旬，洛下老布衣维桢题"。

《仁斋日札》一卷

此书为语录体，凡七十四章，其中有很多名言佳句。此书本是未定稿，收录于《甘雨亭丛书》。欲知仁斋学说，绝不能忽视此书。

《周易乾坤古义附大象解》一卷

东涯曰："吾祖考晚年方欲注《易》，已解乾坤及大象，名之以古义。先考自幼深好《易》，考传义之异同，题之于上帧，苦心尽力，剖别甚精。"又曰："先子抱遗经寻坠绪，阐明圣猷，以终其身，研覃邹鲁二书，兼治《周易》。然《易》唯解乾坤二卦，务明大义，不要琐究。专治二书，且不如精也。"即此可知，此书为未定稿。

《春秋经传通解》二卷写本

此书为《春秋》之略传略注，开头所载"论例"可值一读，有言曰：

> 知《春秋》者，无若孟子，而左氏之说，实与孟子相表里。至公谷之说，则孟子所不言，可知其非圣人之旨。故此书专因左氏而成说，取其切于经义者，附于各经文之下，合而为解。云云。

即此可知此书内容。卷末有言，"门生平希淳谨书"。

《极论》写本

此书为未定稿，没有完成。内容仅有论文《夫子贤于尧舜》与《论汤武放伐》一章。仁斋在《夫子贤于尧舜》中评论孔子曰：

> 夫子之道高出万古，跨越群圣，犹日月悬于天而万物自明。于是天地之道明，人伦之法定，民无所惑。夫子以前犹无舵之舟，至其所至。夫子以后犹有舵之舟，有所方向，自无所惑。所谓万世永赖者，独夫子之谓耶？

《先哲像传》认为此书是《太极论》，大误。《太极论》可见于《文集》（卷之二）的开头。二者内容完全不同。东涯在《古学先生行状》中说《极论》"未成书"，即指其未完成，而《太极论》则是一篇完整的文章。

《读近思录抄》写本

此书亦未定稿，仅八页。开头为仁斋自序，末尾有言，"元禄辛未之岁春三月"。由此可知，此书系仁斋六十五岁时所著。《先哲像传》把《大学非孔氏之遗书辨》视为一本书。不过它只是一篇论文，附录于《语孟字义》卷末。此外，还列举有《送水野侯国字序》一篇和《文式》二卷，可见于东所著《古义堂遗书总目录叙释》。《文式》序可见于《文集》（卷之一），其中有言曰："诠次韩柳以后，近儒者之文者三十四篇，名曰《文式》。"即此可知《文式》书籍内容如何。《先哲像传》还列举了《性善论》和《心学原论》。不过，二者均为论文，见于《文集》（卷之二）。

仁斋著书在其生前均未获出版，在其死后方开始出版。

第三　文藻

仁斋一生的学问在于鼓吹道德，如词章之类并非其所主张。不过，文章是传道的工具，他也说，"若文必不可不作。非言无以述志，非文无以传道。学而无文，犹有口而不能言"，揭示出文章的重要性。即此可知，在写文章方面，他多少还是下过苦功夫的。他的文章大多正大而有气势，尤以《语孟字义》和《童子问》最为可观。此外，如《文集》所载《太极论》《性善论》《心学原论》等，虽为壮年之作，但皆不失为一代佳作。从文章家的角度看，仁斋并不在徂徕之下。徂徕不用奇僻文字，但单纯自然之处，可以说仁斋反而更佳。仁斋在《日札》中，论文曰：

> 文章欲简而意尽，不欲冗而理暗。

又曰：

> 文章以理为主，以气为辅，而饰之以辞，其要在于平正稳当。

又曰：

> 文章以意深义高、平正通达为上，以词多理少、组织粉泽为劣。

仁斋应该践行了这些理念。斋藤拙堂在《文话》（卷一）中，评论仁斋文章曰：

> 贝原益轩、伊藤仁斋，并元禄以上人。当时文章之道未开，然其集中往往有可观者，不可不谓豪杰之士。

又曰：

> 仁斋之文多不成语，然有气魄光焰，使读者不倦。东涯之文少疵，然气焰不及，读之思卧。古人谓文以气为主，信然。

此可为确论。仁斋还作诗，但只是余绪而已。他曾议论说："诗吟咏性情，作之固好，不作亦无害。"（《童子问》卷之下）即此可观其志向。不过，他的诗也不是没有佳作。江村北海著《日本诗史》（卷之三）云：

> 概其为人，宜不屑声律也。而诗间有有旨趣者，殊可嘉称。

这并非泛泛之谈。当时，京都的村冬岭①和藤坦庵这两个人都擅长作诗，而仁斋与其呈三足鼎立之势。东涯著《谭丛》（卷之下）有言，"近来文化盛行，人怀铅椠。就中村冬岭、藤坦庵及家君以耆宿居洛下，其片章只字，皆传播人间"，即此可知。以下，抄录仁斋诗作数首，观其技巧如何。

梅

萧散风情似渚宫，古梅寂寞夕阳红。
一枝斜入茅檐角，疏影浅移池水东。
罗洞参横梦初断，孤山月落与何空。
早知开到十分处，自有五更狼藉风。

学问须从今日始

学问须从今日始，算前顾后莫悠悠。
寸苗遂作苍苍树，原水还为瀑瀑流。
知识开时八荒阔，工夫熟处一毛辀。
六经元自侬家物，何必区区向外求？

堇菜

堇菜开敷小紫花，芳茎裛露乱参差。
纤纤玉手羞人见，倾筐独归阿母家。

---

① 补正二：村冬岭即村上冬岭，详出《近世丛语》（卷三，第四右）。

第一章　伊藤仁斋

> 饮蕉窗主人宅
> 向来岁月似奔流，事事相催归白头。
> 老去自知入佳境，一年胜似一年秋。
> 即事
> 青山簇簇对柴门，蓝水溶溶远发源。
> 数尽归鸦人独立，一川风月自黄昏。

其中，最后一首诗被选录于《名儒传》及《日本诗选》。此外，还有不少值得诵读的佳句，如：

> 深树寺遥见，落花径巨通。（《游东山》）
> 杯酒三更后，清谈一夜情。（《中秋月》）
> 河排城阙入，天向海门开。（《难波桥上》）
> 功名白云飞，时月紫电掣。（《绪方宗哲席上》）
> 一身闲处乾坤阔，万事休时日月长。（《即兴》）
> 贪夫日乐岂诚乐，俗士所荣不是荣。（《和近藤立贤韵》）

此类诗皆不乏诗意。东涯著《谭丛》，共抄录有十四对名联。《闲散余录》（卷之下）云：

> 仁斋与东涯，性质有违。仁斋作一篇文、一首诗，示于人，其人虽赏叹，然不露喜色。不管他人如何叹美，心自不慊，颜色自若。东涯不然，或文或诗，人见而赏之，则自喜而色浮于面。此仁斋大量而不拘人之毁誉，东涯笃实而信人也。二先生共是也。

仁斋还创作和歌，不过并无师传，只是即兴创作而已。《闲散余录》（卷之下）评论仁斋《和歌集》曰："其中二点之歌有七首，总计二百八十余首，无一首闺怨歌。"和歌多吟咏四季景物，无恋歌类题材。这对仁斋来说很正常。和歌中偶尔还有些述志的题材，不管歌人的评价如何，从道义上来说，这些也足以值得学者一顾。下举三首：

> 世间唯一盛而终亡也，可惜此月！（《寄月述怀》）
> 数之！蓬生已绝。吾视昨日，如见往昔。（《思往事》）
> 若悟，此身之外无道，守道便是知道。（《奉读中庸戒慎恐惧之心》）

还有如下和歌，曰：

> 上之上无饰，而我当观下之下之人。（《无题》，此和歌见《年山纪闻》卷五）
> 君之代之长闲，今朝思之！学窗吹来春之初风。（《岁旦》，此和歌见桥本正人所藏古文书）

读这些和歌，自能品出其中滋味。如今看来，藤原惺窝、熊泽蕃山、服部南郭和三轮执斋等皆擅长和歌，而仁斋亦足以和他们并驾齐驱。

第四　学风

仁斋不事训诂，不事词章，专以讲明道义为己任。他注释四书的目的是借此彰明道义，而非单纯地解释正文内容的义理。他创作诗歌并非喜欢"雕虫"，不过是偶然借此述怀遣兴而已。《古学先生行状》中有下面一段，曰：

> 其教导生徒，未尝设科条、严督察，而其友教侯国、训化邑里者，各成其材，皆为人所知。平日劝学者，以明道术达治体，为有用之实材，而戒骛于空文、流于记诵。虽一不识字之人，告之谆谆反覆，唯恐伤其意。听其言各有所得。

由此看来，仁斋以彰明道德为本务，不陷迂僻，专取其意，不拘字句，故得以实现熏陶子弟之功绩。《同志会笔记》中有下面一段，曰：

> 学问之品，德行为上，识见次之，材力又次之，文章为下，博洽其余事也。若不知其序，则上下颠倒，本末乖离，学问不能有成也必矣。况乎以其余事，为学问之全，卑陋亦甚矣。云云。

如此，仁斋以道德为学问之正鹄。不过，他并没轻侮知识。在他看来，真实的道德产生于真实的知识。《中庸发挥》叙述此旨意曰：

> 先知而后行，此固学问之常法，不可易焉。然而究竟论之，则有实德而后有实智，若圣人之智是也。故曰："苟不至德，至道不凝焉。"先儒或专尊德性而问学为缓，或先

道问学而德性为后,俱失于一偏,而不可谓君子之道也。

至此,仁斋殆似将朱、王二派合一,而言"知德一致"。不过,主张道德重视实行,不能不说是他学问的精髓。其《赠严岐元质序》曰:

> 子好学乎?吾语子学。读书时亦学,不读书时亦学,而后学进矣。夫读书之为学,人皆知之。而至于不读书之为学,则人未之知也。苟笃信深志,念念在学,不为他事所胜焉,则起居动息、应事接物、游戏闲谈、目击跬步,举靡非进学之地。故曰:"不读书时亦学也。"夫学者,所以明乎人伦而以反求于己为要。所谓把柄入手,是也。

仁斋甚至举出子夏实行的例子,"虽曰未学,吾必谓之学矣",以实行为目的。只读书不是"学",读书不过是为了对行为有所帮助,而行为无非是通过读书而达到的"实现"。换言之,行为是理论的应用。因此,对仁斋来说,任何行为都是"学"。如此,仁斋以实行为目的,自会非常注意不陷入论争中去,曰:

> 德者感化之本,言者争辨之基。故识道者,务德而不务言。若夫不务其德,而徒欲以言服人者,惑之甚也。(《同志会笔记》)

又曰:

> 多言多动,学者之深害。故吾屡言而屡戒焉。(同上)

他面对俗学的猛烈抨击,丝毫不予辩驳,大概就是这个原因。简言之,他想要"讷于言而敏于行",目的只是要实行道德、接续圣学之迹。因此,他平生的举动言语均取法圣哲,曰:

> 非圣哲之书不读,非圣哲之事不为,非圣哲之训不道,非圣哲之法不行。为学之法,若此而已矣。(《同志会笔记》)

他创设同志会,与诸生相互交流,研究切磋,期望共同跻身圣哲之域。当时,他写了五则警戒诸生的文章,曰:

> (一)学者之患,最在于有己。有己则每见人之不善,而不见己之不善。忘己则每见人之善,而不见己之善。每见人之不善,则有矜己之心。每见人之善,则必欲得之于身。忘己则入圣之要路,有己则陷邪之深坑,可不慎乎?凡吾同盟之人,讲习之间,务相谦下,优柔引接,勿存畛域,勿争门户。设若见人之有不善者,若己有之,哀矜恻怛,讽导详款,而勿生厌恶非笑之心。非直有益于人,实己之德亦由此成熟矣。

> (二)学贵乎日新。设今日若昨日,今年若去年,则非惟其身之羞,实同盟之羞也。若有学不进者,众人会议,要务为之力。且于其身,感谢愉悦,当深佩服同盟之规诲,勿生恚怒。

> (三)群居终日,言不及义,尤圣师之所戒。凡同盟之人,除语学问躬行外,谈寒暄,论诗笔,固所不禁。富贵利达,服章财器,杂艺机巧之语,皆当禁遏焉。若犯此

数者，非所谓道义之交。

（四）圣门之学，大事也。其立志欲大，信道欲笃，而守之以久，勿为他事所胜，勿为俗情所缠。欲勇往向前，一日新一日矣。若其志在于功名利达，而不在于圣门德业之实，以词章记诵为足，而不在于道德仁义之奥者，勿预此座。

（五）人之于道，最要忠信。观诸公进见质问之间，其孝悌忠信、仁义廉耻之说，皆如出于其肺腑。然未知孝亲敬长，及交朋接人之间，果皆与平日所言不异否？若一与此相违，则非所谓忠信也。予所以发此言者，实欲诸公亦以此相规切于某也。幸勿吝尽言。

由此看来，仁斋并不是挟圣贤而凌驾于人，而是以门下诸生为同志朋友。他不说"尔汝"，而称呼他们为"诸公"，饱含爱敬之情。尤其是在第五则的末尾，他说，"欲以此相规切于某也"，向朋友道明深切追慕之意。《同志会笔记》中有言曰：

朋友讲习，在于忘己消意，降气温言，诱掖奖劝，相与进道为务。今时朋友，大抵虽以讲道义为名，实持己挟贤，欲务上于人。何讲道义之有？可不戒哉！

事实上，仁斋作为教育家，其成功的秘诀可以说就在这里。

第五　经书评论

仁斋于经书有一家之见，往往发表新奇之说。当然，这与他的学说有密不可分的关系。下面介绍其要点。

经书中，仁斋以《论语》最尊，《孟子》次之。他著《论语古义》时，在每卷开头都会写上"最上至极宇宙第一"八字，以示尊重。有门人说此举太过骇人听闻，后来才删去。仁斋在《论语古义》"叙由"中，评论《论语》曰：

> 《论语》一书，万世道学之规矩准则也。其言至正至当，彻上彻下，增一字则有余，减一字则不足。道至乎此而尽矣，学至乎此而极矣。犹天地之无穷，人在其中而不知其大，通万世而不变，准四海而不违，於乎大矣哉！

又曰：

> 夫子以前，虽教法略备，然学问未开，道德未明。直至夫子，然后道德学问初发挥得尽矣，使万世学者知专由仁义而行，而种种鬼神卜筮之说，皆以义理断之，不与道德相混。故谓学问自夫子始斩新开辟可也。孟子引宰我、子贡、有若三子之语曰："贤于尧舜远矣。"又曰："自生民以来，未有盛于孔子也。"盖诸子尝得亲炙夫子，而知其实度越乎群圣人，而后措词如此。愚断以《论语》为最上至极宇宙第一书，为此故也。而汉唐以来，人皆知六经之为尊，而不知《论语》之为最尊，而高出于六经之上。或以《易》《范》为祖，或以《学》《庸》为先，不知《论语》一书，其明道立教，彻上彻下，无复余蕴，非他经之可比也。夫子之道，所以终不大明于天下者，职此之由。云云。

仁斋认为孟子之学是"孔门之大宗嫡派",评论其书曰:

> 《孟子》之书,为万世启孔门之关钥者也。孔子之言,平正明白,似浅而实深,似易而实难,浑浑沦沦,蟠天根地,靡知其所底极。至于孟子,谆谆然指其向方,示其标的,使学者知源委之所穷。故性命道德、仁义礼智等说,皆当以孟子之言为之注脚,而解其义,切不可从《论语》字面求其意趣焉。盖孔子之时,犹白日中天,有目者能行,故其教人只告之以修为之方,而不待复详解其义。孟子之时,犹暗夜行道,必待明烛,故不得不明解其义,示所向方焉。若夫欲观孔子之道,而不由孟子者,犹渡水无舟楫,岂得能济乎?呜呼!《孟子》之书,实后世之指南夜烛也。

仁斋还深入回答了《论语》《孟子》二书互为表里的原因,曰:

> 欲学孔孟之道者,当知二书之所同,又知其所异也,则于孔孟之本指,自瞭然矣。盖天下所尊者二,曰道曰教。道者何?仁义是也。教者何?学问是也。《论语》专言教,而道在其中矣。《孟子》专言道,而教在其中矣。其故何诸?曰道者充满宇宙,贯彻古今,无处不在,无时不然,至矣,然不能使人自能趋于善。故圣人为之明彝伦,倡仁义,教之诗书礼乐,以使人得为圣为贤,而能开万世太平,皆教之功也。故夫子专言教而道自在其中也。而至于孟子时,圣远道湮,异端蜂起,各道其道,莫能统一。

故孟子为之明，揭示仁义两者，而诏诸后世，犹昼夜之互行，寒暑之相代，无偏无倚，焕如日星，使人无所迷惑。七篇之内，横说竖说，其言若异，而无一非仁义之旨。而其所谓存养扩充、居仁由义之说，皆以教而言。故孟子专言道而教在其中也。二书之言，如有所异，而实相为用，此其所同也。此二书之要领，学问之标的，若于此欠理会，卒不能得孔孟之门庭。云云。

正因为有这样的见解，仁斋才把《论语》《孟子》视为本经，以《诗》《书》《易》《春秋》为正经，以"三礼""三传"等为杂经，总言之为群经。为此，仁斋还打算作总序，但最终没能作成。《大学》自程子以来就被认为是孔子之遗书，但仁斋却不以其为孔子之遗书。此事不仅详见于《大学定本》，仁斋还曾著述《大学非孔子之遗书辨》，发表自己的创见，论曰：

《大学》一书，本在《戴记》之中，不详撰人姓名。盖齐鲁诸儒熟《诗》《书》二经而未知孔孟之血脉者所撰也。

他列举种种存在问题的地方，进行论证，认为《大学》作者乃告子之流。而且，其言以至与朱子背驰，他大声疾呼，"于识孔孟之血脉，则不敢自让焉"，锋芒万丈。他经常受到朱子学派的猛烈抨击，不是没有原因的。室鸠巢曾作《题高木氏伪学论》一文，曰：

自古邪说之害道多矣，然其诞妄粗恶无所忌惮，未有

> 若今世之甚者。或有称古学者，曰《大学》非孔氏之遗书。云云。

浅见䌹斋也著述《辨大学非孔氏之遗书辨》一卷，辩驳仁斋的学说。他甚至说："以不深考议朱子，虽朱门奴婢，亦将掩口而笑。其亦不深考之甚。"不过，䌹斋采取自然辩护的态度，与仁斋在考证方面无法匹敌，故其区区议论多不值一顾。山崎泉亦著述有《大学辨断》一卷，驳斥仁斋的学说。不过，䌹斋认为其主张乃一己私见，多违背文章本意，亦对其批评，著《批大学辨断》。这种同室操戈的奇景，实不足识者一哂。

朱子认为，《大学》经一章为孔子之言，曾子所述；传十章为曾子之意，门人记述。仁斋对此表示反对，认为《大学》非曾子所传。传第六章中言："曾子曰：十目所视，十手所指，其严乎？"这是他的主要根据。仁斋认为，如果此篇真是出于曾子之意，那么传十章便都是曾子之言，可这里又怎么会有"曾子曰"呢？因此，《大学》为曾子门人记述的看法不可信。况且，《礼记》中诸篇也有很多"曾子曰"，这难道都是曾子门人记述的吗？仁斋的论证虽不能说肯定正确，但其识见却不能不说颇为卓越。

关于《中庸》，仁斋有如下之言，曰：

> 《中庸》又演绎孔子之言，其书虽未的知子思之所作与否，然以其言合于《论语》，故取之。

又曰：

> 《中庸》之书,即《论语》之衍义也;专以为孔门心法者,非也。

《中庸》自古以来便被认为是子思之作。仁斋表示怀疑。不过,他也承认此书是本于孔子之言。他又把《中庸》分为上下二篇,"鬼神之为德"以下为下篇,认为,上篇"喜怒哀乐"等四十七字为古《乐经》的脱简,非《中庸》原文,下篇均非《中庸》原文,第二十章是一篇完整的文章,被误放入《中庸》中,第二十六章论鬼神及第二十四章论祯祥妖孽,这些都非孔子之言。《中庸》一书,被汉儒误解的地方有很多。不过,关于《中庸》的其他内容,他不认为一定非得删去,论曰:

> 除论鬼神妖孽外,其言皆凿凿,与《论语》《孟子》实相表里,盖洙泗之遗言也。列之于《语》《孟》,大有补于世教。

由此可知,事实上,相比《大学》,仁斋更重视《中庸》。此外,关于"六经",仁斋也分别叙述了自家的见解。如《书》,他怀疑朱子、吴临川、梅鷟之徒所取《古文尚书》为伪作,而采取《今文尚书》,言之凿凿,如有实据;如《易》,他与欧阳子、赵南塘相同,认为十翼非孔子之作,说:"今以《论语》证之,非夫子之语彰彰矣。" 在朱子学全盛时代,仁斋关于经书发表了如上见解。作为学者,他的勇气可以说是非常之大。但也因此,他难免受到后世种种的非难。这可以说是不得已的结果。

第六　学统

仁斋打破当时学界普遍信赖的宋明儒学的权威（authority），愤然而起，创立了一家之见。春台评论他是"所谓不待文王而作者"，确实恰当。不过，自古便有仁斋之学本自明代吴苏原的说法。春台著《圣学问答》（卷之下）曰：

> 明末吴廷翰（吴苏原）者，著《吉斋漫录》《瓮记》《椟记》等书，辟程朱之道，豪杰也。闻日本伊藤仁斋亦读吴廷翰之书而开悟也。

这里并没有说仁斋之学本于吴苏原，不过仿佛指出了其学系。多田义俊所著《秋斋闲语》（卷之一）中明确指出，仁斋之学出于吴苏原及郝京山，曰：

> 古学先生《语》《孟》之考，全据于吴氏《吉斋漫录》及郝京山《时习新智》。本此二书之由，何不记之，而为自己之发明耶？

那波鲁堂著《学问源流》又曰：

> 仁斋父子之学，本于明吴廷翰之见识，却不与人说吴廷翰之学。吴廷翰有《瓮记》，有《椟记》。其时时记录所思所读之得，盛集于瓮而为《瓮记》，盛集于椟而为《椟记》，即所谓标题之意也，见其自序。非有《丹铅总录》

《宛委余编》之富博。又有《吉斋漫录》上下卷，全篇就经义语录，发明识见，为仁斋、东涯之学之渊源也。

尾藤二洲著《正学指掌》，论仁斋之学曰：

闻其说据吴苏原，今看《吉斋漫录》等书，当亦有佐。彼苏原之辈，皆迷于阳明，溺于时风，作出种种之说，本来无有何见处。云云。

此说不过是沿袭春台等人的观点，而且其主旨是讥笑仁斋。二洲又说吴苏原是阳明学派，毫无根据，可谓粗陋之甚。太田锦城著《九经谈》（卷之一），论仁斋之学曰：

唯其学半出于吴廷翰《吉斋漫录》。

如此，仁斋之学出于吴苏原，殆为学者之公论。不过，近时，岛田重礼提出了一种与前说颇有不同的观点，详见《哲学杂志》第八十八号载《伊、物二氏之学案》。今叙述其趣意如下：

（一）苏原于本然气质之说，虽不合于程朱，然其学并非悉反对程朱。即其说性也，往往推尊程明道，言"论性之旨，惟明道为至"。故与仁斋奉古学而排斥一切宋儒之说大异其趣。

（二）苏原言"性只是仁义礼智"，与程、朱同，以四德属性。然仁斋曰："仁义礼智四者，皆道德之名，而非性之名。道德者遍达于天下，非一人之所私也。性者专有于己，非天下所同也。此性与道德之辨也。"又曰："宋儒以仁为性，予深以为害于道。"仁义礼智为儒学第一义，源头上已与苏原不同。

（三）苏原奉《大学》《中庸》为金科玉律，仁斋却言《大学》非孔子之遗言，而《中庸》多有窜入。苏原虽稍稍怀疑《古文尚书》，但并没有断定其为后世所作之伪书，而仁斋不取之。

岛田氏列举了以上不同点，最后论断说："参考此等而观，言仁斋完全抄袭异说，窃以为苛酷之论也。"

岛田氏打破旧说的看法，颇为有力。并河天民从学仁斋，后来创立一家之言，批驳仁斋学说，常论其所本，但从未言其学出自吴苏原。此也可为一证。又《周南文集》（卷之九）有《书〈吉斋漫录〉后》一文，辩护仁斋曰：

> 向居东都，或者有言，仁斋先生倡学，本有帐中之书，诸弟子辈不得与见，曰《吉斋漫录》，曰《瓮记》，曰《椟记》。余甚不信，既得见《漫录》，其言凿凿而有味。理气性命，宋学之谬误，既皆发挥，实先得我口之嗜也。夫述而不作，君子之道。仁斋岂有窃珠还椟之陋？若述之，何一言亦不相援及其书，而自为古处者乎哉？愿其书既成后，或适见之，或有不幸而终身不得见，皆不可知也。以是刺仁斋，诬矣。云云。

此段辩护仁斋颇为得力。吴苏原事迹未详，据其著书可知，吴廷翰字崇伯，号苏原（岛田氏以苏原为吴氏之字，误），正德年间进士。流传著书有《吉斋漫录》二卷、《椟记》一卷、

《瓮记》一卷。此外，据说还有《湖山小稿》。《吉斋漫录》主要阐述一家学说，《楳记》议论《易》《诗》《书》《春秋》等经书，《瓮记》则臧否历史人物。《吉斋漫录》开头有言，"万历丁亥进士男吴国寅刊"，可知其为万历年刊本。确实，与仁斋转至古学的时间相比，此书至少在五六十年前已经公开出版。因此，我们不能说仁斋一定没有入手这本书。此外，仁斋的学说固然与苏原不同，却也有很相似的地方。例如：

（一）苏原开头便直言"天地之初，一元气而已"，据此解释世界。仁斋开头亦言"天地之间，一元气而已"，主张一元气说。在这一点上，二者见解完全一致，均反对朱子的二元论。

（二）苏原言"圣人之道，仁义中正而已矣"，又言"太极一也，在天为阴阳，在人为仁义"，以仁义为道。仁斋亦以仁义为道德。韩昌黎曰："吾所谓道德者，合仁与义言。"仁斋表示同意，言"道者何？仁义是也"，以仁义为道。仁义是否属性，二者认识不同，但在以仁义为道这一点上，可以说是完全一致。

（三）苏原言"道者，以此气之为天地人物所由以出而言也，非有二者也。然又以其变易，则谓之易。生生谓易，是也"，以一气之生生作用为道。仁斋亦以生生不已为天地之道，大力论说生生主义。

（四）苏原言"理也者，气得其理之名"，"非气之外别有理也"，以理属气，即气流行而生万象，秩序井然而有条理，即是理。仁斋亦言"非有理而后生斯气，所谓理者反是气中之条理而已"，与苏原一样，反对朱子的理先气后说。

（五）苏原言"夫论道之书，以《易》为宗，而言以孔子为准，反而求之，以吾心自信者为实"，多批驳宋儒之说，存在直溯洙泗之渊源、超然回归古学的倾向。仁斋亦排斥宋儒，唱道古学。苏原虽未完全舍弃宋儒，但其大体方针，无疑可说是仁斋的先驱。

从这些看来，似乎不能否定仁斋之学本自苏原。而且，旧说也没有说仁斋之学悉数出于苏原。根据这些，我们只能说仁斋古学是受到苏原的触发，即被启示（suggest）而已。相反，如果说仁斋不曾入手《吉斋漫录》，那又有什么根据能够证明呢？仁斋门人中江岷山在宝永年间著《理气辨论》，绍述师说，其中就引用了吴苏原的一元气说。由此看来，仁斋应该肯定看过《吉斋漫录》。简言之，要想举出反证，确定仁斋之学没有根据苏原，也是很难的。不过，仁斋从未引用过苏原的学说，也从未提到过《吉斋漫录》，这实际上具有可以代替反证的价值。为什么这样说？我们回想一下仁斋的人物操行，他肯定不会作出敷衍他人学说、藏而不言的事情，这种卑劣的心术简直是无法想象的。仁斋应该与素行一样，自己看破宋儒的短处而奋起，随后发表独创的见解。他和苏原有相似之处，只是碰巧而已。仁斋叙述自己转至古学的缘由说：

> 余十六七岁时，读朱子四书，窃自以为是训诂之学，非圣门德行之学。然家无他书，《语录》《或问》《近思录》《性理大全》等书，尊信珍重，熟思体玩，积以岁月，渐得其肯綮。二十七岁时著《太极论》，二十八九岁时著《性善论》，后又著《心学原论》，备述危微精一之旨，自

以为深得其底蕴，而发宋儒之所未发。然心窃不安，又求之于阳明、近溪等书，虽有合于心，益不能安，或合或离，或从或违，不知其几回。于是悉废《语录》注脚，直求之于《语》《孟》二书，寤寐以求，跬步以思，从容体验，有以自定醇如也。于是知余前所著诸论，皆与孔孟背驰，而反与佛老相邻。（《同志会笔记》）

由此看来，毫无疑问，仁斋是由《语》《孟》二书而有所自得。《论语古义》"纲领"中有言曰：

愚赖天之灵，得发明千载不传之学于《语》《孟》二书。

此句也是相同的旨意，且更加昂扬直接。又《童子问》（卷之中）曰：

予也，固有与汉宋旧说异者。然皆积疑之至，融释开明，自然得之，而一无思虑安排强探力索而得者也，嫌自我开发之也。

即此可知，仁斋自己开悟，是以古学为之一变。汤浅常山曰：

觉仁斋反复深见朱氏家之书而开悟者也，徂徕则不然。（《文会杂记》卷之二下）

这也是说仁斋自己体得。林义端亦曰：

> 其学不由师传，直求遗经而得焉。是故疏释经典，讲谈理义，皆出于肺腑，不必蹈袭先儒之说。盖其神会自得，所以契乎圣者。虽亲炙门人，不能得传也。（《古学先生碣铭行状跋》）

林景范在《童子问》跋文中亦曰：

> 先师古学先生，不由师传，深造邹鲁之阃奥。

据此可进一步推知，仁斋之学并非出自苏原。笔者以前也相信旧说，现在相信它是不对的。《闲散余录》已经论述过旧说的妄谬，曰：

> 仁斋学脉乃窃《瓮记》《椟记》《吉斋漫录》之说为吾发明而建一家之说，是妒者之言，大伪也。天地一元气之说虽少似，然全体别也。彼三书皆理学者流之言，与仁斋之说大有不同。长门之《周南文集》有论此事，然亦不以为全窃。于琐琐之末义辩驳人之非为专务，近时甚多，可叹可怜！仁斋之胸襟，非窃取人之说之气象。若万一有碰巧，可谓"千载之子云"。

确实如此，旧说大概不过是与仁斋学派有异者的捏造而已。其中伤贤者，用心可以说极为险恶。春台最先相信旧说，并且将其诉诸笔端，其粗陋之罪不可饶恕。服天游曾痛斥春台粗陋，其言曰：

> 未尝所见之书，不过是书名标题之学问，评其作者为

豪杰，是何等之妄说乎？又言仁斋由此开悟，有何证耶？其说纵有似处，不见又如何知之？若据传闻，则不可轻率笔之于书。其实，乃欲毁仁斋而构出此诬说也。（《燃犀录》）

春台不囿于学派之异，平生推尊仁斋。由此说来，旧说应该不是他的捏造，但他竟然不加任何批评就将旧说诉诸笔端，其过失不能不受人万分责备。

若考察苏原和仁斋的学说，除岛田氏所列条目外，在一些关键点上，他们也存在完全对立的地方。苏原屡次提倡主静无欲之说，乃道家者流口吻，其言曰：

> 圣人定之以中正仁义而主静。云云。①

又曰：

> 主静之静，只以无欲言之为当。盖五性感动，而善恶分、万事出者，以有欲故也，有欲则为动。圣人定之以中正仁义而主静，无欲故也，无欲则为静。盖有欲则虽静亦动，无欲则虽动亦静。

甚至曰：

> 盖无欲而静，则仁义之全体在焉。

---

① 补正一：文中虽举出吴苏原所谓"圣人定之以中正仁义而主静"，不过，此句实出自周子《太极图说》，苏原只是引用而已。

他认为无欲是实现仁义的唯一方法，遂曰：

> 仁者，天理浑然，盖此时已到无欲境界矣。

至此，苏原与仁斋出现天壤之别。仁斋反对教人灭欲复性的复性复初之说，主张积极的道德主义。即此可知，仁斋之学并非出自苏原，更无可疑。

三岛中洲还认为，仁斋之学渊源于阳明的"气学"。(《学士会院杂志》第十八编之八）不过，这只是臆测而已。仁斋虽涉猎过阳明、近溪等人的著作，但并不崇奉他们的学问。当时，已经有人以为仁斋是阳明学派，而仁斋在《答安东省庵书》中云："退而谓仆为从新建之学者，甚可笑。"他又在《同志会笔记》中，非阳明之学曰：

> 王阳明亦以见闻学知为意见，以良知良能为真知。其以良知为真知似矣，然以见闻学知为意见者，亦犹佛氏之见也。

《语孟字义》（卷之上）也有论述说阳明学乖戾孟子之旨。即此可知，仁斋之学不出于姚江。仁斋言"一元气"，而关于"元气"，西汉以来，学者往往论之，因此，将仁斋之学与阳明相接是不恰当的。汉《律历志》，有言曰：

> 太极元气，函三为一。

曰：

黄钟纪元气之谓律。

又曰：

太极中央元气，故为黄钟。

董仲舒《春秋繁露》（卷四）又曰：

王正则元气和顺，风雨时，景星见，黄龙下。

又卷十七曰：

布恩施惠，若元气之流，皮毛腠理也。

又《白虎通》（卷上四）曰：

地者，元气之所生，万物之祖也。

《后汉书·明帝纪》曰：

事毕升灵台，望元气，吹时律，观物变。

此外，例子不胜枚举。仁斋认为汉儒所谓太极为"一元气"，曰："此是千古不传之秘，《大易》之露洩天机者也。"（《童子问》卷之中）徂徕著述《蘐园随笔》品评仁斋之学，亦曰："以浑沦为是，精微为非，故不得不循汉儒之说以谓之一元气也。"（卷之一）由此可知，仁斋与阳明都主张气之一元，但仅凭此理由便说仁斋渊源于姚江，是不妥当的。仁斋虽说"仁义之良心"，但与阳明所谓良知不同，他论曰："近世阳明王氏专讲致良知之旨，然而徒知致良知而不知其本于仁义。云云。"即此可知，仁斋与阳明的旨归有异。简言之，我们不应该把仁斋归入别的学系，他主张的只是他的自得之见。

第七 学说

一 叙论

仁斋毫无师传，独自创立古学，欲追溯洙泗之渊源，直承孔孟之迹。即"仲尼吾师也"，直接以孔子为师。"仲尼即天地也"，以孔子比天地。又称孔子为"最上至极宇宙第一圣人"，《论语》为"最上至极宇宙第一书"。他作诗言，"道以唐虞准，学从邹鲁传"，表述自己的志向。仁斋之学自然是以道德为主，但其宇宙论亦成一家之言，非常出色，不可不谓其学问之特色所在。而且，其宇宙论并非与道德无关，相反，可谓是道德的基底。因此，他关于宇宙的新见解，成为其在道德上得以别开生面的端绪。一言以蔽之，即化死道德为活道德。其旨归在孟子，借助孟子与孔子相合。其所谓"《孟子》之书，《论语》之义疏也"，"《孟子》之书，又亚《论语》而发明孔子之旨也"，"学者不熟读《孟子》，必不能达于《论语》之义，盖《论语》之津筏也"，即欲学孔子，必当以《孟子》为阶梯。

二 宇宙论

（一）一元气论

仁斋以宇宙为"一元气"，以一元气为一大活物，唱道彻底的一元论（Monismus），见解与宋儒（尤其朱子）存在根本上的差异。他论曰：

> 盖天地之间，一元气而已。或为阴或为阳，两者只管盈虚消长往来感应于两间，未尝止息。此即是天道之全体，自然之气机，万物从此而出，品汇由此而生。圣人之所以论天者，至此而极矣。可知自此以上更无道理，更无去处。（《语孟字义》卷之上）

如此，他以一元气为世界之根本主义，尝试依此解释一切自然现象。所谓太极，就是指一元气。（《童子问》卷之下）不过，他对一元气进行动态的考察，如下言：

> 盖天之所以为活物者，以其有一元之气也。一元之气，犹人之有元阳。饮食言语，视听动作，终身无息，正为其有元阳也。若元阳一绝，忽为异物，与木石无异。唯天地一大活物，生物而不生于物，悠久无穷，不比人物之有生死也。夫无太虚则已，有太虚，则不能无斯气。斯气也既无所生，亦无所不生，万古独立，颠扑不破，岂容以虚无目之邪？（《童子问》卷之中）

即此可知，他的见解与宋儒及老佛大有不同。朱子建立理、气二元来解释世界，本质上以静止之理为根本。仁斋认为，静止地考察世界是不对的，是异端之学。其言曰：

> 圣人以天地为活物，异端以天地为死物。此处一差，千里之谬。（《童子问》卷之中）

仁斋认为，"天地为活物"的见解来自圣人，应该是本于《易》。所谓"易"，即变易之义，已有天地变化无穷之意，与赫拉克利特所谓"永恒的流行"（eternal flux）没有不同。不过，特别是《系辞》中所言，"生生之谓易"，似乎是把世界描述为一大活物——一往一来一伸一屈，永远发展的东西。但是，宋儒以静止之理为根本主义，容易流于寂静而展开教义。换言之，他们把原本的动态取向彻底转变成了寂静主义（Quietism）。这无疑是宋儒引入老佛观念，嫁接于儒教的结果。因此，仁斋痛加呵斥说理之非，曰：

> 若以理为万物之本源焉，则自流入于老佛之学，与圣人之旨实天渊矣，可不谨哉？（同上）

又曰：

> 圣人每以道字为言，而及于理字者甚罕矣。云云。以理为主，则必归于禅庄。盖道以所行言，活字也；理以所存言，死字也。圣人见道也实，故其说理也活，老氏见道也虚，故其说理也死。（《语孟字义》卷之上）

第一章　伊藤仁斋

仁斋还辩论说,"说理"起自老庄,其结果,自然与邹鲁之学的本旨相背驰。他自己唱道"有动而无静",鼓吹活动主义,气意轩昂,宋儒而后,不无使人瞠目结舌之概。

(二)气先理后说

这里先列举宋儒之说,以此解明仁斋与其不同的来由。宋儒认为,理比气高尚,且比气先存在。朱子曰:

> 未有天地之先,毕竟是先有理。(《语类》卷一)

又曰:

> 有此理,便有此天地;若无此理,便亦无天地,无人无物,都无该载了!有理,便有气流行,发育万物。(同上)

由此看来,朱子把柏拉图所谓的"观念"之类当作理,理先于气而存在。对他而言,理是先验的(transcendental)。他有时也说"理与气本无先后之可言",固然颇使人疑惑,但毫无疑问,他毕竟是主张理先气后说。仁斋虽然也说理,但不过是把它作为气中之条理而已,主张气先理后说。其论曰:

> 非有理而后生斯气。所谓理者,反是气中之条理而已。云云。宋儒所谓"有理而后有气",及"未有天地之先,毕竟先有此理"等说,皆臆度之见,而画蛇添足,头上安头,非实见得者也。(《语孟字义》卷之上)

又曰:

> 理本死字，在物而不能宰物，在生物有生物之理，死物有死物之理，人则有人之理，物则有物之理。然一元之气为本，而理则在于气之后，故理不足以为万化之枢纽也。（《童子问》卷之中）

即此可知，仁斋与朱子正相反。仁斋认为，理是物质的变化，其中自然有一定的秩序，类似于理法之意。理法不能离开物质而存在，因此应该在物质变化的层面去认识理。仁斋所谓的理，大致就是这样。而理法之外，还有作为世界的实在——可抽象的东西。朱子所谓的理，即类似于这一实在，但他并没有对这一实在进行动态的抽象，而是静止的抽象，与老佛的观念一致。姑且不论这种静止的论述的对错，而其超越物质的实在，在哲理上必然是这样的。因此，仁斋也不能打破，无法提出任何反证，只能说它不对。曰：

> 万物本乎五行，五行本乎阴阳。再推而至于阴阳之所以然，则不能不归之于理。既归于理，则自不能不蹈于虚无。所谓万法归一，一归何所是也。此常识之所以，必至此而与圣人自相违也。（《童子问》卷之中）

仁斋批判的根据只是说其与圣人相违，完全没有说出其不是真理的原因。不过，仁斋以孔子为最高规范，因此有这种言论也不足为怪。

（三）万古无穷论

古往今来，中国哲学家经常谈论天地之初。朱子也屡次议论天地是如何开辟的,说:"六合之形,须有内外。"而仁斋认为,所有关于天地之初的论述都是不经之甚,对此大加排斥,唱道"万古无穷"。曰:

> 夫四方上下曰宇,古往今来曰宙。知六合之无穷,则知古今之无穷。今日之天地,即万古之天地;万古之天地,即今日之天地。何有始终?何有开辟?此论可以破千古之惑。(《语孟字义》卷之上)

仁斋所言终究是无始无终论,但他并不像佛氏那样认可"成住坏空"。他不欲强为之辨,"于其穷际,虽圣人,不能知之,况学者邪?故存而不议之为妙",以示阙疑之意。荀子曰:"天地始者,今日是也。"仁斋曰:"今日之天地,即万古之天地。"二者旨意相同,即天地本身并没有古今之别。

(四)生生主义

仁斋以天地为一大活物,只认可生生变化发展,不相信其会死灭,与佛老的寂静主义正相对峙。用今天的话说,其主张为积极主义,颇有类似乐天主义的倾向。总之,他无疑逆转了佛老消极主义或厌世主义的立脚点。他论曰:

> 《易》曰:"天地之大德曰生。"言生生不已,即天地之道也。故天地之道,有生而无死,有聚而无散。死即生之终,散即聚之尽。天地之道,一于生故也。父祖身虽没,然其精神则传之子孙,子孙又传之其子孙,生生不断,至于无穷,则谓之不死而可。万物皆然,岂非天地之

> 道有生而无死耶？故谓生者必死，聚者必散，则可；谓有生必有死，有聚必有散，则不可。生与死对故也。（《语孟字义》卷之上）

仁斋所论未必正确。生属积极，死则不然，只能说是生之消亡，死不能像生那样存续。因此，他不应积极地把生与死相对而言。若生之终为死，聚之尽为散，则不能说"有生而无死，有聚而无散"。而且，"生者必死，聚者必散"，"有生必有死，有聚必有散"，二者意思并没有什么不同。但是，仁斋否定后者却肯定前者，可谓糊涂之甚。不过，从父祖精神传于子孙而绵绵不绝的角度来看，特殊的个体虽然难免会死，但从一般的整体而言，毕竟是不死，只会永远地生生发展。他以天地悠久无穷，以元气颠扑不破，大概就是这个原因。关于老佛陷于谬见，反对生生主义，仁斋论曰：

> 佛氏以空为道，老子以虚为道。佛氏以为山川大地尽是幻妄，老子以为万物皆生于无。然而天地万古常覆载，日月万古常照临，四时万古常推迁，山川万古常峙流，羽者毛者鳞者裸者植者蔓者万古常如此。以形化者，万古常以形化；以气化者，万古常以气化，相传相蒸，生生无穷。何所见夫所谓空虚者邪？（同上）

仁斋还认为，天地间只有动而无静，有善而无恶。在当时学界，这可以说是一个新见解。其言曰：

> 凡天地间皆一理耳，有动而无静，有善而无恶。盖静

者动之止,恶者善之变。善者生之类,恶者死之类。非两者相对而并生,皆一乎生故也。(《童子问》卷之中)

"静者动之止",这是对的。不管什么物体,其之所以静止,是因为有阻止它的障碍。如果除去障碍,它就会永远运动,不停止。"恶者善之变",很有趣,不过,不需要站在积极的立场去认识恶,而是应该站在消极的立场把它看作善之误。例如,利己未必是错的,但如果为了利己而采取不正当的手段,乃至伤害他人,就变成了恶。因此,"有动而无静,有善而无恶"的说法,不可遽然轻过。其又曰:

盖天地之间,四方上下,浑浑沦沦,充塞通彻,无内无外,莫非斯善。故善则顺,恶则逆。苟以不善在于天地之间者,犹以山草植之于水泽之中,以水族留之于山冈之上,则不能一日得遂其性也必矣。夫人不能一日有以不善立于天地之间,亦犹如是。(《语孟字义》卷之上)

此论殆似道破乐天主义,与叔本华的万物皆恶观念真可谓是黑白对立。简言之,仁斋的世界观是健全的,不过学者应当警戒的地方也有不少。

三 道德论

(一) 道即仁义

儒教包摄的范围极广,但一个"道"字便可贯穿始终。"道"实可谓儒家的主义、本领。不过,道指什么,却很模糊。

特别是宋儒兴起后,他们说"道即性,性即道","性即理也",把道、性、理三者混为一谈,反而使道的意义更加难解。当此时,仁斋喝破说,"道即仁义也",以搅醒群儒的迷梦。其曰:

道者何?仁义是也。(《童子问》卷之上)

又曰:

人道之有仁义,犹天道之有阴阳也,外仁义而岂复有道邪?而仁之包义,犹阳之统阴,故孔门以仁为宗,而以义为辅。(《童子问》卷之中)

他又论孔门学问宗旨曰:

千言万语虽至多端,莫不总括于仁义二字。自亲亲充之而至朋友乡党所识疏薄之人,慈爱之心周遍浃洽无所不底而无一毫残忍忮害之念者,谓之仁。自一取舍间充之而辨别分明,苟非其义则禄之以天下而不顾者,谓之义。他卓行伟绩虽有可取,然少于仁有阙焉,则皆不足为德。于义有欠,亦不足称之。智者知斯二者而不去是也,礼者节文斯二者是也,皆仁之推也。仁义之所以为孔孟学问之宗旨者以此也。(同上)

又曰:

圣人之道,莫大于仁,莫要于义。云云。仁义固道之

本体。(《语孟字义》卷之下)

此外亦可见"仁义者道之全体"等语。仁斋的主张极其明白，与徂徕以礼乐为道之说的立脚点大有不同。仁斋以仁义为道，但以仁为主，以义包于其中，如言"仁之包义，犹阳之统阴"，"孔门以仁为宗，而以义为辅"，皆是此意。他又曰：

> 仁者，人道之大本，众善之总要。人道之有仁义，犹天道之有阴阳也。(《童子问》卷之上)

又曰：

> 仁者德之长，学至于仁，则众德合凑。云云。盖仁者圣门学问之宗旨，而外仁无所谓学问者也。(同上)

如此，仁也可以包含义。因此，说道即是仁，也不是不可以。不过，仁斋以仁为"活"字，可谓形容生生化化之妙的缘由。即对他而言，道不是静止的，而是活动的。而且，其所谓道，并不奇异，又非幽玄，而是存在于每个人的平生行为之中。他说："道犹路也，人往来之所以也。"即所谓道，明显是人不能不常经由的东西。他又论"道离人不存"曰：

> 人外无道，道外无人，以人行之道，何难知难行之有？云云。若夫欲外人伦而求道者，犹捕风捉影，必不可得也。故知道者必求之于迩。其以道为高为远为不可企及者，皆非道之本，然自惑之所致也。(同上)

又曰：

> 常道即是至道，岂天地之间，外常道而别有所谓至道者耶？识常道即至道，是圣学。谓常道之外，别有所谓至道，是异端。何者？论天地之道，至亲至切，所归宿处，则不过于子臣弟友，日用常行之间。而若夫称至言妙道，渺茫恍惚，极高穷远者，都归于空言。何者？口可言，而身不能行，心可思，而不得施之于物，高而无本，文而无实，何至言妙道之有？（《同志会笔记》）

凡此类关于道的论说，皆与老佛对立。毕竟，儒教之道不出人类社交之外。不过，仁斋有时亦似论"道为离人而存者"，曰：

> 道者不待有人与无，人本来自有之物。满于天地，彻于人伦，无时不然，无处不在。岂容谓待人物各循其性之自然，而后有之耶？（《童子问》卷之上）

这不过是为了说明道比性更原始、更本质。仁斋绝不认可人类社交之外还有道的存在。他说："外人伦而无道，外仁义而无教。"（《童子问》卷之下）即此可知。他又曰：

> 大凡接耳目，施日用者，总无非是道。俗之外无道，道之外无俗，而虽一点俗气，亦不得著。此是上达之光景。（《童子问》卷之中）

即此可知，仁斋认为，"得道"存在于世俗中，丝毫不在世俗外。由此，其所谓道表现出与老佛的差异。不过，其所谓道却与柱下氏的"和光同尘"、瞿云氏的"烦恼即菩提"是同一归趣，难道不是奇观吗？

（二）德的意义

仁斋以仁义为道。他说："道者何？仁义是也。"但有时也说："道者何？仁也，义也，礼也，智也。"（《童子问》卷之上）以仁义礼智为道，即以道为"仁义礼智之总名"。他又解释德说："德者仁义礼智之总名。"如何区别道与德呢？他论曰：

> 道德二字，亦甚相近。道以流行言，德以所存言。道有所自导，德有所济物。（《语孟字义》卷之上）

由此看来，德是内容的资质，道是发动的作用。仁斋不喜言体用，却殆如言体用。道与德都是仁义。仁义施行于社交之上为道，人身本来所具为德。仁斋把道与德作为仁义礼智的总名，而如果总结，又不得不归于仁义二者。他论辩曰：

> 仁义二者，实道德之大端，万善之总脑。智礼二者，皆从此而出。（同上）

总之，我们可以知道：在仁斋看来，仁义即是道德，道德即是仁义。他还引用韩昌黎的话，"吾所谓道德云者，合仁与义言之也"，配合己说。仁斋论德曰：

> 圣人言德而不言心，后儒言心而不言德。盖德也者，天下之至美，万善之总括。（《语孟字义》卷之上）

如仁斋所言，宋儒多不言德。试观朱子《语类》，其说理气心性最详，而关于德的论述却比较少。而且，关于德的内涵，仁斋与朱子的见解亦似有不同。朱子解释德曰："德者得也，行道而有得于心也。"仁斋非之，论曰：

> 若以德为得之义，则德是待修为而后有，岂足尽本然之德哉！（同上）

在仁斋看来，如朱子解德，则德非人本来所具，是通过修为获得，而这不是事实，因为德是人生而本有之物。不过，朱子亦说："德是得于天者。"（《语类》卷六）毫无疑问，朱子是认可先天之德的。仁斋急于树立自己的学说，故其评价多少欠缺公平。

（三）仁义礼智

据仁斋之学，道即是仁义，德亦是仁义。自然，道德即是仁义，仁义即是道德。不过，仁义是总括而言，细言则为仁义礼智。仁斋论曰：

> 慈爱之德，远近内外，充实通彻，无所不至之谓仁。为其所当为，而不为其所不当为之谓义。尊卑上下，等威分明，不少逾越之谓礼。天下之理，晓然洞彻，无所疑惑之谓智。天下之善虽众，天下之理虽多，然仁义礼智为之

纲领，而万善莫不自总括于其中。故圣人以是四者为道德之本体，而教学者由此而修之也。（《语孟字义》卷之上）

仁斋沿袭孟子对仁义礼智之义的解释，即人之所以为人，是因为其均有恻隐、羞恶、辞让、是非之四端。此本为人性所有，无不具备。若扩充此四端，则可成仁义礼智之德。换言之，任何人都先天具有此四端，若发展此本有四端，结果就能成就仁义礼智。不过，如宋儒以仁义礼智为性，仁斋却断然反对。其论曰：

> 仁义礼智四者，皆道德之名，而非性之名。道德者，以遍达于天下而言，非一人之所有也。性者，以专有于己而言，非天下之所该也。此性与道德之辨也。（同上）

又曰：

> 仁义为道德之名彰彰矣。自汉唐诸儒至于宋濂溪先生，皆以仁义礼智为德，而未尝有异议。至于伊川，始以仁义礼智为性之名，而以性为理。自此而学者皆以仁义礼智为理为性，而徒理会其义，不复用力于仁义礼智之德。（同上）

如此，仁斋主张以仁义礼智为道德之名，而不为性之名，这是其最有特色的地方。宋儒以仁义礼智为性之名，以性为理，仁斋表示反对，而以仁义礼智为道德之名。这种差别在言语上表述得明明白白。不过，性与德在实质上是否有异，却不能不让人产生疑问。大概仁斋以性属个人，人人各有其性，德则与此相反，是所有人共通的，具有普遍性的价值。德本来不过是个人主观决定的东西，与公共认可的德尚不能保证一致，只有与公共认可的德达到一致，才可以毫不怀疑地说是真正的德。从此看来，德必定具有普遍性的价值。仁斋以道德"遍达于天下"，大概就是这样的主旨。但是，仁斋以性属个人，是不妥当的。若以性为气质（Charakter），则属个人。但是，宋儒所谓的性更应该是理性（Vernunft），它不是个人的，终究还是所有人共通的东西。仁斋峻别宋儒之说，不得不说还不十分透彻。而且，仁斋关于仁义礼智的论说，很容易让人误解。为什么呢？如果仁义礼智不是性之名，它们就不是根底于人本性的东西，那么，就不能是客观实在，即不能是脱离人而单独存在的宇宙之物。而他却说：

> 道者不待有人与无，人本来自有之物。满于天地，彻于人伦，无时不然，无处不在。岂容谓待人物各循其性之自然，而后有之耶？（《童子问》卷之上）

若如此，道德便是可以脱离人而单独存在的东西，而四端却是人生本来具有之物，这就会产生奇怪的结论。为什么？四端与仁义礼智是不同的东西，四端是人之本性，仁义礼智则不然，是客观实在。因为能这样解释，并河天民就批评仁斋，说他把仁义和四端一分为二，违背了孟子的旨意。（参看《复诚先生书》）仁斋如果真是把四端和仁义分为二物，那么天民的批评就可谓言之凿凿。岛田篁村曰：

第一章　伊藤仁斋

确实如此，至仁斋言以道德之名而不为性之名，则完全背离了《语》《孟》所说。云云。以仁义礼智属性分，非独宋儒之创见，可谓子思、孟子所传，古来之定说。仁斋误解孟子四端之说，牵强附会，主张自己的学说，是一大谬见。天民等所辩驳，可谓非常恰当。(《哲学杂志》第八十八号)

仁斋区分四端与仁义礼智，以仁义礼智非性，确实如天民、篁村等人所言，是"谬见"。不过，仁斋绝不认为仁义礼智是从人性发展而来。他在《童子问》(卷之中)中，论本然之德曰：

> 仁义礼智是已。此天下之所同然，而根乎人心，存乎风俗，万世不得磨灭。此之谓本然之德。

仁义礼智既然是"根乎人心"，那么就算不言其为性，难道就不是性了吗？又《孟子古义》(卷之二)曰：

> 四端者吾心之固有，而仁义礼智天下之大德也。四端之心虽微，然扩而充之，则能成仁义礼智之德。云云。

即此可知，仁义礼智是由四端扩充而形成的。这样看来，仁斋不一定是误解了孟子。他把四端扩充而形成的仁义礼智看作天下公共的德，是具有普遍性价值的东西。因此，他才没有将其看作一己私有之物。不过，他本来就打算与宋儒性即理之说异辙(参看中江岷山《理气辨论》)，因而不以仁义礼智为性，于是在解释孟子"仁义礼智，非由外铄我也，我固有之也"的时候，就不得不牵强附会，遂让人不知所云。其论曰：

> 孟子之意，以为人必有恻隐羞恶辞让是非之心。是四者，人之性而善者也。而仁义礼智，天下之德，而善之至极者也。苟以性之善而行天下之德焉，则其易也。犹以地种树，以薪燃火，自无所窒碍。故扩充恻隐羞恶辞让是非之心，则能成仁义礼智之德。而虽四海之广，自有易保焉者矣。盖人之性不善，则欲成仁义礼智之德，而不得。唯其善，故得能成仁义礼智之德。故谓仁义即吾性，可也；谓吾性即仁义，亦可也；但以仁义为性中之名，则不可也。所谓固有者意，盖如此。其理甚微。所谓毫厘千里之差，实在于此。学者不可不反复体察焉。（《语孟字义》卷之上）

今读此文，仁斋以四端为性，以仁义礼智为德，区别二者的意思非常明白。但是，二者到底如何区别，则终不能让人明白。他最后论述仁义为性与否，模糊暧昧，令人不知所云。无疑，这完全是由于仁斋思想混乱所导致的。孟子的见解本来单纯明白，无可置疑，即人之为人，皆有此四端，若能扩充此四端，结果必然可成就仁义礼智，为此，仁义礼智是根于人心之物。此是邹叟之意，如此，看不到任何微妙而不可思议的地方。但是，仁斋强论仁义不为性，以与宋儒之说峻别，于是自己如坠入五里雾中，以至胡言"其理甚微也"。并非"其理甚微"，只是他自己朦朦胧胧，不知自己是在盲人摸象。

关于四端与仁义礼智的关系，仁斋的思想虽然混乱，但他以仁义礼智为道德，在当时真可谓是破天荒的主张，无疑会使人产生醍醐灌顶之感。关于仁义礼智，他以仁义为主，礼智二者自此而出，并再进一步，以"仁"之一字包容一切。其言曰：

> 仁者人道之大本，众善之总要。（《童子问》卷之上）

又曰：

> 盖仁者圣门学问之宗旨，而外仁无所谓学问者也。（同上）

又曰：

> 王道虽固不出仁义两者，然约而论之，则一仁字尽之矣。（《童子问》卷之中）

毕竟，在仁斋看来，一个"仁"字便能代表邹鲁的道德主义。关于仁的含义，仁斋解释为爱之义。① 其言曰：

> 仁之为德大矣。然一言以蔽之，曰爱而已矣。在君臣谓之义，父子谓之亲，夫妇谓之别，兄弟谓之叙，朋友谓之信，皆自爱而出。盖爱出于实心，故此五者自爱而出则为实，不自爱而出则伪而已。故君子莫大于慈爱之德，莫惨于残忍刻薄之心。孔门以仁为德之长，盖为此也。此仁之所以为圣门第一字也。（《童子问》卷之上）

---

① 补正一：仁斋论爱之旨意，与《哥林多前书》第十三章相似。

又曰：

> 慈爱之心，浑沦通彻，从内及外，无所不至，无所不达，而无一毫残忍刻薄之心，正谓之仁。存于此而不行于彼，非仁也；施于一人而不及于十人，非仁也。存乎瞬息，通乎梦寐，心不离爱，爱全于心打成一片，正是仁。故德莫大于爱人，莫不善于忮物。孔门以仁为学问宗旨，盖为此也。（《童子问》卷之上）

此外，仁斋还说，"仁以爱为主，德自爱人而成大"（《童子问》卷之上），"惟以爱可成仁"（《日札》），反复论述仁为爱之义，不遗余力。韩昌黎很早便以博爱为仁，但毕竟尚未喝破邹鲁的道德主义无非是仁，而仁斋以仁为"圣学之全体，万善之总括"，痛斥宋儒以仁为性，以人道式的博爱（Allgemeiuemenschenliebe）为道德主义。因此，仁斋的归旨并没有与今日的道德观念相背驰。

（四）道德格言

仁斋关于道德的论述，值得介绍的不过是上述内容而已。但是，作为他慎重考察而总结出的结果——格言，有很多适合我们去实践。今选录如下：

一　多言取憎，多动取谤，多学害德，多说乱理。

二　责己而不责人，无怨。此学问究竟之法。

三　读书当若淘沙拾金，取欲其广，择欲其精。

四　学问当以胜心为大戒。吾观有胜心者，其言虽多义理妆点，然皆自胜心而来，其害潜滋暗长于中，益不可解。学问愈进，邪心愈长。议论愈工，私心愈深。故学问当以胜心为大戒。

五　至言若泛然，邪说易动人。若泛然，故不可得知也；易动人，故不觉自陷其窠臼也。

六　若夫欲外人伦而求道者，犹捕风捉影，必不可得也。故知道者必求之于迹。其以道为高为远为不可企及者，皆非道之本，然自惑之所致也。

七　居高者视卑，故其言不得不卑；居卑者视高，故其言不得不高，自然之符也。是故道德盛则议论卑，道德衰则议论高，犹权衡之量物，随其轻重，互相低昂。道德一分衰，则议论一分高；道德二分衰，则议论二分高；道德愈衰，则议论愈高。及乎议论愈高也，道德蔑如矣。

八　苟向风吹火，添薪助之，则一片火寸可以毁宫，一点野火可以燎原。其势赫赫烈烈，迁延回转，不可扑灭，是岂一把薪之力乎哉？人若立志不回，力学不倦，则可以为圣，可以为贤，而可以尽人物之性，而赞天地之化育。教之可贵也如此。

九　儒者或以锱铢轩冕尘芥富贵为高，世间亦以超然遐举蔑视人事为至，皆不知道之甚也。

十　卑则自实，高则必虚，故学问无厌卑近。忽卑近者，非识道者也。道其如大地乎！天下莫卑于地，然人之所蹈莫非地，无离地而能立，况载华岳而不重，振河海而不泄，万物载焉，则岂容以其居卑而贱之乎？惟天亦然，人惟知苍苍之天，而不知目前皆是天，天包地外，地在天内，地以上皆天也，左右前后亦皆天也，人囿于两间而居，岂可谓远乎哉？知凡事皆当求诸迩，而不可求于远，求于远则不中矣。学者必自耻其道之卑近，敢为高论奇行以高世，或至穷异以为神，援天以为高，诸子百家异端之徒特甚，皆不知实德故也。苟不羞道卑近二字，则道可进，学可明，而不至于违道之远也。

十一　圣人之道在于君臣父子夫妇昆弟朋友之间，而德不出于仁义忠信之外，通于古今而无所变，准乎四海而无所违，根于人心，彻于风俗，天子不能废焉，圣人不能改焉。

十二　苟以德行为本，则智至道明，而事之是非得失了了分明，不待思索，自能中其肯綮。若不如此，而欲专以理断之，则其说愈长，而去实愈远矣。

十三　仁者少无嫉俗之心，故知今之于古不远；不仁者愤世之心胜，故知今之不可复古，设心不同，而趣向顿异也。后世之不能无君子，犹古之不能无小人，岂独以三代之后不能尽人欲耶？

十四　俭与啬其迹相似，而其心实相反。俭善之基，啬欲之丛。俭而好施者，真俭也。俭而不知施，亦啬焉耳。古人务俭者，为其施也。俭而不知施，不可谓俭。世之鄙夫，托俭而诋夫奢者，可附一噱。俭而好施者，为诚大德之人。俭而不知施者，真守钱虏耳。

十五　其道愈大，讥之者愈众。其德愈盛，寇之者愈深。忧心悄悄，愠于群小，孔子亦犹然，况其他耶？

十六　学者当俟悟门自开，而勿自我开发之。真积力久，怡然理顺，涣然冰释，谓之悟门自开，永为己之有而终身不失。盖实德之所到，而非专事智见者之所得而及，正谓之实智。

十七　凡事专依理断决，则残忍刻薄之心胜，而宽裕仁厚之心寡。上德菲薄，而下必伤损，人亦不心服，须有长者气象方可。隐恶而扬善，成人之美而不成人之恶，躬自厚而薄责人，是皆长者气象，惟仁者能之，非区区小儒之所能及也。

十八　有大勇，有大义，韬晦含藏，而非不漏形迹者，不足与入君子之域。是为学问之准的。

十九　高明易得，博学不可恃，惟得中庸为难。

二十　愚者之惑浅，犹迷之不远。贤者之迷深，犹迷于千里之外。吾不为愚者忧，而深为贤者惧。

廿一　人皆知聪明之可贵，而实则万万不知好学之功倍聪明。患聪明不如人，不如自好学笃志也。

廿二　凡人之不信我，不服我，皆吾诚未孚也，惟当自修省耳。苟人以至当之说告之，而吾以我说拒之，则是自绝善道也，是自戕害吾身也。

廿三　积疑之下有大悟，大悟之下无奇特。

廿四　仁者见人之善，不见人之恶，不仁者反之。盖仁者非不见人之恶，其心宽容慈悯，惓惓引接，有不弃之意。其深恶而遽绝之者，亦不仁也。

廿五　读书穷理，可以致知，未足以制行。修礼行义，可以制行，未足以成德。足以成德者，其惟仁也欤？

廿六　惟以仁可成德，惟以义可制行，惟以俭可保身，惟以敬可执事。

廿七　蕴于内谓之德，形于外谓之行。蕴乎内者，不能不发于外。形乎外者，以中存也。以行专为外者，非也。

廿八　好学不生杂虑，好德不如外邪，古人惟知好学好德耳。

廿九　夫无天爵而至人爵，不义，不可受之也。有天爵而人爵从之，义也，当受之也。有天爵而不至人爵，命也，惟安之耳。

三十　圣人之道，优优洋洋，不得促迫，不得牵强。

三十一　文学易过，德行难及，古今学者之通病。今又不勤勉难及之德行，反欲增益易过之文学，岂异于以火添火、以泥利泥？《诗》曰："毋教猱升木，如涂涂附。"

三十二　大凡无补于天下国家之治，无裨于人伦日用之道者，皆谓之邪说暴行。若佛老之学、后世禅儒高远隐微之说，是已耳。

四　学问论

仁斋眼里只有道德，即以道德立身，主张道德于天下，以道德贯穿一生。因此，在他看来，学问只是道德，此外无他。他的学问就是钻研道德，领悟道德，实行道德。邹鲁之学以道德为本，为大头脑。仁斋欲忠实地绍述邹鲁之学，学问又怎会超脱于此？他论曰：

> 学问以道德为本，以见闻为用。（《语孟字义》卷之上）

不过，仁斋认为，道德只是仁义礼智而已，约而言之，毕竟只是仁，只是爱。他论曰：

> 学问当识圣人立教之本旨如何，于是一差，必入于异端，可怕。佛氏专贵性，而不知道德之为最尊矣。圣人专尊道德，而存心养性，皆以道德为之主。夫有充满天地，贯彻古今，自不磨灭之至理，此为仁义礼智之道，又此为仁义礼智之德。所谓道德之为最尊者是已。

又曰：

> 仁义礼智四字，是学问之全体。知仁勇三字，是进道之大关键。文行忠信四字，是孔门教人之定法。（《日札》）

如此，仁斋以仁义礼智之道德为学问的对象，略言之，则单单是仁义。曰：

> 学问莫贵于仁义，而存仁义莫要于礼。（《童子问》卷之中）

他又进一步省略，单言仁曰：

> 仁者，圣门学问之宗旨，而外仁无所谓学问者也。（《童子问》卷之上）

又曰：

> 孔门之学，仁而已矣，仁爱而已矣。盖仁者以爱为心，造次于是，颠沛于是，自内及外，自迩至遐，应事接

物，起居动息，无往而非是心。故孟子曰"仁者以其所爱及其所不爱"焉，是也。但须以义为辅。苟有仁而无义，则爱非其所爱，而反不免有所不爱矣。故真仁必有义，真义必有仁，两者自相为用，不可相无。（《同志会笔记》）

由此可知，仁斋虽以仁为学问对象，但言仁时，亦包含义。再推而论之，亦可谓包含礼智。他论曰：

圣人学问第一字是仁，以义为配，以智为辅，以礼为地。而进修之方，专在忠信。（《日札》）

仁义礼智是学问的对象，实行的手段则是忠信。忠信只有存于其中，成为运用之基，仁义礼智才不会流于表面。为此，其曰：

圣门之学，以仁义为宗，而以忠信为主。（《语孟字义》卷之下）

又论曰：

忠信，学之根本，成始成终，皆在于此。何者？学问以诚为本，不诚无物。苟无忠信，则礼文虽中，仪刑虽可观，皆伪貌饰情，适足以滋奸添邪。（同上）

仁斋认为，学问包含本体和修为，仁义礼智是本体，忠信敬恕是修为。本体是实行的对象，修为是实行对象的方法。仁斋想区别诚与忠信之间的细微差别，但通过上述引文可知，他是把二者同等看待的。所谓诚，所谓忠，都是指真实无妄之心，人一旦缺失它，就会变成伪善。为此，他极其重视诚，乃论之曰：

> 诚，实也，无一毫虚假，无一毫伪饰。（《语孟字义》卷之下）

又曰：

> 诚者，道之全体。故圣人之学，必以诚为宗。而其千言万语，皆莫非所以使人尽夫诚也。所谓仁义礼智，所谓孝弟忠信，皆以诚为之本。而不诚，则仁非仁，义非义，礼非礼，智非智，孝弟忠信亦不得为孝弟忠信。故曰："不诚无物。"是故诚之一字，实圣学之头脑，学者之标的，至矣大哉！（同上）

又曰：

> 圣人之道，诚而已矣。（同上）

如此，道德即是诚，诚比仁义礼智重要。因此，与其说诚是实行的方法，倒不如说它是实行的精神。总之，在仁斋这里，学问是道德的学问，而与道德无关的学问，并没有钻研的价值。比如，政治当以道德为主，而经济则对道德有害。他论曰：

> 自古论治道者，或以为可以智巧材力致之，或以为可以良法善政致之，皆浅近之言，不足深论。夫政者，以德

为本，以识为辅，要非可以材力智巧致之也。苟非有德之士，深于经术者，则不能识焉。(《同志会笔记》)

这与柏拉图、亚里士多德等希腊哲学家相同，即期望道德与政治一致。毋庸赘言，不管任何阶层，道德都是不可或缺的。但是，只凭道德就想轻易地把政治治理好，却是极其荒谬的。今天，于此更加没有辩论的必要。事实上，古学派中从未出现过一名有力的政治家。从这点来看，谁都明白仁斋所言并非事实。他又论曰：

学者才有志于经济，则流为制度文为之学。才有志于事功，则流为权谋揣摩之术。而于道德之本原，反以迂阔名之。盖为见小利欲速故也。(同上)

至此，仁斋更加过分重视道德。所谓经济，所谓事功，都是社会发展必需的东西。过分重视道德，结果就会蔑视这些内容，因此不能说是中正之论。

仁斋并未否定作诗和作文，特别是他认为不能不作文。他论曰：

诗吟咏性情，作之固好，不作之亦无害。云云。诗虽艺中之雅玩，然其嗜焉则必有害。(《童子问》卷之下)

此论恰当。他又曰：

诗以言志，文以明道，其用不同。诗作之固可，不作亦无害。若文，必不可不作。非言无以述志，非文无以传道。

学而无文,犹有口而不能言。然文之入律亦难。(《童子问》卷之下)

如此,仁斋承认文是必需的,是很好的。诗是有天赋的人才能作的,文则不然,纵然没有美文之才,但作出达意文章,对每个人而言都是很有必要的,更何况是学者!

仁斋有关学问的见解,尤其值得我们注意的是"以活法治活物"。其言曰:

夫心者活物也,学者活法也。以活法治活物,宜如养草木,务灌溉培植,而不可摧折屈挠,以斫丧遏绝其生气。(同上)

又述其意曰:

学问须要看活道理,不要守着死道理。枯草陈根金石陶瓦之器谓之死物,以其一定无增减也。人则不然,不进则退,不退必进,无一息之停,不能若死物然。故君子不贵无过,而以能改为贵焉。(同上)

仁斋要打破死学问,鼓吹活学问,其活力炎炎,不但在根本上使人焕然一新,而且有鞭策人道之力。尤其是最后,"君子不贵无过,而以能改为贵焉",值得人们认真体会。想要没有一点过失,与其积极发展自己,不若退而求全,这是把自己视为死物。与此不同,活学问主张积极地活动,渴望永恒的发展,与今日所谓的自我实现说没有区别。其并不是要人完美无缺，即使有过失也没关系，只要能改正就行。换言之，相比汲汲于除去自己的弱点，倒不如发展自己的长处。此见解与宋儒的复性说正相对峙，极为痛快。他又论曰：

> 若宋庆元诸老之学，铢铢而量，寸寸而校，把捉矜持，欲一毫无容人之指摘。故其德紧急严厉，而不见宽裕温柔气象。此之谓见死道理而不见活道理。云云。君子终日乾乾，夕惕若，战战兢兢，如临深渊，如履薄冰，然其心则绰绰然有余裕矣。故圣人之言如泛然而意实到，见活道理故也。（《童子问》卷之下）

仁斋从主张活学问的立场出发，论说识见的可贵。对于世人随手滥读却无旨归，他警示尤切。言曰：

> 识见为要。读书无识见，犹不读书也。苟要得识见，当寻其所归宿。勿徒涉猎，须如在外者之求归家，不可如迷子之行道路。在外者之归家也，不由迂途，不省外事，一步急一步，一行速一行。携凡囊橐资粮途中不可少之具，而一个不贵无用之长物。读书者亦须如作归计。先辨其有用无用，取其关学术政体修己治人之切要者，而其泛然不切无益实用者，阙之可矣。古人之书，或有议论可闻而不可施之实用者，或有宜于古而不宜于今者，或有宜于彼而不宜于此者，要一一体察，不可放过。如此用工夫，则读一卷书，斯一卷便为己之用，读十卷书，斯十卷便为己之用，乃至数百千卷，皆然。迷子之在途也，不识东西，不分南北，从面信脚，行行不已，茫然而立，偃然而

憩，卒不知其家之在何处。今之读书者不辨有用无用，欲贪多斗靡，至僻书奇编，秘记奥牒，索搜无遗。虽有数行俱下，积以数寸之捷，顾其所成，卒为无识见之人。云云。今之读书者，奚以异迷子之行道路也？噫！（《童子问》卷之下）

此等议论可谓正中今日学者通病。仁斋又抨击党同伐异之弊，叙述"他山之石，可以攻玉"之要旨。其言曰：

悦与己议论同，而不乐与己意见异者，学者之通患也。学问贵乎切磋琢磨，莫若从与己意见异者，舍己平心，切劇讲磨。所谓乐取于人是也。（《童子问》卷之中）

即此可知仁斋的恢宏气度。他又说，学者尊重师门之教可以，但万事以师门为准则不可。古往今来，往往有此弊端。朝鲜学者李退溪在著书中把杨子直视为朱子叛徒，仁斋批评此为浅陋之见，论述说："往者不追，来者不拒，古之道也。"关于学问之法，仁斋还认为，追溯血脉和探寻意义是两码事，论述颇为有力。其言曰：

学问之法，予岐而为二：曰血脉，曰意味。血脉者，谓圣贤道统之旨，若孟子所谓仁义之说是也。意味者，即圣贤书中意味是也。盖意味本自血脉中来，故学者当先理会血脉。若不理会血脉，则犹船之无舵，宵之无烛，茫乎不知其所底止。然论先后，则血脉为先；论难易，则意味为难。何者，血脉犹一条路，既得其路程，则千万里之远，亦可从此而至矣。若意味，则广大周遍，平易从容，自非具眼者，不得识焉。予尝谓读《语》《孟》二书，其法自不同。读《孟子》者，当先知血脉，而意味自在其中矣。读《论语》者，当先知其意味，而血脉自在其中矣。（《语孟字义》卷之下）

所谓"血脉"，指学问系统；"意味"即如字意，指个人的学问。一个是纵的考察，一个是横的考察。要探究学问的真正意义，本来就应该从纵横两个方面来考察。

五　教育论

仁斋不仅热心学问，还致力于教育。自然，他会展现出作为教育家的态度，在教育方面也有一些卓越的见解值得我们认真对待。尤其值得注意的，是他关于人才教育和师徒之道的言论。关于人才教育，他论曰：

夫圣人之设教也，因人以立教，而不立教以驱人。无所造作，无所添饰，出于人心之所同然，而非有所强也。若夫孝弟忠信之人，天下皆以为善，皆以为美，而无敢讥者，此即是学，外此更无所谓学问者也。（《童子问》卷之上）

由此看来，对于把所有学生放入同一模型中进行统一熔铸陶冶的标准主义，仁斋是不赞同的。他希望本着"对症下药"的精神，对每个个体实施特别教育。也就是说，他完全是以坚持人才教育为主。由"无所造作,无所添饰"可知,他与卢梭类似,重视天然或自然的教育。东涯著《古学行状》亦言:"其教导生徒,未尝设科条,严监督。"这也可以作为一条证据。仁斋又论为师之道曰:

> 师之责甚重矣。为师之道,在务长育人材。一师而君亲之道备,可不谨哉!(《童子问》卷之中)

这也是在论述人才教育的重要性。仁斋又论述师徒关系曰:

> 古者崇道,故尊师。后世不知崇道,故师轻。师者道之所在,崇师即所以崇道也。故师有君臣之义,有父子之亲。师而喜弟子之胜己者,真师也;忌胜己者,恶师也。弟子亦视之犹父,而己之学虽超于其师,终身敬之而不衰为道。若及少有青蓝之誉,则有入室操戈之意者,真小人哉!(同上)

在师徒之道大衰的今天,仁斋的言论似乎皆有良药之效。他还曾创立一个叫"同志会"的学会,亲切地与诸生共同研讨学问。《文集》(卷之六)收录有《同志会籍申约》,其中有言:

> 盖讲学之要,莫若丽泽之益。丽泽之益,莫若屡相亲近焉。且人有三不幸,而贫贱患难不与焉。生而不知学,一不幸也。学而不遇贤师友,二不幸也。遇贤师友,而不得其要领,三不幸也。然则人而不可广求交道乎?

即此可知,他之所以创立同志会,是为了亲切地诱掖诸生，使他们完全知晓自己的学问。关于应该选什么样的人当老师，他论曰：

> 治病须求良医，不可委于庸医。一误其治，则虽有百良医，而不能善其后。欲学道者，须择天下第一等人而师之，勿师半上落下之人。学问之成否得失，非俗师村学之所能识也。（《童子问》卷之中）

这固然难以实行，但关于道德，确实像仁斋说的那样，如果不谨慎选择老师，错误的学说就很容易让人先入为主，不善的品性自然也会影响到自身。毋庸赘言，在教育方面，"择师"是应该最先注意的。

六　异端论

仁斋卓然而立，恰如鹤立鸡群，欲阐明洙泗之学，发挥道义的真相。因此，他指摘佛老等的谬见，排斥此等异端之教，无所不至。其辩论要点可概括为五项，如下：

（一）仁斋认为，圣人得中庸，而异端失之，或过或不及，如老佛过之，申韩不及之。他把这三种层次命名为"三大坎"，言曰：

> 自古著书立教者，纷纷藉藉，不堪其众，然不过三大坎。其不高不卑平常不易，此为一大坎，乃中庸之极，而圣人之宗旨也。高此一等，则为虚无老佛之学是已。卑此一等，则为功利申韩商鞅之徒是已。老佛以下，虽代异地

殊，交出迭起，而不过此二端。假令百世之后有异端者出，不因旧套，创倡新说，亦不能出于此二端。其他区区半上落下之徒，亦不足论。若赵孟静、林兆恩，乃近时小异端，然不过假二教而为名，故其学不至大噪，亦可笑也。（《童子问》卷之下）

（二）仁斋认为，圣人之道只是人伦，人伦之外无复有道。老佛崇尚虚无，不顾人伦，故与圣人之道相乖戾。其言曰：

夫圣人之道，以彝伦为本，而以恩义为结。千言万语，皆莫不以此为教。今夫佛老之为教也，以清净为本，无欲为道。暨乎功夫既熟，则其心若明镜之空，若止水之湛，一疵不存，心地洁净。于此恩义先绝，而彝伦尽灭，视君臣父子兄弟朋友之交，犹辨髦缀疣然。与圣人之道相反，犹水火之不可相入。（《语孟字义》卷之上）

又曰：

佛老尚空虚，圣人尚实理。故佛老之书以镜为譬，不可胜举，而浩浩六籍《语》《孟》，一无及于镜者，为其有生死之差也。夫道也者，君臣父子夫妇昆弟朋友之交，而所以能维持此五者，亦在于恩义两者。云云。若佛老之教，专以清净无欲为务，修行既熟，功夫既成，则本心莹然，如明镜之空，如止水之湛，一尘不染，一疵不存，可谓难矣。然恩义之心斫丧斩绝扫地而尽，舍父母绝妻子，如缀疣如土埂，恬然无所用其爱，况君臣乎？况兄弟乎？

到此则与圣人之道实天渊矣。云云。（《童子问》卷之下）

凭借明镜止水般的清净无欲之心，是不能在人类社会中生活的，而禅僧之徒动辄轻视人类社会关系，有超然自高的倾向。这是仁斋要与其峻别的原因。

（三）仁斋认为，圣人之道是活动的，老佛等异端之道是静止的，并论述说二者绝不能混同。其言曰：

> 盖圣人以天地为活物，故《易》曰："复，其见天地之心乎？"老氏以虚无为道，视天地若死物然。故圣人曰天道，老子曰天理，言各有攸当。此吾道之所以与老佛自异，不可混而一之也。（《语孟字义》卷之上）

又论曰：

> 以理为主，则必归于禅庄。盖道以所行言，活字也；理以所存言，死字也。圣人见道也实，故其说理也活。老氏见道也虚，故其说理也死。（同上）

而且，儒、佛的区别不仅体现在方法论层面，至其"理"之本体，亦有区别。他辨曰：

> 夫有斯本，则必有斯末。有斯末，则必不可无其本。非徒于其用处相反，其体之相异，犹水火黑白之相反，生死人鬼之相隔，邈乎不可相入。云云。（《语孟字义》卷之上）

仁斋把天地、道、性以及心都看作活物，认为它们都是在毫无间断地运动发展。自然，其就不得不与老庄的寂静主义（Quietism）相背驰。

（四）仁斋认为，圣人立道的基础是社交，老佛则反之，陷于独善主义，因此沦为异端。其论曰：

> 圣人从天下上见道，佛者从一身上见道。就一身上求道，故不顾天下之从否，专要清净无欲以成就一己之安，卒至于弃人伦，废礼乐，此所以为异端也。圣人从天下上见道，故就天下之所同然而见道，不欲离乎天下而独善其身，故其学为经世，其道为达道，其教为仁义忠信。（《童子问》卷之中）

又进一层叙述其意曰：

> 圣人欲与天下共同斯善，而不欲离乎天下而独善其身。故曰："吾非斯人之徒与而谁与？"释氏则不然。其言曰："天上天下，唯我独尊。"此其所以先与圣人异也。盖释氏欲离乎天下而独善其身，故其始初用功夫处，不在通于天下达于万世，不可须臾离上。专就其一身生意见，为生死念重，爱根难绝，心猿意马，不受羁束。乍出乍入，或真或妄，变现起灭，无可奈何，乃屏居山林，谢绝世故，坐禅面壁，硬以澄清斯心为事。及乎其修行既久，功夫既成，忽见天地万物悉皆幻妄，山川城郭总现空相，独此心孤明历历，万劫无尽，自谓超脱三界。遂废人事而不修，蔑天下而不顾，抗颜扬眉，肆然谈道。殊不知其孤明

历历，万劫无尽者，乃虚见而非实理。彼微尘天地，天地何曾微尘？梦幻人世，人世何曾梦幻？天是天，地是地，古是古，今是今，昼是昼，夜是夜，生是生，死是死，梦是梦，幻是幻，有者自有，无者自无，明明白白，无所复容疑。万古之前如此，万古之后亦如此。圣人有还其有，无还其无，亦不容一毫智慧于其间，本无可愕，亦无可赞。以予见之，二氏（即老佛）之教，皆出其意想造作，而非自然之正道。夫人之所当修焉者，人伦而已矣；人之所当务焉者，人事而已矣。天下非仁不亲，非义不行，故外人伦而无道，外仁义而无教。万世之远，四海之广，不得一日离。故居仁由义，则虽不坐禅不面壁，然身自修，家自齐，国自治，天下自平，无往而不可矣。苟不居仁由义，则设其心如明镜，如止水，无一毫人欲之私，无益。此圣人之道所以度越诸子百家，而宇宙之间为独尊也。（《童子问》卷之下）

仁斋所论，堂堂正正，殆有直击老佛壁垒之气概。如其所言，老佛寻求一己之全，有山中独善之趣，这到底是无法回避的事实。老子在其"三宝"中谋求慈，佛氏有救助一切众生的慈悲之心，难道不能与仁一视同仁吗？这是仁斋不能不辨析的地方。

（五）仁斋认为，老佛与儒教不同的地方是其不知义。其论佛氏曰：

其主慈悲济度似乎仁，然不知义则一也。殊不知义者

天下之大路，不可一日离也。老氏亦然。(《童子问》卷之下)

他又论后世儒者（即宋儒）曰：

> 佛老之所以与吾儒异者，专在于义。而后儒之所以与圣人相差者，专在于仁。其故何哉？佛氏以慈悲为法，平等为道，故以义为小道，而慢弃之。殊不知义者天下之大路，苟舍义，则犹弃正路而由荆棘，其不可行也必矣。若后儒者，其德量浅狭，差别甚过，而无包容含弘之气象，故视仁泛然若无紧要者，而不知其自陷于刻薄之流。是所以与圣人相差也。(《语孟字义》卷之上)

仁斋批评老佛之教陷于平等观，轻视差别的一面，这是恰当的。在今日，这种批评也适用于基督教。今日学者对基督教的态度，与仁斋对老佛的态度类似。

如上所述，仁斋虽痛斥老佛，但时而亦超出"差别"，执此共通点，展示圆融无碍的境界。如《送浮屠道香师序》云：

> 夫自学者见之，固有儒有佛；自天地见之，本无儒无佛，唯其一道而已。所谓道云者，即天地之公道，而非一人之所得而私焉，虽圣人莫能损益之也。

这是后世学者经常议论的地方。从这里，我们反而可以发现仁斋见解的公平豁达。他又认为，道统谱系并非圣人之意，论曰：

> 若禅家的传，是私天下之道，而为一家之物者也。夫道之在人，犹日月之系天，有目者皆能睹，岂得为己之物，而私相付授乎？（《童子问》卷之下）

此段评论也非常好。有儒者认为自己要独传圣人之道，并如此行动、主张，似是要垄断圣人之道。其见解之丑陋，当从根本上予以断绝。

七　宋学论

仁斋主张古学，其立足点是依靠宋学不能体得洙泗的真相。为何依靠宋学不能体得洙泗的真相呢？这是因为宋儒参考老佛之说，虽标榜己学为儒教，但实际上却是孔、老、佛三教融合调和的产物。关于仁斋与宋儒之学的不同点，重点如下：

（一）宋儒认为，变化气质之性可恢复本然之性，主张复性复初之说。仁斋不赞同复性复初之说，只是冀望人发展自身具有的善良元素。他论曰：

> 先儒用复性复初等语，亦皆出于庄子。盖老子之意，以谓万物皆生于无，故人之性也，其初真而静，形既生矣，而欲动情胜，众恶交攻，故其道专主灭欲以复性。此复性复初等语，所由而起也。儒者之学则不然。人之有四端也，犹其有四体，苟有养之，则犹火燃泉达，不能自已，足以成仁义礼智之德，而保四海。故曰："苟得其养，无物不长。苟失其养，无物不消。"初无灭欲以复性之说。老庄之学与儒者之学，固有生死水火之别，其源实判

于此。(《语孟字义》卷之上)

这段话论证说,宋儒主张的复性复初之说渊源于老庄。可以说,这种静止的态度与仁斋主张的活动的态度正相对峙。

(二)宋儒认为,性有两种,即本然之性、气质之性。仁斋认为,只有气质之性,从来没有本然之性。他论曰:

> 后儒以孔子之言为论气质之性,孟子之言为论本然之性。信如其言,则是孔子不知有本然之性,孟子不知有气质之性者乎?非惟使一性而有二名,且使孔孟同一血脉之学,殆若泾渭之相合,薰莸之相混,一清一浊,不可适从。其言支离决裂,殆不相入若此。夫天下之性,参差不齐,刚柔相错,所谓"性相近"是也。而孟子以为人之气禀,虽刚柔不同,然其趋于善则一也,犹水虽有清浊甘苦之殊,然其就下则一也。盖就相近之中,而举其善而示之也,非离乎气质而言。故曰:"人性之善也,犹水之就下也。"盖孟子之学,本无未发已发之说。云云。(同上)

仁斋还认为,宋儒所言性善最终只会落于无善无不善之说。他论曰:

> 夫有迹之可见,而后谓之善。若未有迹之可见焉,则将指何者为善?既不有恶之可见,则又无善之可见。故虽曰浑然至善,然实空名而已矣。(同上)

即此可知,仁斋不认可绝对的善。

（三）宋儒言太极、天、性、人，均以理来解释。仁斋则站在运动的视角审视一切，对静止的理大加痛斥。他论太极曰：

> 所谓太极云者，亦便指此一元气而言，则不可谓之无物也。（《童子问》卷之下）

又论天曰：

> 宋儒谓天，专言则谓之理。又曰："天即理也。"其说落乎虚无，而非圣人所以论天道之本旨。盖以有心见天，则流于灾异。若汉儒灾异之学，是也。以无心见天，则陷于虚无。若宋儒"天即理也"之说，是也。（《语孟字义》卷之上）

仁斋还批判宋儒的性即理说（同上），反对以仁为理说（同上）。关于宋儒以仁义为性，仁斋深信其为道之害，因为性在宋学中是静止的东西。

（四）仁斋评论说，宋儒用语多出老佛，与圣人本旨相乖戾。比如，"虚灵不昧"出自禅书，"明镜止水"出自《庄子》，"体用一源""显微无间"出自清凉国师的《华严疏》，"冲漠无朕"出自《庄子》，"万象森罗"出自佛书。再如"天理"二字，又出自老子。他论曰：

> 按天理二字，屡见于《庄子》，而于吾圣人之书无之。《乐记》虽有天理人欲之言，然本出于老子，而非圣人之言。象山陆氏辨之明矣。（同上）

仁斋要完全清除这些老佛用语，一扫依附于此的异端思想，从而直接回溯孔孟的真面目。当然，还有别的不同点，不过，通过前述宇宙论道德论等内容，我们已经可以详细获知，故这里不再赘言。宋儒中，仁斋最赞赏程子。其言曰：

> 予以谓，孟子之后，识道者莫程子若，然犹有悦高远之意，故于孔孟之旨所龃龉者间多。（《童子问》卷之下）

关于朱、陆异同，仁斋辩论如下，曰：

> 鹅湖异同之辨，朱陆之门徒，互相诋讥，于今数百年未了之论。云云。自宋元至明，竟无一定之说。若去二先生之说，直求之于经，则圣人之旨，明白分晓，无复可疑焉。《中庸》曰："苟不至德，至道不凝焉。故君子尊德性而道问学。"言虽知道问学，然不知尊德性，则问学不得其为问学，而于道之实，不得真知之。故君子先以尊德性为本，而以道问学为功。此圣门真正之学问，而非世俗徒知道问学，而不知本德性之比。此指所以先戾乎晦翁之意，而于象山则不能免乎得其一而遗其二之病矣。（《日札》）

此外，《文集》（卷之三）还有一篇《鹅湖异同辨》，关于朱、陆二氏学问的比较，所论颇得肯綮。由于东涯不认可此为定说，这里不再引证。

第八　批判

（一）

与宋儒的寂静主义（Quietism）相反，仁斋赞同活动主义，对世界和人生一并进行动态的考察。在他看来，世界是一大活物，生生不已。所谓道、性、心，亦无非活物。如学问，终究是治理活物的"活法"；如道德，无非是个人对社会的活动的发展。如此，仁斋以活动主义来研究世界和人生，其主张自然便具有活力，在当时绽放出一种异样的光彩。他曾修行白骨观法，后顿悟其非。所谓顿悟其非，是发现其为消极主义，会泯灭人生的"活气"，通过它绝不可能体得正道。为此，仁斋反对消极主义，赞同活动主义，并依据活动主义来解释邹鲁之学。邹鲁之学当然不是消极主义，但像仁斋这样唱道活动主义的，之前还从没有过。总之，自庆元以来，儒教便深陷寂静主义，而仁斋忽然给其注入了一股活力。这可以说是仁斋的功绩。仁斋的世界观和人生观建立在活动主义的基础之上，是健全的。其所谓生生主义、乐天主义、积极主义，丝毫没有佛教那种不健全的倾向。当时，我国居然会有人倡导如此健全的世界观及人生观，我们难道不应该为国民感到庆幸吗？

（二）

当时，并非只有仁斋反对宋儒的寂静主义，素行殆亦如此。素行并没有特意言"活动",但考其全体旨意,言之为活动主义亦非不可。特别是素行主张的武士道精神,不是活动主义又是什么呢?我们再对照素行与仁斋,二者相似处并不少。比如:(1)素行以仁兼五常,圣人之教以此为极,仁斋亦以仁为圣门学问的主义纲领,此外无所谓学问;(2)素行认为宋儒专敬而有陷于寂静无事之弊,仁斋亦认为宋儒所谓"守一个敬字,乃可也"大非圣人之意;(3)素行以天地无开辟,无未判,不取天地创造之说,仁斋亦唱道万古无穷论,言天地无始终无开辟;(4)素行论说天地生生无息,道破生生主义,仁斋亦论说生生不已即天地之道,唱道生生主义;(5)素行以宋儒之学大抵混入禅佛,予以排斥,仁斋亦以宋儒之学汲取老佛之说,并非孔孟真面目。凡以上诸点,二者并行却不期而合,足令人诧异。不过,这确实是完全不期而合的。武士道作为日本民族特质的显现,如其所示,大概日本人不采取消极主义,而是在先天上就以活动的发展为要。如果不是这样,那么素行与仁斋几乎同时奋起反对宋儒寂静主义,主张古学,在很多地方不期而合,不就成了怪事吗?想来,二人之学不期然代表了日本民族的思想,喝破日本人在先天上就看重的活动的发展主义。我们把他们视为日本民族特征的具现,是没问题的。

(三)

仁斋以世界为一大活物,一切万物生生不绝,至于无穷。这应该能让人联想到今日所谓的进化主义。仁斋关于世界的创见,无疑是儒教史上的一大奇观,但其实却是非常幼稚和不完整的。不过,不可轻侮的,是他的道德主义。仁斋所言所行的道德颇近于理想,自然是源于他坚持的道德主义。其道德主义建立在活动主义的基础之上,主旨与包尔生一辈的活动主义在根本上不期而合。仁斋并没有像包尔生那样的观念——以一切生命的官能的健全使用为要。不过,他在道德上主张活动的发展,这与包尔生相近。仁斋的道德主义,即试图通过扩充人生而既有的四端来成就仁义之德,从而治国平天下。这与格林、缪尔海德诸氏的自我实现说(Theory of Self-realization)可谓相得益彰,不期而合。仁斋峻别德、性,虽难免有强辩之嫌,但详考其论旨,不外乎是根据孟子的四端之说,唱道自我实现。四端即人固有的本然之善未实现时的自我。四端扩充而成就的仁义礼智之道德,即已实现的自我。这难道不就是自我实现说吗?今日所谓的自我实现说,我们会远求于格林、缪尔海德诸氏,但近观我邦,竟能发现其痕迹,亦可谓一奇。即此可知,东洋道德和西洋道德的发展历史虽然不同,但在根本上却未必相背驰。仁斋本不属于阳明学派,但他们亦时有类似之处。仁斋在《语孟字义》(卷之上)末尾论述良知良能,认为本然之善即四端之心。如此,则四端之心即良心(Conscience)之异名。其所谓诚,恐怕也是如此吧!仁斋曾评价阳明曰:

> 阳明为人也,聪明绝伦,纵于古今,虽二公(朱陆二氏),不及远甚。然学问空疏,磨砺之功甚少,而其学本得于禅学,而于孔孟之宗旨,实数尘矣。(《童子问》卷之下)

仁斋赞赏阳明之才，是因为他和阳明一样，都执良心立说。不过，仁斋反对阳明的禅气。我们必须记住，仁斋认可良心的道德价值，与格林、缪尔海德诸氏相同，即主旨是一致的。

（四）

仁斋所论，大多正大光明，确有邹鲁遗风，但思想往往陷入混乱。其思维广阔清晰，却未必合乎逻辑。不，他似乎并不在乎逻辑。他曾论曰：

> 学者当俟悟门自开，而勿自我开发之。（《童子问》卷之中）

他认为学者并没有思考谋划、深刻探索的必要，这是对思想力量的轻视。如此一来，怎么知性探究也不会得到，平生深思熟虑都无法获得解答，而在某天，却灵机一动，茅塞顿开，这种事情是没有的吧？轻视思想的力量，怎能成为学者坚持的方针？他还曾论曰：

> 圣人有还其有，无还其无，亦不容一毫智慧于其间。（同上）

在他看来，圣人作为道德模范，不用一丝一毫的智慧。因此，仁斋在知性方面发展孱弱，就不足为怪了。他又曰：

> 夫吾所谓实知者，固不由见闻学知，亦不由坐禅入定，自母胎中带来，孟子所谓良知良能是也。（《同志会笔记》）

"见闻学知"即今日所谓的知性之学。不过,仁斋认为"实知"是人先天具有之物,只要扩充就行,不需要见闻学知,拒绝一切的知性之学。仁斋思想经常陷入混乱,大概就是因为他不认可知性探究的重要性。尤其是像"仁义礼智,德之名也,非性之名",可谓极其支离决裂。他如果稍稍运用智力,致力于井然有序的论证,应该是可以避免思想混乱的吧?他偏重道德,而关于政治、经济及其他一切社会事物的论述,则不免迂阔之病。总之,这不能不说是"德胜而智未及"。德智圆满是人生理想,很多人却偏于一方。智深之人,德不相符;德盛之人,智又不及。仁斋亦难逃于此。

(五)

仁斋有个短处,即过分尊信古人。古人之说固然多可尊信,尤其是圣贤垂训,岂能不拳拳服膺?但是,我们绝不能过分尊信古人。即便是圣贤垂训,也不能盲目崇信。如果过分尊信古人,思想就会失去自由,阻碍理性探究的发展。仁斋论曰:

> 学者不可于圣人言语上增一字,又不可减一字。若《语》《孟》二书,实包括天下古今道理尽矣,所谓彻上彻下者是也。宋儒动引佛老之语,以明圣人之学,吾深识其非也。(《日札》)

这如果不是过分尊信孔孟,那是什么?《论语》《孟子》二书丝毫未曾言及物理,这自不待言,即便是关于道德,亦未能包摄所有道理。例如，它们没有解说认识发展的必要，没有讲明每个个体相互间的权利，没有教导人们共同爱国，详于私德而疏于公德，没有指出卫生的可贵，没有论述应该采取一夫一妻制，此等缺点不胜枚举。《语》《孟》二书，岂能穷尽古今道理？仁斋又曰：

> 深信古人是进学之极则，天下之至善也。所谓深信古人者，一毫不执己见，不杂己说，佩服潜玩，十分信得及，正谓之深信古人。（《日札》）

仁斋如此深信古人，极其轻侮自己的智慧，就不能不因此阻碍知性的发展。与其深信古人，倒不如深疑古人。这才应该是"进学之极则，天下之至善"。为什么这么说呢？因为，疑惑是知性发展的开端。仁斋自己不也说"积疑之下有大悟"吗？盲目地奉劝他人尊信古人，大概也只能止步于"不思"而已。

（六）

混同道德和历史是中国自古以来的通病。孔子即为先驱，如《春秋》就完全混同了道德和历史。后世学者编著历史，亦以道德思想为主，如《通鉴》之类便是代表。混同道德和历史，仁斋也不例外。他论曰：

> 昔以司马迁、班固称良史，文章则有之矣，议论体制则末也。为人立传者，其道德事业，节操行义，足师表万世，而后可以传之，不然则不可立也。苏张之奸计诈谋，旷古之罪人也。史迁为之立传，何哉？如司马相如，亦不

足传，货殖、日者、鬼策等传皆然。若欲就此揭示当时风俗人物，须散见之本纪、世家之间，不可别立传。晋孙恩、宋李全等，盗贼耳，亦别立传者，何也？盖史迁作俑，而后之史臣无卓识故，不能改其例，可谓污蔑青史矣。班固《五行志》亦然，其不可不记者，当附之本纪，其设志不可也。先儒以范晔著《方伎传》深为非，甚是。唯欧阳公《五代史》，体制议论，实为古今之冠冕，不可不读。凡关国家之治乱成败风俗政体，足为百代之鉴戒者，而后可纪其琐琐事迹，可入小说稗官者，不书为是。是作史之法也。（《童子问》卷之下）

即此可知，仁斋是如何地误解了历史的目的。历史是忠实地叙述历史事实并传给后世的东西。其作为教训，自然会对人生有所裨益，但不可将其直接视为道德书。假令是没有道德功绩的人，而其事迹却与人文变动有关，史书也必须记载。如果按照仁斋所言，那么除孔孟外，就几乎没人值得记载了。作为一门科学，历史有其特殊的领域，怎可如此？仁斋见解有误，这是毋庸置疑的。

（七）

仁斋学问一变，欲直溯洙泗之渊源，有与尼山邹叟相伍的气象。其抱负之大，实为可喜。他曾喝破说："于好学一事，虽圣人亦不敢让焉。"佐藤直方对此评价道："自称自许，至云'虽圣人亦不敢让焉'者，岂学孔子者所宜言之耶？"这应是事实，并非过分之言。仁斋欲以圣人自比，不只好学方面如此，学问目的也是要实现圆满的人格。他论曰：

> 仲尼吾师也，凡学者须要皆以圣人自期待，不可从后世儒者脚板驰骋。饶使区区议论道得是当，终不济事。（《日札》）

仁斋不屑宵小之辈，以圣人为最终理想，这是极好的。如果不这样，那么就无法成就高尚伟大的人格。但是，仁斋也因此常常沉溺于想象，存在过分夸大事实的倾向。如《论语古义》纲领中所言：

> 愚赖天之灵，得发明千载不传之学于《语》《孟》二书。

这是何等伟大的气象！但是，事实是什么样的呢？仁斋即便是在解释孟子四端说的时候，也难免牵强附会。他标榜千载不传之学，我们姑且可以理解，但竟然说"赖天之灵"，发明此等自吹自擂的神秘言论。他在自著《论尧舜既没邪说暴行又作》一文结尾说：

> 予去岁秋间，常为诸生著此论，自以谓词虽凡近，理实根极，实用之文章也。虽董之《三策》、韩之《原道》，亦不多让焉。然人无识之者，视以为经生之常谈，而不复留意于此。予深以为遗憾焉，不敢为夸言而欺世之无识者也。云云。

孟子所谓"又作"，是指尧舜既没后，邪说暴行更加甚嚣尘上。仁斋以"又"同"复",误解"又作"为"再作"之意,自信地叙述一家见解,并夸称此文与董仲舒的《三策》、韩愈的《原道》相比亦不遑多让。仁斋不欲有识者反感,怎么可能呢?不过,仁斋并没有任何师传,全凭自己的力量,破开混沌创立了古学。思及此处,我们把他与素行一道并称为豪杰之士,也没有什么不合适。

（八）

仁斋的世界观是尝试根据一元气来解释世界,因此是唯气论。与宋儒的理气说相比,唯气论可以说是唯物论。宋儒以理气二元论解释世界,其所谓理是形而上的,可与观念（Idea）或理性（Vernunft）等同;其所谓气是形而下的,可与现象（Erscheinungen）或物质（Materie）等同。《易·系辞》曰:"形而上者谓之道,形而下者谓之器。"道即是理,器是气。即此可知,二者是同物异名。如此,宋儒提出理气二元,作为世界的根本主义。仁斋对此提出批评,采取一元之气,主张唯气论。因此,其唯气论即可谓唯物论。不过,古往今来,气的意思并不一定指物质。《文子·九守篇》中有言:"气者生之元也,神者生之制也。"这里的气大概似乎是指生命发展的根本性活动。如汉儒所谓气,相比物质,其意思倒不如说是与能量（energy）类似。仁斋所谓一元气,亦本于汉儒之说,意思或与能量相似。特别是,如果从动态的角度考察世界,并由此审视的话,就会使人愈加发现其实态。如此一来,可以说,仁斋的世界观与灵活论（Animismus）,即与活力论（Vitalismus）近似。不过,从他反对佛教的唯心论来考察的话，也不能不说他没有唯物论者的态度。但是，即便他的世界观倾向于唯物论，他的道德主义也完全是理想式的，而非唯物的。也就是说，提升自己的品位，完善自己的人格，实现自己崇高壮大的理想——这种生机勃勃的活气，我们在仁斋的言论中经常可以见到。即此可知，仁斋在道德上属于理想派，这是不容否定的。

第九　仁斋门人

并河亮，字简亮，私谥天民。后详。

中江一贯，字平八，号岷山，晚年剃发出家，法号快安。东涯为其作墓碑铭，见《文集》（卷之十四）。岷山事迹后详。

北村可昌，字伊平，号笃所，北村季吟的同族，近江人，在京师讲学。《盍簪录》（卷之二）曰："逾冠从先人学，不复禄仕，夙淹贯坟籍，老而不倦，甚为缙绅所重。"他曾为上皇侍讲，获赐儒服、儒巾及名砚等。享保三年（1718）殁，年七十二（一说七十三）。自笔诗《岁暮抒怀》云：

　　少小涉经史，性气耽词章。
　　宿儒时济济，共是丈人行。
　　生平所畏敬，此日皆既亡。
　　后生何寂寞，圣学将榛荒。
　　长安几万户，无人共商量。
　　所好与世乖，为愚又为狂。

遭遇千古少，吾侪特何伤。
幸无升斗系，从意自徜徉。
请托绝权势，拜谒无朔望。
月花属我去，吟哦习为常。
又无沉疴患，老去犹坚强。
眼精耐诵读，足力涉涧冈。
车马不须驾，冠盖何假张。
生理又略足，不用求皇皇。
寒暑给裘葛，朝晡有糟糠。
回首一世里，比屋屡低昂。
吾不觉衰废，未尝有殷昌。
悲贫儿女态，岂入丈夫肠。
梅蕊欺雪色，柳条泄春光。
一岁此夜尽，依旧迎新阳。

著有《古学先生碣铭行状》一卷。事迹见《先游传》、《野史》（卷二百五十八）、《近世丛语》（卷五）及《畸人传》（卷之二）。

小河成章，字伯达，一字茂实，通称茂七郎，号立所，京都人。庆安二年（1649）生，元禄九年（1696）殁，死于河鱼之毒，享年四十八。曾定学规三条，挂于宅壁。一曰："反求诸己，勿责诸人。"二曰："以忠尽己，以恕待人。"三曰："不逆人之诈，思己之不信。"立所擅长书法，兼释佛典，又旁通医术。学问宗旨以立诚为主，《中庸》"明善诚身"为其要旨。曾著《学说》上、下篇，认为"善"是恻隐羞恶恭敬是非之心，是人人固有的东西;"明"是扩充此"善",使其盛大光明;"诚身"是所成之善,纯一自然而不容一毫着力于其间;"诚"即圣人之至极。圣人即人伦之极,故欲明人伦,不可不致其极。其抱负之大,即此可知。著有《论语国语解》(十卷)、《伐柯篇》(二卷)、《圣教录》《学论》各一卷、《文集》(四卷)。《盍簪录》(卷之二)曰:

> 小河成章、北村可昌,久在京师,相从尤久,众推为上足。成章虽无京师之产、博综之誉,有应务之材。后游江户,寓上野,为常藩义公所招致。元禄丙子岁辞禄西归,终于京。

东涯为其作墓碑铭,见《文集》(卷之十四)。事迹又见《先游传》、《先哲丛谈后编》(卷之二)及《近世丛语》(卷之五)。

小河成材,字庄吉,号德所。《先游传》言其字茂辅,号弘斋。立所之弟,享保年中殁,年七十二。

浅野文安,仕秋田侯,著有《论语便蒙》。

荒川秀,字敬元,一字景元,号兰室,后又号天散生,通称善吾,山城人。①古义堂中有个称"千里驹"的,说的就是他。其明敏豁达,精通经史。十四岁时,仁斋适逢有事,他代为讲说经义,训导诸生。虽有前辈老生,无人能与其相抗。塾徒推其为首席,来往学塾者,对他无不敬服。十六岁时,受聘

---

① 补正二:荒川兰室事迹出《日本诗史》(卷之五,第十五右),为东涯门人。初从学仁斋,后为东涯门人。

为纪藩的秘书官。天散自八岁受业仁斋，至受聘纪藩，寓居堀川塾凡八年。师弟之间，最受爱戴。群弟子中，入门最早，故仁斋对其格外照顾。不过，天散终生并未专主师说。想来，吾洙泗之道大备于唐宋之间，集成于程朱二公，大意在于继往圣，开来学，排斥老佛之空妙，摒弃官商之功利。世儒若以道义为己任而能继承此意，即是真儒，何必耽于字句，严守师说而后为奉其学者乎？仁斋著《语孟字义》，每于卷首置"最上至极宇宙第一"八字，以示崇敬，当时，弟子朋友均无异议。唯独天散以为，推尊《语》《孟》，特示崇敬，恐怕是睥睨六经，将其置于孔孟之外，甚是骇人听闻。乃请仁斋削去以上八字，仁斋听从了他的劝告。天散卒于享保二十年（1735），年八十二。事迹见《教育史资料》（卷之十二）及《先哲丛谈后编》（卷之三）。

林义端，字九成，通称九兵卫，号文会堂，经营平安书肆，卒于元禄年间，著有《扶桑名贤文集》（七卷）、《扶桑名贤诗集》（七卷）、《文林良材》（七卷）、《诗林良材》（囗卷）、《文法援幼抄》（五卷）、《玉帚子》（六卷）。

中岛义方，字正佐，号讷所（一作纳所），又号浮山、孤山，京都人。教学凡三十余年，享保十二年（1727）殁，年七十。著有《四书通解》（十卷）、《孤山文集》（六卷）等。东涯为其作墓表，见《文集》（卷之十四），云：

> 昔先君子之倡道，当时升堂入室者，人自淬励，言必称古，莫不以圣贤自期，于今已六十余年矣。或故，或耄，或堕其志，而讲习多年，老而不倦者，吾见浮山子。

其事迹又见《近世丛语》卷八。

濑尾维贤，字俊夫，通称源兵卫，号用拙斋，京都人。著有《熙朝文苑》（七卷）、《本朝忠义杂说》（三卷）、《八居题咏》（二卷）等。①

山口胜隆，大内义重的第七代后裔，仁斋作送序，见《文集》（卷之一）。

片冈宗纯，柳川人，仁斋作送序，见《文集》（卷之一）。

释道香，丰州中津人，贞享年间至京师，从学仁斋，深信其学行。他说，学者若不通佛氏之说，则不能识别先儒之说是出于佛氏。仁斋作送序，见《文集》（卷之一）。东涯亦作送序，见《文集》（卷之一）。

村上生，名字不详，肥州人。仁斋作送序，见《文集》（卷之一）。东涯亦作送序，见《文集》（卷之一）。

木村立，字信甫，羽州秋田人，聋者。羽州人响应古学，全赖其影响。享保十四年（1729）殁，年七十余。仁斋有送序，见《文集》（卷之一）。东涯亦作送序，见《文集》（卷之一）。

吉田元发，仁斋有送序，见《文集》（卷之一）。

岩岐元质，仁斋有赠序，见《文集》（卷之一）。

香川修德，字太冲，号修庵，播州姬路人，居京都。著有《一本堂药选》，事迹见《皇国名医传》（卷之中）。

大町质，字正淳，号敦素，谥敬简先生，京都人。享保十

---

① 补正二：濑尾维贤事迹出《日本诗史》（卷之三，第十八左）。有诗《访江山人》，曰："一路断桥外，孤村杏霭中。柳垂前夜雨，花落暮春风。白屋经年漏，青山与昔同。浮生须痛饮，浅水月朦胧。"

四年（1729）卒于家中，年七十一。东涯为其作墓碑铭，见《文集》（卷之十三）。

渡边荣，字元安，号通真子，日向延冈人。同辈中，以勤勉笃实著称。居京都，以医为业，与小河成章交好。后瘫痪，残命于家，享保七年（1722）卒，年五十九。东涯为其作墓碑铭，见《文集》（卷之十三）。

渡边希宪，日向人，东涯为其作送序，见《文集》（卷之一）。

矶野员政，字竹岩，称彦兵卫，以医为业，江州人，后居名护屋。承应三年（1654）生，宝永五年（1708）卒，享年五十五。东涯为其作墓碑铭，见《文集》（卷之十三）。

鸟山守道，号见庵，越州府中人，与小河成章交好，以医为业。见庵天资朴直，毫不诡随，孝义自行，廉且俭，毁誉不系于怀，谤讪不形于言。正德元年（1711）殁，年四十八。著有《三世经验方》等医书数种。东涯为其作墓碑铭，见《文集》（卷之十三）。

伊藤贞亮，字广宅，号木庵，以医为业。□州角鹿人。宽文三年（1663）生，享保十四年卒，年六十七。东涯为其作墓碑铭，见《文集》（卷之十三）。

田中亲长，字源内，号东泉，谥文逸先生，京都人。博闻强记，为人所称。享保十七年（1732），病逝于家，年六十八。东涯为其作墓碑铭，见《文集》（卷之十三）。

渡会末茂，号鹤溪子，称造酒，伊势人。延宝三年生（1675），享保十八年（1733）殁，享年五十九。著有《杜律评丛》《鹤溪杂记》《分韵诗选》等。东涯为其作墓碑铭，见《文集》（卷之十三），有言曰："势州邑里殷富，人物亦盛。问嗜学之人，必以君为称首。"可推知其当时名声。又可参考《日本诗选》之"作者姓名"。

平井德健，字春益，号东川，谥安节先生，浓州人。仕纪藩，为医官。正德五年（1715）卒，年七十四。东涯为其作墓碑铭，见《文集》（卷之十三）。

绪方维文，字宗哲，谥谦光先生，京都人。享保七年（1722），病逝于家中，享年七十八。东涯为其作墓碑铭，见《文集》（卷之十四）。①

汤河丙治，初名要，字丁甫，一字元纲，号东轩，京都人。仕久留米侯。宝历八年（1758）殁，年八十一。

伊藤仪，字邦达，号好节斋，长门人。初游京师，从学仁斋，后疑其说，归程朱之说。享保十二年（1727）殁于江户，年七十一，私谥恭节先生。鸠巢称赞好节斋为"独行之君子"。②

笠原龙鳞，字鲁子，通称玄蕃，号云溪，城州西冈人。擅长作诗，著有《桐叶编》。事迹见《近世丛语》（卷八）。

松崎祐之，字子庆，号兰谷，一号甘白，通称多助，丹后人。少居京都，入仁斋门下，后与东涯交好，专信其师说，终身遵奉不变。中年后，好临池之技，尤擅长草书、隶书。享保二十年（1735）殁，享年六十二。著有《本朝历史征》（二百七十二卷），此外还有数种。事迹见《先哲丛谈续编》（卷

---

① 补正一：绪方维文的事迹，见《日本教育史资料》卷十二，第269页。
② 补正二：鸠巢为伊东仪作墓碑铭，见《后编鸠巢文集》（卷之十七）。

之五）。

并河永，字崇永，后改为尚永，号诚所，又号五一居士，天民之兄。著有《五畿内志》。后居伊豆三岛。东涯有赠序，见《文集》（卷之二）。事迹又见《野史》（卷二百五十八）及《事实文编》（卷□）。《鉴定便览名家全书》《日本诸家人物志》等认为诚所和五一居士不是同一个人，又误读名字，所传与事实甚有相违。

并河尚义，初名宗孝，称古八，天民之弟。仕鸟居氏。

鹤田重定，字闲逸，长崎人，自称长溪子。事迹见《先民传》（卷之下）及《鉴定便览》（卷二）。

阴山元质，字淳夫，小字源七，号东门，南纪人。享保十七年（1732）殁，年六十四。事迹见《教育史资料》（卷十二）。

荒木田氏筠，字春生，号霁寰（《大日本人名辞书》误作为斋震），渡会末茂第二子，嗣林氏，通称丹下，有诗名。参考《日本诗选》之"作者姓名"。

桂川贞辅，号浚泉。原东岳著《笔畴》（卷之六）论浚泉曰："至性俊萧狷介，有清洁之德之人。"据此可知其为人。

林景范，字文进，为《语孟字义》及《童子问》作跋文。

三重贞亮，字新七，号松庵。延宝二年（1674）生，享保十九年（1734）殁，享年六十一。东涯为其作墓碑铭，见《文集》（卷之十四）。

宇都宫三的，字文甫，号圭斋，称一角，遁庵之子。享保九年（1724）卒于京都侨舍，年四十八。东涯为其作墓碑铭，见《文集》（卷之十三）。

松冈玄达，字成章，号怡颜斋，称恕庵，京都人，为本草家。家境极为富饶，然甚为俭素，不喜华饰。其子典不穿绢帛，常服布袴，门人乃赠绢袴。恕庵曰："昔予侍仁斋之坐时，东涯年尚少，常着素棉衣，今豚儿着染衣裳，比之东涯，亦非奢耶？而又何以此华饰物耶？"不许他穿。尝切南天烛为女子笄。其俭素大体如此。唯于购书，不惜金钱，设两大库，一藏国书，一藏汉籍，以供参考。《文会杂记》（卷之三）曰：

> 松冈玄达初为暗斋门人也，后随仁斋、东涯十四年，然始终为朱学。国鸾语。

其事迹详见《近世丛语》（卷五）、《续畸人传》（卷之二）及《皇国名医传》（卷之中）。著名本草家小野兰山，出自恕庵门下。

荒木重笃，号原泉，天资豪纵，不事生产，晚年以医为业。延宝元年（1673），京师有大火，时仁斋携《古义》一部而逃，原泉身先士卒，携眉尖刀，护卫而行。

辻达，号晚庵，因州人。

大石良雄，赤穗四十七士之一。他曾从学仁斋，某日前来听书，睡而不听，众皆匿笑。彼退席后，众皆骂曰："惰懒如彼，不如不学。"仁斋曰："小子勿妄谤，以予观彼，非庸器，必能堪大事。"

小野寺秀河，字重内，亦赤穗四十七士之一。

中岛源造，名正辰，原松平纪伊守之医家之子，后居大津，讲仁斋学。事见《文会杂记》（卷之三上）。

稻生宜义，字彰信，号若水，姓稻生氏，自修为稻，称稻若水，有博物之名。著有《庶物类纂》（一千卷）。仕加州侯，死而后已。事见《皇国名医传》（卷之中）。

江田谦斋，东涯为其作赠序，见《文集》（卷之一）。

长泽粹庵，同上。

以上所举皆为仁斋门人中特别值得注意的，如其他门人，《先游传》记载亦有不少。又《绍述先生文集》（卷之二十一）中，有诗《谢诸友寿家君七秩》，序文中列举有仁斋门人三十九名，可并考。①

第十　仁斋关系书类

《先府君古学先生行状》伊藤长胤撰

《古学先生伊藤君碣铭》北村可昌撰

以上二篇均收录于《古学先生文集》开头。

《伊藤仁斋先生传》板仓胜明撰　〇附于《甘雨亭丛书·仁斋日札》开头

《古义堂遗书总目叙释》一卷写本　〇伊藤善韶著

此书悉列仁斋、东涯之著书，末尾附有东涯年谱，卷首有东所作序，撰于明和六年（1769）。

《古学先生碣铭行状》一卷

此书系仁斋门人林义端于宝永四年（1707）刊行，收载有

---

① 补正一：仁斋门人中，追加中村嘉种。嘉种的事迹，见《日本教育史资料》卷十二，第275页。

北村可昌之《古学碣铭》、东涯之《古学行状》及其他寄赠、祭挽等诗文数篇。

《先游传》一卷 写本 ○伊藤东涯著

《先哲丛谈》（卷之四）原念斋著

《日本儒林谭》（卷上）同上

《先哲像传》（卷二） 原德斋著

《先达遗事》稻叶正信著

《近世丛语》（卷四）角田九华著

《闲散余录》（卷之下）南川维迁著

《近世大儒列传》（上卷）内藤灿聚著

《古今诸家人物志》释万庵著

《日本诸家人物志》南山道人纂述

《斯文源流》河口静斋著

《学问源流》那波鲁堂著

《文会杂记》汤浅常山著

《年山纪闻》（卷五） 安藤年山著

《一本堂药选》（跋）香川修庵著

《二连异称》一卷 藤田一正著

《大日本史料原稿》一卷

《艺苑丛话》（上卷）山县笃藏编著

《名儒传》写本 ○著者未详

《名家全书》（卷一）

《鉴定便览》（卷二）

《近世名家著述目录》（卷之一）

《庆长以来诸家著述目录》（卷上）

《日本名家人名详传》（卷之上）

《伊藤仁斋》一卷（《伟人史丛》卷三）竹内松洲著

《伊、物二氏之学案》岛田重礼 ○《哲学杂志》第八十八号及第九十三号

《近世德育史传》足立栗园著

《日本哲学思想之发达》（独文）井上哲次郎著

《适从录》大高坂芝山著

《古学辨疑》二卷 富永沧浪著

《蘐园随笔》三卷 物徂徕著

《梧窗客谈》二卷 山内退斋著

《本朝异学问答》一卷 撰人名阙

《大学定本释义》一卷 伊藤东涯著

《中庸发挥标释》同上

《童子问标释》三卷 同上

《语孟字义标注》二卷 同上

《辨伊藤仁斋送浮屠道香师序》一卷 佐藤直方著

《日本诗史》（卷之三）江村北海著

《野史》（卷二百五十七）饭田忠彦著

《问合早学问》（卷之上）

《大日本人名辞书》

《文学伟人传》服部喜太郎编辑

《非凡人物列传》渡边修二郎撰

《日本哲学要论》有马祐政著

《仁斋、徂徕学术之异同》内藤耻叟 ○《东涯哲学》第三编第二号

《伊藤仁斋与吴苏原》安井小太郎 ○《东涯学会杂志》第一编第五号

《仁斋学浅言》三岛毅 ○《学士会院杂志》第十八编之八

《日本伦理史稿》汤本武比古、石川岩吉共编①

第十一　仁斋学派即堀川学派

自仁斋主张一家之学，其徒便翕然而起，遂形成一学派，即仁斋学派。有人称其为古义学派，以与徂徕的复古学派相区别。也有人以仁斋居住京师堀川为由，称其为堀川学派。如伊藤氏系谱所示，仁斋有五个儿子：长胤，字原藏；长英，字重藏；长衡，字正藏；长准，字平藏；长坚，字才藏，即所谓"伊藤五藏"。其中，原藏和才藏——东涯和兰嵎——最为著名，二者又被称为"伊藤首尾藏"。不过，仁斋学的集大成者是东涯。东涯很小便接受家庭教育，博学洽闻，仁斋死后，其主张家学更加着力。其著述等身，门人亦不乏，势力强盛，足与蘐园学派相抗。东涯的功绩岂能埋没？关于其详细情况，后面会有专门论述。以下列举除东涯外的其他仁斋子孙。

长英，字重藏，号梅宇，仁斋第二子，东涯之异母弟，生于天和三年（1683），母为濑崎氏。仁斋先娶妻绪方氏，东涯出生不久，绪方氏便去世，故再娶濑崎氏。濑崎氏颇守妇道，生有四男一女，梅宇为长子。宝永年间，梅宇始仕德山侯（周防）。德山侯深信仁斋之学，本想招聘东涯，东涯没有应允。

---

① 补正二：仁斋关系书类中，加入《秦芜辨》（铃木正义著）。

德山侯仍锲而不舍，东涯于是让梅宇代替自己仕官。梅宇虽仕官，但仍居堀川，偶尔前往德山。正德元年（1711），韩国使者来聘，当时，德山侯担任馆伴使，他令梅宇专门执掌公文工作。据说，梅宇从仕德山之前，当地文学之士尚未辈出，他来后，从事经史之业的人才渐渐出现。享保二年（1717）春，梅宇辞职，专事教学。翌年，始仕福山（备后），举家迁往其地。福山以往只有暗斋学派，无人擅长词翰。据说梅宇来后，所向披靡，一改当时陋习。梅宇居此偏远之地，实达二十八年之久。因此，少有人知其学术操行，可谓可惜。延享二年（1745），梅宇殁于福山，时年六十三，私谥绍孝（一作康献）先生。梅宇身材魁梧，健谈，待人宽厚。文章渊源韩、欧，诗歌原自李、杜。常爱读《陆务观集》，讲习不倦，经史自娱，钻研考订，老而弥笃。斋号相遗窝。著有《志林》（二卷）、《谭丛》（七卷）、《讲学日记》（十二卷）、《相遗窝诗稿》（三卷）、《梅宇文稿》（五卷）。（《先哲丛谈续编》卷之六）

长衡，字正藏，号介亭，仁斋第三子，梅宇之同母弟，贞享二年（1685）生。介亭自幼爱好书法，尤其擅长行草，经义之外，以书法著称。他又擅长绘画，尤其是花卉。介亭性格朴实，不修边幅，不好声誉，惟以研究、继承家学为务。东涯死后，介亭特存于世，推尊者极多。洛、摄之间，人人钦重，一时声名赫赫。享保十一年（1726），介亭四十二岁，受聘高槻侯，仍居京都，常至高槻（摄津）讲授经义。高槻侯以家宾之礼相待，待其甚是优渥。安永元年（1772）殁，时年八十八，私谥谦节先生。介亭极有孝行，其母特别害怕打雷，因此，即便是在讲课期间，只要一打雷，他便跑回堀川老宅。其事兄东涯，如事其父。著有《谋野危言》（二卷）、《救荒小言》（二卷）、《经济小言》（四卷）、《谦节遗稿》（十二卷）。（《先哲丛谈续编》卷之六，及《畸人传》卷之一）

长准，字平藏，号竹里，仁斋第四子，梅宇之同母弟。十四岁丧父，由伯兄抚育，及长，博览群书，尤擅史学。享保年间，经父亲门人汤河东轩举荐，从仕久留米，任文学官，仍居京都。后被擢升为世子侍读，乃迁至江户，居赤羽邸，时年三十五。至江户后，其身为名父之子，信其学术而从游者颇众。在江户，崇奉堀川学的人以篠岐东海为首，而汤河东轩及竹里与之相和。此前，东涯曾多次打算到江户游学，参观关东风光，及竹里至此，乃详识其风俗习气与畿内不同，于是就不去了。竹里所居赤羽邸与服南郭居所仅隔一条小河，南郭一见到他，便称他是温厚长者。竹里常谓："若心平气和，虽温柔，而有强毅不可夺之力；若秉公持正，虽迂远，而有透彻不能拘之权，以可语人物，以可言世务。"宝历六年（1756），殁于赤羽邸，时年六十五。著有《赤羽漫笔》（四卷）、《枕干小录》（二卷）等。（同上）竹里门人有内田顽石，其事迹见《先哲丛谈续编》（卷之十二）。

长坚，名才藏，号兰嵎，仁斋第五子，梅宇之同母弟。他尝语于人曰：

> 吾家兄弟八人，先人（仁斋）死之日，坐食于家。或劝其出赘而为人后，亡兄（东涯）丝毫不顾，与俱啖苦攻淡，日励学行，以似续为要。昏顽之质，稍有所成，皆出

就仕，女嫁有室。生我者父母，长我育我者皆亡兄也。

即此可知其幼时情状。兰嵎博学能文，与父兄类似，举止端庄。从仕纪州侯，初讲于君侯之前，对书而不讲，满座都捏了一把汗，以为他出身寒门，不习惯与大人对言，然见其泰然自若。旁人催促他，他也不回应，纪州侯也很惊讶。既而，兰嵎慢慢说道："公座褥，不可讲圣人之书也。"侯闻之，遽去褥，他才开始讲说，音吐朗畅，辩论明备。众人皆叹赏曰："真儒者也。"（《先哲丛谈》卷之四）兰嵎又擅长绘画，好画墨兰。后来，求画的人变多，就不画了。安永七年（1778），殁于纪州，享年八十五。著有《诗古言》（十八卷）、《书反正》（十卷，刊刻一本）、《周易本旨》（十二卷）、《易疑》（二卷）、《左传独断》（八卷）、《经说丛话》（十卷）、《明诗大观》（二十卷）、《兰嵎杂记》（六卷）、《兰臭篇》（二卷）、《绍衣稿》（四卷）、《绍明先生全集》（十二卷）。子孙世代继承其事业，纪州流传至今。兰嵎门人有立松东蒙，为狂歌之祖，著书亦颇多，终身不娶。其事迹见《先哲丛谈续编》（卷之十一）。

东涯有三个儿子。长男名世俊，次男名世伦，三男名善韶。世俊与世伦皆夭折，是以善韶继承家学。善韶，字忠藏，号东所，文化元年（1804）卒，年七十五，谥修成先生。著有《古学十论》（一卷）、《本实杂论》（一卷）等。①东所门人有川田东冈。东冈名季成，字子行，小字八助，东冈其号。其为

---

① 补正三：伊藤东所著书中加入《诗解》（十八卷）、《古义堂遗书总目叙释》（一卷）。

第一章　伊藤仁斋

因州鸟取侯之世臣，晚年研究易说，成一家之言。文化年间殁，年六十余。樋口丰撰《修成先生伊藤君碣铭》云：

> 先生讳善韶，字忠藏，号东所，伊藤氏，古学先生之孙，绍述先生之子也，妣加藤氏。先生幼而孤，教育于季父绍明先生，既长，孜孜励学，常以校订遗书，成就先业为务。至晚年，全毕其功，用心精密，工夫甚勤。嗟微先生，其谁能之？盖天助云。性正直谨畏，寡言敦行，质而文，和而威。有问者谆谆善诱。其讲经，言简旨明，旁善书，寸纸世宝。缙绅之礼遇，藩国之款待，士人之景仰，皆无愧先人。娶井口氏，继娶新庄氏，后娶大同氏。子男七人。长弘美，继家。次弘茂、弘义，俱夭。次弘明，次弘充，次弘光，次弘济。女五人。所著有《论孟古义抄翼》《中庸发挥抄翼》《诗解》《古学十论》《本实杂论》《文集》等。享保庚戌八月二十日生，文化甲子七月二十九日终于家，七十五，葬于小仓山先茔之次，私谥曰修成先生。遗命属门人丰撰碣铭。丰不敏，谨叙行谊万一。系之铭曰："似续父祖，不陨厥声，述事卒业，集而大成。遗书永传，斯道益明，奕万世之学，千古之荣。"

东所长子名弘美。弘美字延藏，号东里。文化十四年（1817）殁，年六十一，私谥恭敬先生。著有《恭敬先生文集》。伊藤弘亨撰《恭敬先生碣铭》曰：

> 君讳弘美，字延藏，号东里，姓伊藤氏，古学先生之重孙，修成先生之长子。母静懿孺人，井口氏也。宝历七

年丁丑三月二十三日生，娶吉益氏，不谐，终身不复娶，故无子，以季弟弘济为嗣。君天资温恭，廉而且俭，不尚华侈，不好嬉弄。凤承家庭之训，常怀倡道之志，研磨遗书，亹亹不已，立诚居业，遂不堕家声。有《诗文集》三卷。文化十四年丁丑五月二十四日终焉，年六十有一，葬于小仓山先茔之次，私谥曰恭敬先生。弘济属予志其幽堂，因铭云："绵绵瓜瓞，世世温淳，简重寡言，明善诚身，德不孤兮，千载有邻。"

东里之子弘济，字寿贺藏，继承古义堂倡导家学，号东峰。其为人温厚谨慎，沉默寡言。天保戊寅（天保无戊寅，姑存疑）冬，幕府命曰："弘济父祖五世，以教谕为任，有政之施，想当有之，瓜瓞之绵，世所希观。其永除户役，每年赏银，以表积善。"弘化二年（1845）殁，享年四十七，私谥靖共先生。（《野史》第二百五十七卷）藤原资善撰《靖共先生碣铭》云：

先生讳弘济，字寿贺藏，号东峰，姓伊藤氏，东所先生季子，母大同氏。嫡兄东里年老无子，以先生为嗣。东里卒，先生实丁孝服。为人温厚谨慎，沉默寡言。研磨家说，校刻遗书。生徒日进，尤贵重缙绅之间，尝屡奉鹰司殿下下问。学习所之造也，亦窃与有闻之。天保戊寅十月，大府有旨曰："弘济乃高曾祖父五世，家居以教谕为任。有政之施，想当有之。瓜瓞之绵，世所希观。其永除户役，年赏银十五锭，以表积善之家云。"宽政己未五月十九日生，弘化乙巳八月十四日罹病卒，年四十七，葬小仓山先茔次，私谥曰靖共。配福井氏，六男二女，重光嗣家。亲故门人来乞志其碣，因铭曰："继志述事，学因世传，永言孝思，宜中之年，奄忽就木，噫嘻亦天。"

东峰之子名重光，号輶斋，今仍于京都堀川（东堀川下立卖上）绍述家学，即仁斋本邸。龟谷省轩歌曰：

> 堀川清流尾及远，水茎之波匀至今。

除仁斋子孙外，尤其崇信仁斋学问并积极主张的是中江岷山。岷山的事迹学问，后面会有讨论。出自仁斋门下但反驳仁斋学问的是并河天民。岷山和东涯均以忠实绍述仁斋之学为务，天民相反，他议论仁斋学问的缺点，无所忌惮。于是，仁斋学派自然一分为二，一派以东涯为代表，一派以天民为代表。《先哲丛谈》（卷六）曰：

> 天民唱其所独得，以振一时。仁斋没，其徒半从东涯，半从天民云。

即此可想见当时情状。天民与东涯学派有异，如正派之叛徒，不过东涯丝毫未置恶言。于此，足见东涯之宽广胸襟。东涯门下亦出现许多人才，如泽村琴所、青木昆阳、奥田三角、山田麟屿、安原贞平、原双桂、原田东岳，等等，详见东涯章。东涯门人中，原双桂著《桂馆漫笔》（一卷），唱道一家之学，大力抨击仁斋之学；高志养浩本出自东涯之门，著《时学针炳》（二卷），然攻击仁斋之学，大有入室操戈之势。如此，尽管背叛时有发生，但仁斋学派在德川时代隐然成为一大潮流，是任何人都不能否认的。《学问源流》论仁斋学派曰：

> 自元禄中比，经宝永，至正德之末，其学盛行。以世界（海内）计是，所行则十分之七云。成元和宽永之风者，甚稀也。

仁斋学问最盛行的时代，只有二十余年。不过，仁斋学问的影响决未止步于此。至宽政、文化时期，堀川之遗风——痕迹依然未完全磨灭。若说间接感化，那么，即便是徂徕，本身也是受到仁斋的刺激而奋起的。因此，如果说仁斋学派是德川时代新思潮的代表，绝非夸大之词。

| 第二章 |

中江岷山

第一　事迹

中江岷山，名一贯，字平八，通称亦平八，岷山其号，晚年剃发，称快安。伊贺柘植村人，据说祖先是志贺源氏，为世代将门之家。岷山自幼好读书，父亲景次对他尤其疼爱，带他游学京师，拜入仁斋门下。岷山于是朝夕孜孜不倦，钻研往圣微言。当时，受业于古义堂的人，有的务求博综，有的专事修辞，才雄名播，身达业广。岷山不与此争，木讷少文，不为人知，然放言自适，不改其态。据《先游传》，岷山从学仁斋凡四十余年之久。宝永年间，岷山举家迁至大阪天满町，在此教学，生活极为困窘。他曾说："予于贫窭，不让颜宪。"即此可知其家道如何。

岷山平生唱道古学，以发挥仁斋学说为己任，极力攻击宋学。他与浅见䌹斋、三宅尚斋之辈，相互敌视，旗鼓相当，门户相对，呈掎角之势。他本出生于将门之家，在此摇身一变，成为堀川学派的骁将，与反对派英勇相争，可谓酣畅淋漓。岷山认为，诗无益治道，遂不作诗，贱视所有词章之徒，曾曰：

> 圣人之大道，全不在文辞，而在德行。故其道不与游、夏，而传颜、曾。后世屈、宋、李、杜，虽有造道之文，不能入于儒者之域者，有文辞词章羁縻之也。故余不敢作歌诗为之也。

岷山写文章的时候，多用"然则"二字。因此，学生便称他为"然则先生"。岷山自己也表示认可，曰：

> 通贯首尾，篇幅精整，若斯而后快畅。

这里是说"然则"二字的效用。岷山气宇轩昂，不随时流。其学塾中横挂着一个匾额，上面写着一句话：

> 谀词巧说，不曾学习。卑礼谄态，不曾操演。

享保十年（1725）十月，岷山患病（精神不正常），绵延至翌年春天。他素来家贫，又缺少帮助，极为困顿。至六月十日，岷山溘然长逝，享年七十二，葬在城东的一心寺。东涯为其作墓碑铭，见《文集》（卷之十四）。铭文曰：

> 力扶斯文，志存填海。其书满屋，困穷曷悔。

岷山著有《理气辨论》（二卷）、《四书辨论》（十二卷），叙述自己的见解，剖击痛快，毫不假借。这是他三十年间朝夕研究不怠的结果。岷山的妻子北村氏亦有贤行，详见《先哲丛谈后编》（卷之四）。岷山门人有野村直道，其作《理气辨论》跋文曰：

> 岷山先生受业古学先生，卓然杰立，洞契正指。云云。是是非非，切当明白，于是理气之说，亦大备矣。

这并非门人的夸张之言。岷山的辨论清楚明白，勇气非凡，以继承、发展和主张仁斋的宇宙论为务。他曾大声疾呼："唯冀道不归一，死而不休矣。"可想象其抱负之大。

第二　学说

岷山崇奉仁斋学说，并没有什么值得介绍的个人创见。不过，因为他的努力，仁斋学说中的部分内容变得更加清楚明白。其中，值得学者注意的有以下几点。

岷山反对宋儒，唱道一元气说。其喝破曰：

> 天地之道，宇宙之间，惟一元气而已。动静无端，阴阳无始，四时行，百物生，是天道之全体也。故人物之生，亦惟一元气而已矣，此上所谓理者本无之矣。云云。

如此，他以世界之根本主义为一元气，以此一元气为活物，与仁斋完全相同。其言曰：

> 曰帝、曰道、曰命，皆元气生活之意也。

这是将帝、道、命三者归于一元，等同视之。他又辨道与理之"死活"异同曰：

> 道以往来言，其意活矣；理以条理言，其意死矣。故生物有道有理，死物有理无道。

又曰：

> 圣人之道，惟天道阴阳，地道刚柔，人道仁义。根本根源，古往今来，生生活活，发用流行，无毫发间断，是乃道之全体，并无未发之体。理者其后，万事万物之分别条理也。

岷山认为，理只是气中之条理，不认为气之外还有所谓可称为气之根底的理。其主张终究是与理想主义相反。

仁斋关于仁义礼智的论述，颇为暧昧。今依岷山所说，似可稍窥其真意，曰：

> 仁义礼智，天下之达德也，而非性理之名。四端之心，是人之性也，以至于仁义礼智之端本，非生理之端绪。

宋儒以仁义礼智为性，以性为理，遂陷入寂静主义。仁斋欲与之判别，以仁义礼智为道德之名而非性之名，结论反而恐怕与孟子旨意不合。岷山不单言性，"性理"即宋儒"性"之意，从此足可知他想要峻别的东西到底落于何处——仁义礼智由四端扩充而成，四端本来就是人性。毋庸赘言，仁义礼智渊源于人性。但是，不可以说仁义礼智是性理之端绪。若以其为性理之端绪，则是向寂静主义打开方便之门，执老佛之手而与之交颈。他又曰：

> 道者天下之达道也，德者天下之达德也。性也心也，一人之所固有。道也德也，天下之所通行。道者德之流行，德者道之功能也。而后人得之，则曰有道，曰有德，曰仁者，曰智者也。

仁斋一派认为，性与心是个人的，道与德是社会的。即此亦可知。朱子以四端之"端"为"端绪"，岷山又反对，认为"端"非"端绪"，而是"端本"之意。遂论曰：

> 孔孟与宋儒之学，所以从分者，在此端绪也。

在这一点上，可知仁斋一派与宋儒相背反的始末。岷山认为，天下不可以一个"理"字来决断，必须酌情考量。其言曰：

> 凡事专依理断决，则残忍刻薄之心胜，而宽裕仁厚之心少。上德既菲薄，而下必多伤损，人亦不心服，须有长者之气象方可。

又曰：

> 圣人之道，人情而已矣。《礼记》凡三千三百，曲折

详悉，至矣尽矣。而后曰，"此孝子之志也，人情之实也，礼义之经也，非从天降也，非从地出也，人情而已矣"，是也。其御人情者，仁义礼智也。然宋儒以来，以仁义礼智为性，以性为理，故其仁义礼智之训诂，亦非孔孟之仁义礼智，而毕竟至于灭情也。

又曰：

> 老佛以人情为恶，圣人以人情为善。顺善而导之，此乃圣人、邪说之所以由分也。夫人伦之所以立者，以人情也。人生不能无情，是以圣人顺人情以教之也。云云。以天理为善，以人情为恶者，邪说之道也。

岷山此论可谓切中肯綮。邹鲁之学并不是要以理立道，争夺权利义务，只是以人情为基础，故有宽宏仁爱之厚、辞让谦退之切。若欲以理悉数裁断，虽求己甚严，但责人太深，浸润肺腑，透彻骨髓，终成刻薄残忍者之流，远不及圣人君子之盛德。为此，古之申、韩以及今之法律家所为与邹鲁之学相乖离。岷山曰：

> 仁义礼智，天下之达德也。四端之心，是人之性也。人性不能无情欲，故圣人不恶情欲，但以仁义为准则。既仁义，则情欲既仁义也。违仁义，则谓之利欲贪暴盗贼穿逾也。

这不是说要绝灭情欲，只是说要合于仁义，相对老佛，可谓说是发挥了儒教的长处。岷山又在《四书辨论》序中，论"道"曰：

> 夫道也者，天下之公，非一人之所私，翅求是而归是而已矣。

又曰：

> 万物各有主，非吾有莫取。惟此公道，取之无禁。故当仁不让于师。一洗千古误，永立万世法。斯古人之志也。

即此可知，岷山以道自任，气宇轩昂，殆有不让其师之概。

第三章

伊藤东涯

第一 事迹

仁斋死后,继承其学术最为忠诚的是伊藤东涯(涯,一作厓)。而且,东涯还将仁斋学派壮大至与蘐园学派相抗衡的势力。东涯为仁斋的长子,名长胤,字元藏(元,一作原),东涯其号。盖居堀川之东,故而自号。其又号慥慥斋,谥绍述先生。《秦武乡闻书》曰:

> 此仁斋翁妻妊娠之时,每夜每夜,先生读《孝经》并圣经贤传之佳书等,是讲读而使之闻乎?于是生子东涯先生,博识之君子,世以所知也。此胎教,是亦感人之语而记者也。

东涯自幼接受家庭教育,博览强记,以唱道家学为己任,蔚然成一大家。藤原常雅公撰《绍述先生碣铭》曰：

> 沉静寡默，恭俭谨慎，口不言人之过。不事表襮，不设防畛。终身不仕，讲学于家。剖析经义，蚕丝牛毛，然未尝强以语人。而就问者日众，远近尊之。无他嗜好，祁寒暑雨，未尝手释卷。云云。

东涯生活没有变化波澜，此数十言殆可写尽。尤其是"沉静寡默，恭俭谨慎"八字形容东涯，可谓至当，无复余韵。纪伊公曾想用六百石招聘东涯，东涯推辞不就，他与仁斋一样，选择一生在民间讲学。其诗《吾庐》曰：

> 孱颜壮帝居，风景似环滁。
> 烟火十万井，当中著吾庐。
> 吾庐尤湫隘，闲门枕清渠。
> 两岸有人家，相距九轨余。
> 崖下深寻许，土沃近沮洳。
> 旋辟丈来地，为栽数科蔬。
> 阳乌既敛翅，凉吹飘吾裾。
> 时有三二友，惠来趣晏如。
> 谈中无他说，多及诗与书。
> 少焉星彩收，冰轮走大虚。
> 方休逐清光，命仆移且舁。
> 草间虫声起，叶底露华疏。
> 谈罢衣袂湿，相揖说归欤。
> 客去兴未尽，倚筇暂踌躇。

《先哲丛谈》（卷之四）云：

> 东涯时，俊杰辈出，各竖旗帜，以自振一方。而《绍述文集》二十卷，不有一言及之者，识者以为难。

东涯之所以如此，是因为他性格谦让，不事争端。贝原益轩与仁斋意见不合，他固然知道，然其文章《题贝原翁及妻某氏字帖》曰：

> 呜呼！损轩子之书，端有好度，老而不衰。某氏躬孟光之贤而兼卫氏之笔。云云。

我们看不到丝毫厌恶之情。并河天民作为仁斋门下，也激烈攻击仁斋的学说。东涯曾在生病之余，作诗曰：

> 夜来一雨洗尘寰，蕉葛凄其毛骨寒。
> 行药君今有奇策，些凉放秋问青山。
> 圆颅方趾满区寰，唯解附炎与弃寒。
> 才器如君须自惜，前程事业重丘山。

即此可知，东涯的宽广胸襟。特别是物徂徕，当时，他大张旗鼓，攻击仁斋，急于树立己见。但东涯置若罔闻，《先哲丛谈》（卷四）曰：

> 东涯与徂徕，同时各鸣东西，而徂徕每臧否东涯不置，或遇自西至者，即首叩以东涯所业。东涯异于此。菅麟屿至日，出徂徕赠己序以见之。麟屿出，东涯曰："物氏

文，譬犹蒙鬼脸恐喝孩儿者。"奥田三角多年亲炙东涯，闻其评骘徂徕，唯此一言耳。（此事又出《闲散余录》卷之下）

又曰：

> 弟子尝持徂徕天狗说来示东涯。时北村可昌、松冈玄达在坐，同观极口刺讥之，而东涯喑不容一言。二生曰："此文非只聱牙不成语，而说亦可谓不通矣。先生以为何如？"东涯曰："不，人各有见，何必轻驳之？况其形容天狗之状者尽矣，今之秉笔者，恐不及。"二生大愧。（此事又出《文会杂记》卷之三下）

东涯虽然未必尊崇徂徕，但对他亦不轻侮，冷冷淡淡，不为其动，如岩石屹立于狂澜怒涛之中。他如果没有自家的主义本领，内心没有坚定的信念，是不能如此的。若比较东涯与仁斋，可知二者颇有不同。仁斋识见超绝，有创业之才，东涯识见远不及仁斋，但在博学方面，却凌驾于仁斋之上。东涯恰好适合绍述仁斋的学说，殆是天意如此。《文会杂记》（卷之一上）云：

> 东涯之学问倍于仁斋。不唯能领会名物六帖等摘录，于解释意义处，亦尤为用心。其学问之笃，颇难及也。《制度通》等，即其仔细领会《文献通考》《杜氏通典》《明会典》等后完成之物也。大抵唯详究书籍之后，方可完成。南郭语云。

可以看出，服部南郭对东涯的笃学尤其佩服。他说："如东涯学问之笃，此以后绝不可有。"这固然是过誉之言，但亦可知东涯在当时学术界占有如何重要的地位。荻原善韶记载东涯说：

> 或人往东涯之所，言："虽反复读《史记》五遍，然未解者多。"东涯对曰："吾子不得解者，当然之事也。余读二十一遍，亦有未解者。"绍述先生之勤勉精密，诚可惊叹也。云云。

由此看来，东涯颇为勤学精读。在这一点上，每个人都应该对他毫不犹豫地表示敬意。但是，也不能因为他谦让和笃学，就对其过分夸大。他缺乏才识，没有值得一提的创见，我们不如说他是一意"退婴"，是绍述家学的大儒者。他绝对没有天空海阔的气象，也不是经营震天伟业的豪杰之徒。因此，读他的著书，会让人困倦，没有丝毫快意，感受不到令人拍案叫绝般的情形。《拙堂文话》（卷一）曰：

> 东涯之文少疵，然气焰不及，读之思卧。古人谓"文以气为主"，信然。

拙堂的评价可谓切中肯綮。东涯的评论和他的文章一样，四平八稳，少有破绽，但气焰沉滞，毫不张扬，使读者厌倦。《文会杂记》（卷之二上）曰：

> 东涯之文，无特值择取者。经史博论，亦毫无趣味云。

东涯本身并没有能使人耳目一新的思想，文章固然很多，但几乎没有值得一提的东西。诗大多也很平凡，经不住朗读推敲，但也有佳作。下举数首：

秋郊闲望
一村桑柘暗，千亩稻粱肥。蓝水流红日，白云住翠微。
世途荣愿薄，今古赏音稀。尚愧机心在，山禽惊却飞。

月下闻砧
寒杵丁当响，捣残月满天。
只闻来枕上，不识自何边。

赠塾中诸子
离乡迢递滞京城，萍水相逢皆弟兄。
喜子前程期远到，萤窗残夜听书声。

勖童生
谁甘草木与同腐，莫使凤麟为独奇。
闻说分阴重尺璧，朱颜几日鬓丝丝。

送大村景尹东游
六经千里志，一剑十年光。天外波涛白，愁边草木黄。
古来有穷达，男子慎行藏。吾道要扶起，差令人意强。

江村北海著《日本诗史》（卷之三），论东涯之诗曰：

其如经义文章，姑舍是，诗亦一时巨匠。近人动辄曰："东涯诗冗而无法，率而无格。"噫！谈何容易？东涯篇章最饶，余阅其集，有润丽者，有素朴者，有精严工整者，有平易浅近者，体段难齐。余虽后生时，犹及识东涯其人温厚谦抑，口讷讷似于不能言者，与今时学者自托龙门，倨傲养名，懒惰失礼者不同也。人有乞诗，则无论贵贱长少，黾勉应之。大名之下，乞者日众，所谓卷轴之积，如束笋者。是以其所作，有历锻炼，有出率意，毕竟无害为大家。

北海如此盛赞东涯之诗，然不举一首，盖深服其德，故有此言。那波鲁堂著《学问源流》，说东涯"诗无力，味少"，反而可谓恰当。不过，东涯规模广大，造诣也不浅。东涯作为诗文作家，我们亦不可轻慢。板仓胜明曰：

> 先生笃学，以实行自任，诗文则其绪余而已。以余观之，其诗文，虽专门名家，殆有不能及者。盖蕴于内而溢于外，所谓"有德必有言"乎？云云。

又《近世丛语》（卷之四）曰：

> 东涯以名教自任，诗文其余事也，而亦一时之巨匠也。文学唐宋大家，缜密精整，无浮躁之态，犹其人也。诗不坚持门户，其多以应所，其体不一。夫视当时尸祝李王，有一种滋味云。

这也是一说，只是他气魄光焰不足罢了。据说东涯讲学声音很低，让听讲的门人很难受。

东涯著述极多，与贝原益轩、新井白石等在伯仲之间。《闲散余录》曰："近世诸儒中，著述之多者无若东涯。"这固然有夸张的成分,不过,所谓"著述等身",形容的就是东涯这样的人。《闲散余录》又曰:"凡既刊与未刊,合有四十余部百六十四卷。"事实上,其著作比这还多,总计有五十三部二百四十二卷及三幅图。平维章著《东海谈》(上编)曰:

> 或国君问当世名人。答曰:"儒者伊藤源藏、荻生总右卫门;历算中根丈右卫门、久留岛喜内,特丈右卫门,不唯历算,多艺之人也;笔道细井次郎大夫;官位装束壶井安右卫门;神道贺茂之梨木氏;俳谐松本次郎右卫门;通俗戏台狂言市川团十郎。"

想来,仁斋死后,江户有徂徕,京都有东涯,二者作为学界重镇的东峰西岳,遥相对立,成为当时一大奇观。太田锦城著《九经谈》(卷之一)云:

> 东涯先生博雅多识,当时无比。其所著作,皆有用之书也。经义辨驳宋学,十得七八。唯其推衍家学者,多不醇正。然要之,学问之博,著述之富,为我邦儒先之第一矣。

猪饲敬所又评价说:

> 东涯之为人,温厚而不与物竞,博学多识,其见亦不固陋,但惜有意于攻宋儒张家学,故区区争坚白,往往有小辨破义者。是其所以受不醇正之谤也。

东涯自认孝子,对仁斋很是敬爱,故丝毫不违仁斋学说,一生敷衍绍述，孜孜不倦。于是，仁斋有偏颇的地方，他也偏颇，不能醇正。不过，东涯本身有君子之资，当然也具备教育家的素养，对当时名家而言，有不少裨益的地方。

《先哲丛谈》（卷之四）曰：

> 东涯经术湛深，行谊方正，粹然古君子也。

此言确实恰当。东涯平素孜孜不倦，致力于讲学，还擅长书法，《名家手简初集》就收录有他的手迹，即此可知其一斑。东涯门人中有个叫高养浩的，曾著《时学针炳》（二卷），他在卷末品评东涯的人品曰：

> 温厚之长者也。博识洽闻，不减徂徕。惜哉！性过谦让，而智乏施设；学包众美，而才短教诲。是以有问则答之，答亦不精详；不问则不示之，不示亦非有吝。然其于父师之说也，补苴罅漏，张皇幽渺，笔削改纂，可谓有大勋劳矣。《童子问》《语孟字义》之二书，既已刊行，《论孟古义》，坯璞略具，而成说未完。先生与门人校仇讨论，予亦忝在末席。以今思之，《论语》一书，章章句句，说修为者多，故仁斋之旨符合矣。抑至《孟子》论心性，则窒碍不通者过半矣。故今所刊行《孟子古义》，其实成于东涯削鐻之手者也。由此言之，则东涯之学识，未必无异议于其家说，而孝子仁人，岂忍梦寐之发哉？是以当知，先生笃志贤虑，非他人所敢及也。

东涯生于宽文十年（1670）四月二十八日，元文元年

（1736）七月十七日卒于中风，享年六十七岁。娶妻加藤氏，生有三个儿子，两个夭折，只有小儿子善韶继承家学，堀川学派得以绵绵不绝。东涯有座右铭，可知其平生。曰：

> 跬步不可忘尔所生，一日不可旷尔所识。所生恩如天，忘天身斯覆；所识惟身本，忽本命必极。惟非吾言，是帝之则。以此事君则为忠臣，以此交人则不失德。

原东岳著《经说拾遗》序曰：

> 昔人有言：文武之后，不得不生仲尼；仲尼之后，不得不生孟轲。于是亦云：两夫子后，不得不生仁斋、东涯二先生。夫孔圣没后，有孟夫子，孟夫子没后，天下之道为贸贸焉。数千载而二先生出，毅然以道自任，续不传于遗经，独发明之。上自尧、舜、禹、汤、文、武以至孔孟，极其精微，下如阴阳事物神仙怪诞，无不归正，以破千岁之惑。设无二先生，则道卒丧，言卒湮。而数千百岁之间，华既无其人，而孔孟之适派，邈然传乎吾日本，则昭代文献之隆，于兹可征。

由此可以想见，当时堀川学派对仁斋、东涯的尊崇，与孔、孟相比亦不遑多让。

第二　著书

《辨疑录》四卷

此书为东涯三十九岁时编著，后经二十余年，至享保十八年（1733）出版。开端有东涯的题词，曰：

> 学不为则已，为则当为圣贤之学。为圣贤之学，则当读圣贤之书。圣贤已徂，言岐旨隐，过高过紧，学不复古。先君子体沉潜之识，奋独得之见，一片婆心，和盘托出。虽微言精义，剖析无余，而初学晚进，尚或烦问。因叙旧闻，参以新得，笔为《辨疑录》四卷，以为答问之资焉。

卷末有小贯徽典所作跋文。《先哲丛谈》（卷之四）有言：

> 或曰："东涯《辨疑录》，答贝原益轩《大疑录》而作之。"此言不然，《辨疑录》一拾仁斋遗漏，以主张家说耳。云云。

益轩所著《大疑录》并未批驳仁斋，东涯亦无答辩之理。而且，《大疑录》成书于正德四年（1714），比《辨疑录》成书晚，可知二书毫无关系。

《古学指要》二卷

此书成于仁斋死后十年，与《辨疑录》同为敷衍家学之作。

《学问关键》一卷

此书以和文写就，叙述家学大意，东涯死后翌年即元文二年（1737）发行。其中论曰：

> 毕竟道云者，即事即道，于人人行事之上。离吾身，而有一物可见乎？

又曰：

> 又试之将来，却后千百年而假令有圣人出现，不恶此孝弟之道，决焉可知。

开头有菅原家长所作序文，曰：

> 其存日尝命梓此书，未成而没。

结尾有奥田士亨所作跋文，曰：

> 呜呼！此书最系晚出，是不可忽诸。苟欲得其门而入者，不由关键而可乎哉？

此书盖享保十五年（1730）著，故士亨以其为最晚出。

《天命或问》一卷 写本

此书系宝永三年（1706）著，无序跋。

《复性辨》一卷

此书辑录三篇驳斥复性说的论文，成一卷。卷末有平维章所作跋文，系享保十五年出版。

《古今学变》三卷

此书讨论古今学问的变迁，由奥田士亨和兰嵎共同策划校刻。卷末言"宽文三庚午新刊"，开头有东涯所作序文，曰：

> 三代圣人之道，变为今日之学。其所由来者渐矣，岂

> 唯一朝一夕之故也哉？一变乎汉，再变乎宋，潜移默夺于千有余岁之间，以至今日。而今日之学，不复与古之学同矣。云云。

东涯著述此书的目的是彰明家学的历史地位，享保七年（1722）脱稿。

《经史论苑》一卷

此书开头有善韶所作序文，末尾有奥田士彦所作跋文。《古义堂遗书总目叙释》曰：

> 辑治经、八论、品士、四科等杂文，以载《闲居笔录》后。甲寅之岁，选散载集中。后复旧又分以为一部，未立号，只题篇首之文，名曰"治经八论"。韶今改名为《经史论苑》。云云。

即此可知此书的由来。

《经术文衡》三卷

此书收录有宋、元、明诸儒关于经义的十八篇文章，享保十九年（1734）刊行，开头有伊藤介亭所作序文。

《经史博论》四卷

此书收录东涯有关经史的六十余篇文章，宝永七年（1710）脱稿。卷末有原田邦直所作跋文，盖元文二年（1737）刊行。

《训幼字义》八卷

此书为和文写就，系东涯于享保二年（1717）作。开头有自序，曰：

第三章　伊藤东涯

起笔于丁酉之夏初，而稿脱于腊月之上瀚。为类凡三百三十六。云云。①

卷末有樋口公英所作跋文。此书最早刊行于宝历九年（1759）。

《闲居笔录》三卷 写本

此书在东涯语录中最为有趣，可惜尚未出版。开头有善韶所作序文，曰：

享保庚戌之岁（即享保十五年），先君子草《闲居笔录》。其书虽未为全书，然晚年之所著，最可玩味矣。其议论纯粹，文章平稳，乍读虽如寻常之话说，而意实精到。所谓言近而旨远者，岂其是耶？其原本分门，曰杂记上中下，曰字义后录上中下，曰读史五论、品士四科，曰经臆上中下，曰拾遗上中下，凡十二卷云。已属稿后二三年，而校刻《辨疑录》，采此稿所属经说最阐明者数十条，补入焉。题辞所谓代以新得者是也。又分五论四科，附八论，别为一部（盖《经史论苑》）。故此书条款不第，遂为不完之稿。善韶从幼龄，深恨此书之不为完璧，秘珍数年所矣。前年为托门生数辈，新缮写一本，就原本校订。《辨疑录》中既载者去之，文章断截不完者亦除之。故稿本之条目次序，混淆不厘。今新编定次第，分为上中下三

---

① "为类凡三百三十六"疑有误，东涯原文为"为类凡二十六，为条凡三百二十六"。参考井上哲次郎、蟹江义丸编《日本伦理汇编》卷之五，东京育成会1901年版，第312页。——译者注

卷，拾遗一卷。云云。

如今所传《闲居笔录》，并无拾遗。善韶所作序文成于明和五年（1768）。

《读易私说》一卷写本

此书卷末附录有《十翼非夫子所著辨》，列举十三种理由，论证"十翼"非成于孔子之手。

《读易图例》一卷写本

《周易经翼通解》十八卷

东所本打算在明和八年（1771）出版此书，不过至安永三年（1774）才竣工。

《周易义例卦变考》一卷写本

《东涯漫笔》二卷

《古义堂遗书总目叙释》曰："此晚年所笔记，文稳意深，恨未全书。"板仓胜明选择此书，将其收入《甘雨亭丛书》。

《己丑笔记》一卷写本

卷末有言："予客岁修理旧稿，缮写成册，作《辨疑录》四卷。其后亦稍有劄记，凡二十七则，名曰《己丑笔记》。宝永六年（1709）蔄月日，伊藤长胤志。"

《圣语述》一卷

《古义堂遗书总目叙释》曰："原编在集中，今别行。"此书所载凡四十三章，每章开头叙述圣贤之教大意，末尾引用圣语作结，故名《圣语述》。今有木活字本行世。

《绍述先生诗文集》三十卷

此书开头有右大臣藤原常雅公所作序文，末尾有善韶所作跋文。盖善韶校订出版，宝历十一年（1761）竣工。有关此书由来，《古义堂遗书总目叙释》有详细记载。

《绍述遗稿》四十五卷 写本

此书为东所编定，收录有东涯遗书三十余种，目次如下：

（一）《先游传》；（二）《诗经要领》；（三）《占毕漫钞》；（四）《集语钞》；（五）《古官》；（六）《宫殿门考》；（七）《宫室名号》；（八）《阅史随钞》；（九）《国事杂语》；（十）《考古杂编》；（十一）《倭汉通信杂志》；（十二）《朝鲜杂志》；（十三）《鸡林军记》五卷；（十四）《朝鲜谚文字母》；（十五）《文章辨略》；（十六）《杂隽手录》；（十七）《肆言类隽》；（十八）《柬牍套语》；（十九）《左氏熟语》；（二十）《须记诗选》；（二十一）《明诗绝奇》；（二十二）《东涯诗话》；（二十三）《东涯谭丛》二卷；（二十四）《姓林全书》；（二十五）《五音五位口诀》十例；（二十六）《避讳书》；（二十七）《异名考》。

附

（一）《朝野通载》三卷；（二）《朝野通载续集》三卷；（三）《朝野通载新集》；（四）《当世诗林》；（五）《当世诗林续编》；（六）《当世诗林新编》；（七）《时英文隽》三卷；（八）《时英诗隽》二卷。

遗稿中，《东涯谭丛》有单行本，神陵津驿作序文。

《刊谬正俗》二卷

此书为门人安原贞平于宽延元年（1748）在东京刊行。之后数年，书肆罹患火灾，木版被烧毁。为此，京都书肆文泉堂于明和九年（1772）再刻发行。

《盍簪录》四卷 写本

《盍簪余录》二卷 写本

《制度通》十三卷

此书系东所于宽政八年（1796）刊行。

《邹鲁大旨》二卷

此书系奥田三角于享保十五年（1730）出版。

《秉烛谭》五卷

此书系东所于宝历十三年（1763）刊行。

《童子问标释》三卷

《语孟字义标注》二卷 写本

《中庸发挥标释》二卷

《论孟古义标注》四卷 写本

《大学定本释义》一卷

东岳著《笔畴》（卷之六）曰："东涯先生《大学释义》，真可谓注古书之纯式。简而不疏，明而意长。此上加音注，以华之措大示之，可谓叹嗟嘉尚，今世中夏之儒辈却有所不及也。"门人赞美此书，其深如此。

《四书集注大全标释》六卷 写本

《輶轩小录》一卷 写本

此书收录于《百家说林》（卷四）。

《势游志》一卷

《三奇一览》一卷 写本

《周易传义考异》九卷 写本

《通书管见》一卷

《太极图说管见》一卷 写本

此书末尾，东涯自记曰："甲申之秋，今刑部尚书藤公，请先君子讲《太极图说》。予时受其说，作论十篇，以演其旨。今兹豫州学生义准，就予求讲，予告以家庭所得，既而辑着其说，名谓管见。"可知此书的来由。此书刊行于宝永四年（1707）春，为草行。

《太极图说十论》写本

"十论"即：第一"无极而太极"，第二"无声无臭"，第三"继善成性"，第四"五行一阴阳"，第五"无极之真"，第六"五性感动"，第七"阳善阴恶"，第八"定之以中正仁义"，第九"无欲故静"，第十"体立而后用行"。

《用字格》四卷

此书的初稿曾私刻于坊间，未经修改，故谬误不少。享保十九年（1734），奥田三角悉数更正其谬误并予以出版。宽政四年（1792），东所再刻。

《助字考》二卷

《名物六帖》三十二卷

此书解题详见《番外杂书解题》（卷之十一）。

《帝王谱略》五卷 写本

《甘雨亭丛书》收录《帝王谱略国朝记》一卷。卷数虽然不同，但应是同一本书。

《和汉官制》一卷 写本

《本朝官制沿革图考》六卷 写本

《三朝纪略》二卷 写本

《朝鲜官职考》一卷

《释亲考》二卷

《唐官钞》三卷

《古今教法沿革图》一铺

《唐官品图》一铺

《明官制图》一铺

《历代官制沿革图考》一卷①

《春秋胡传辨疑》二卷 写本

此书辨至隐、桓二公,并不完备,东所有作序文。②

以上,总计五十三部二百四十二卷及三幅图。

东涯著书中,与学说有关的有《辨疑录》《古学指要》《古今学变》《学问关键》《经史博论》《经史论苑》《天命或问》《复性辨》《训幼字义》《闲居笔录》《东涯漫笔》及《绍述先生诗文集》《绍述遗稿》等,其他仅可供参考。作为语录,《闲居笔录》最好,学者切勿轻视。

第三　学说

因为父师仁斋,东涯思想遭到桎梏,丝毫不能提出自己的

---

① 补正一:《历代官制沿革图考》一卷,加入以下说明:此书以钟伯敬著《通鉴纂》所载王光鲁之"官制沿革图"为根据,并续补明代官制,末尾附载有"文物教官勋爵图"。坊间所传版本分为两卷。

② 补正三:伊藤东涯著书中加入《经说》(写本,一卷)。

创见。其有关道学的著书虽然有十余种，但除祖述仁斋学说外，没有绽放出任何异彩。真理比父师可贵，不能因为父师牺牲真理。不过，东涯为人温厚谦让，不能违逆父师学说，终身孜孜不倦，目的只是绍述父师的学说。他就像詹姆斯·穆勒的儿子约翰·穆勒，没有批评父亲的勇气。总之，东涯是完完全全地尊崇仁斋的学说。《辨疑录》（卷之四）末尾曰：

> 先子生于宽永之丁卯，而终于宝永之乙酉。初穷河南考亭之微旨，兼参青田新建之奥义，直溯洙泗，恍然独得，未强教导，青矜麇至。注《论》《孟》，则有《古义》；解《中庸》，则有《发挥》；总其义解，则有《语孟字义》；详其受用，则有《童子问》。微显阐幽，大义粲然。长胤日侍亲闻，饫其提诲，千闻一得，仅了大义。虽仿赵括之读父书，竟愧扬乌之与玄文。今音容日邈，微言易渝，尚奉承遗旨，不敢失队。

东涯崇奉父师学说的因缘情感，此段叙述可谓极为清楚。东涯著《学规》曰：

> 言忠信，行笃敬。为善取人，不吝改过，不亿不信，不逆人之诈伪。不为名勤，不为利谋。勿闻誉喜妄，勿闻毁怒妄，勿咎人欺己，勿怨人慢己。不记己有恩于人，不忘人有德于己。入则孝，出则弟，弟子之职备。居仁由义，大人之事全。

此为东涯搜集古人语句而作。又《自警》曰：

天地之间至难得者人也。而既得人，至难遇者明师良友也。而亦得遇之，则得二大幸于厥身。此时荏苒居诸，耽乐之从，则自绝于天而甘为禽兽瓦砾也。有人于此焉告之曰，"汝禽兽也，瓦砾也"，则怫然而怒，悍然而骂，以为妄人也。然观今之为学者，耳目口鼻，心知百骸，固如人也，饮食嗜欲仪貌言谭，亦如人也。一旦灰消露溘，则骨肉未化于土中，而姓名先没于世间。至此谓之禽兽也，瓦砾也，其谁不信？噫！得天地之贵，为万物之灵，而一念之差误至于此。吾为此等人，悼其为人。又或恐其名之弗传于后，务著书作文，以自表见，不亦误乎？颜子居陋巷，未尝著一辞，而其名彰于百世之下。扬、王、韩、欧拟古立言，其书满屋，而正论亦所不与。名之传与否，其岂特系乎立言哉？欲扬名而为文，吾悲其为文。善哉！周子曰："圣人之道，入乎耳存乎心，蕴之为德行，行之为事业。"彼以文辞而已者陋矣，是乃不言之言，不文之文，楷于万世，而同悠久乎天地者也。冀立身行道，扬名于后世以显父母，贵天地之贵，灵万物之灵，而免为瓦砾禽兽，此吾平生之志也。书诸座侧，以代弦韦。

东涯又作《十箴》，以求自律，如下：

（一）择朋必精，少勿习恶。
（二）学术必实，少勿浮靡。
（三）庄敬必肃，少勿愉惰。
（四）言语必慎，少勿暴慢。

（五）孝慈必勤，少勿忽略。
（六）兢惕必励，少勿费晷。
（八）见义必迁，少勿犹豫。
（九）富贵必轻，少勿慕美。
（十）贫贱必安，少勿忧戚。

这是东涯实践的东西，对任何学者而言，都是合适的训诫。其可谓"十善"，又可谓"十戒"。东涯又有《笔记》，曰：

一时之毁誉不可倍也，万世之褒贬不可欺也，众人之好恶不可恃也，君子之是非不可罔也。故事验之久远而不违，质之君子而不谬，而后可以知其实耳。是以一时不以为是，而万世以为是者，隐德之君子也；一时不以为非，而万世以为非者，衒名之小人也。小人一时伸而万世屈，君子一时屈而万世信，是名之初不可恃，而实之遂不可灭也。如此之君子，修身行道，励操高节，岂顾一时之毁誉与众人之好恶耶？惟恃君子之是非与万世之褒贬耳。

东涯之言，值得倾听的多是此类关于实践的训诫，值得介绍的独自创见是没有的。不过，他本性高尚，除了关于实行的训诫外，还有不少足以启发当世学者的内容。今列举其最切合者如下。

一

学道者，要在知其本。本者何？当人职分之所当属之事也。

二

虽一善之微，日养而不害，遂成其德。虽一恶之小，日长而不除，遂丧其身。

三

苟有善，当谦让以晦之，岂可夸扬之乎？其夸扬之，乃丧其善之所以也。

四

所谓善者，非显然著于事，而后谓之善也。虽一言一行之微，亦无不善。故圣人加勉于此。人于其显然，犹或能勉之，至言行之微，却忽而不察。此善卒不进之所以也。所谓恶者，亦非的然发行，而后谓之恶也。虽一动一作之末，亦无不恶。故圣人必致慎于此。人于其的然，犹或能慎之，至动作之末，却轻而不省。此恶卒不除之所以也。

五

利苟不可就，害苟不可避。故不以其道，千驷之富，亦何所不受？苟以其道，斧锧之残，亦何所不辞？

六

不为无益之事，进学不谈无用之事，则德成。今人终日所为所言，总不及礼义，其为有益之事，谈有用之事者亦鲜。学之不进，德之不成，由职乎此，可不慎哉！

七

人之是非易知，己之短长难见，人之常情也。然吾平生熟察自家身上事，其是非得失瞭然易见，而至人之邪正美德，或有难辨。故吾以为，己之是非长短易知，然虽知己之短，不能革之，虽知己之长，不能成之。是者，或厌而弃之；非者，或忍而从之。是其良心之少发而不能扩之，学者所当警省也。

八

求誉望，务闻达，圣人之所戒，然君子恶终身名之不称。故好名之弊，当责之于中人以上，不当责之于中人以下。中人以下，以名闻励之可也。

九

为学之要有三：志也，勤也，好也。虽徒勤之，不好，无以进。虽徒好之，无志，无以遂。虽徒志之，苟不得其正路，无以成。或有志而学不进者，其志小耳，然未得其正路耳。苟所志大，且得其正路，无所不至也。

十

凡读书，浏览十过不如熟览一过，浏览十书不如熟览一书。

十一

才美，则有恃能之疾，不可不防。学博，则有外驰之患，不可不备。

十二

人离身求道，非也，道固不离人。以己心为师求道，亦非道也，心或违道。以己心求道，躬而实践之，其庶斯乎？

十三

详法而惜情，贵名遗实，义胜仁薄，此学之末失也。后世之弊，专在于此。

十四

天下之是非，不可掩也。强辨以轧之，偏执以御之，徒可以塞众口，而不可以服众心。众心既不可服，则众口亦何以可塞？曷足定天下之是非？

十五

天下有狥名之弊，而是非淆矣。名未必副实。天下有务实之效，而是非定矣。有实则名传，人其可不尚实乎？

十六

学得其方，则应事接物，各得其当。自益益人，莫以尚焉。苟少乖其方，则不唯无益，往往贻害，或为衒智负才之具，或长偏狭忌克之弊，不如不学之为愈也。人其可不学哉？学其可不知所向哉？

十七

知人之恶易，知人之善难。知人之恶，譬如处高以临深，纤悉可辨。知人之善，譬如居下以仰上，眼力难及。不唯道德事业为然，见人之诗文字画亦然。非地位高而眼力明，则不能识古人之不可及。矮人观场，谁会真知？

除以上格言外，东涯也不是没有值得注意的见解。《东涯漫笔》（卷之下）曰：

> 人修行义，治生产，保身体，此三者人道之所以立，而所不可不最先讲求焉者也。云云。

大概"修行义"指道德，"治生产"指经济，"保身体"指卫生。确如东涯所言，对任何人而言，道德、经济与卫生三者应该是最重要的。东涯又在《闲居笔录》（卷之下）末尾论心身

关系曰:

> 心与血肉,相待以有生,犹靶竹相围而声出,破之则哑;金石相戛而火发,离之则已。人之一身,四肢百骸,完具无缺。饮食不失其养,血气不失其平,阴阳不失其和,而后心灵而能明矣。苟体饥气乏,则心为之病,况乎肢体变灭,骨肉消散,心何所寓乎哉?且初生小儿,虽能活动,未有知识,肤革日充,而精神日灵。及其壮长也,形躯壮实,则智虑随长。其老也须眉皓白,筋力枯瘁,则精神亦荒废。斯身变灭之后,斯心亦从而变灭可知已。故心与血肉,相待以生。有血肉而后有心,非有心而后有血肉也。

东涯此论与唯物论者的主张完全是如出一辙。毕希纳在其著作《力与物质》(*Kraft und Stoff*)中,论心身关系说:

> 悟性随着年龄的增长而增长,又随着年龄的老化而降低。众所周知,这同等地适用于任何人。云云。如果像很多人认为的——精神脱离身体而能独立存在的话,那么随着身体的逐渐消融,精神力则会完全相反,愈加壮大。

此外,倍因、卡文特、拉德等心理学家都论述过心身关系,证明二者不可分离。东涯的论旨虽然未必精细,但其所谓心身关系是必然的,而且,肉体的健康即是心灵的根底,这就道破了健全的精神寓于健全的身体之中(Mens sana in corpore sano)之意,可谓颇有趣味。

东涯曾著《天命或问》，反对宋儒之说。关于天命，宋儒区分理、气二者，认为有理之命和气之命。理之命即天地之所以为天地，人之所以为人，物之所以为物，或谓无极之真，或谓本然之性，随处而异名，皆是理命。气之命也包含两类：一种是吉凶祸福、贫富寿夭，即所值之不同；一种是智愚贤不肖，即所禀之不同，犹有本然气质。但东涯认为，凡圣人所谓命，只是气之命，而无所谓理之命，而且，气之命亦与宋儒所论不同。他辩论说：

> 宋儒所云气命者，有两般：一是吉凶祸福，一是智愚贤不肖。然圣人所云命者，就气之中，亦专就吉凶祸福上为言，而未尝就智愚贤不肖上说。何者？圣人所云命者，皆是就今日相值上立言，而未尝溯最初禀受处而言之也。

东涯此论本于仁斋，但可谓更进一步。他又著《复性辨》三篇论文，大破复性说之非，其言曰：

> 圣人之教人，其方固非一端，然皆莫非渐次积累以成其大也。云云。唯佛老氏之学，其说亦非一端，然莫不以反其初为说焉。故老氏欲绝仁义废礼乐，以反其无。佛氏欲绝欲息妄，超脱轮回，证其所谓本觉真如者以到佛地，所以说还灭说归真。至后世儒者之所道，则居伦理纲常为重，礼乐刑政为大，固已斥彼二氏之不足以为道矣。然其工夫欲去物欲变气质，以复其初，则其所道虽异，而其手段未尝不同也。然凡天下有生之物，皆必有其本，而积小至大，充微至显，未尝有复其初以能成者也。唯一定之

物，如明镜如止水，则在去其蔽以复其初，故活物之渐长也，不唯流水蒯蘖为然。凡人之为事，亦莫不然。不唯人之为事为然，人之进道为然，圣人之德亦莫不然。夫子十有五志于学，至七十然后始曰"从心所欲不逾矩"。圣人之资，固虽异于常人，而年愈高德愈邵，有人不及知而己独知之者。若复其性之初耶，则七十不逾矩之盛，既全于嬉戏俎豆之时。生知安行之资，岂将何有所拘蔽？而至七十然后始曰不逾矩耶？可见虽圣人之德，必渐积以极其盛也。从古伟人杰士，所以成德达材为万世称道者，亦皆工夫积累以底其成，原其初生之辰，则其所蕴蓄，曾无许多事业。而试之天下之事，凡伎术艺业，其称神称妙，能造其极者，亦积累工夫，然后能得成其道。问其生之初，则亦无许多知识，故人之恒言亦曰学进，而未尝有曰学复者也。

又曰：

圣人之言性，有充养之方，而无复初之说。以复说性，自宋而下矣。汉唐诸儒其说虽不明，悉遵依古义，而不甚有失也。唐之中叶，李翱字习之，著《复性书》三篇。儒者之言复性，自此而始。及至宋程朱氏，专说复性。其意以为，人性即理，理本善，生来具足，不待教法，而无所亏欠。自尧舜至于涂人，一也，但中间为气禀拘于前，物欲蔽于后，而原始所受之理，为所蔽蚀，而至与圣人大异矣。故今日学问受用，专要决去其中间所蚀之物欲，以反其本初之体。犹鉴之明也，为尘垢所掩，而失其明，磨其尘垢，则仍旧莹彻；月之光也，为云雾所掩，而失其光，掀其云雾，则仍旧清朗。此复性之说所以兴也。今审其义，凡言复者，物失其本而反初之谓。故日月之蚀，复明曰复，疾之愈亦曰复。若使天下之人其初皆全其圣人之德，而后来始失之，则固复其性之初可矣。然原其出胎堕地之时，呱呱而啼，蠢蠢而动，不知是非，不辨好恶，及不识父母兄长。若欲复其性之初耶，则固无恶之可除，又无善之可长。惟其蠢蠢之中，可以为善之本具焉。故其稍长也，分是非辨好恶，见父母则知亲之，见兄长则知敬之。此人性之所以为善而非物之所能及，可为圣贤之本胚胎于此。所谓良知良能，是也。苟有以养之，则可以成仁义礼智，不然，则虽有可成仁义礼智之德之本，而不能成仁义礼智之德。故圣人使人就其四端之本心，扩而充之，以其所不忍推之于其所忍，以其所不为推之其所为，以得成其德。云云。譬有一颗松子，方发生之时，莳之腴壤，则不日而荢甲柝矣，茎叶抽矣，日月以烜之，雨露以润之，则日长年茂，可以为千寻之乔木矣。今夫观蒯藥之生，谓可为千寻之乔木，则可矣，谓之即千寻之乔木，可乎？四端之心蒯藥之生也，仁义之德千寻之乔木也，将以四端之心为性之发，而求仁义于其初，则何以异于求千寻之形于未芽之先哉？

东涯此论甚好。作为修德工夫，与其说是复归本来之性，倒不如说是发展现在所保有的善，努力逐渐实现理想。复归本来之性是退步的工夫，难免陷于寂静主义，而通过进步实现理想，则是进步的工夫，其动力满满，与天地之推运不止相合。东涯著《经史论苑》，列举"品士四款"，即有品性的人具有的四种素质。"四款"即：第一"才科"，第二"行义"，第三"学识"，第四"心术"。他还著《大学辨》一篇，旨在声援仁斋的《大学非孔氏之遗书辨》。其论述要点是：仁义礼智四者乃治具之大，足以总括先王之道，而《大学》不言，却说格致诚正，大概是因为作者学孔氏却不得其统，故自叙所见，欲呈之于万乘之君。东涯还辨明其与宋儒关于鬼神之异。他虽不否定鬼神，但不认为有深究的必要，大概意思就是"敬鬼神而远之"。《经史博论》（卷四）有《鬼神论》上、下二篇，考其论旨，即古人所谓鬼神指天地、祖宗之灵，与今人所谓鬼神并无不同，然宋儒又言"万物之鬼神"，于是便出现三种鬼神——天地山川之鬼神、祖宗之鬼神、万物之鬼神，而万物之鬼神并非圣人所说的鬼神。最后，东涯论曰：

不穷鬼神之有无，此善穷鬼神者也。

他认为，鬼神之事依从传说即可，并不欲强行抽象探讨。又《闲居笔录》卷末曰：

鬼神能惑人也，人自惑于鬼，邪说非能移人也。云云。而于幽明之故，死生之际，枉费工夫，必求识之，于是惑于鬼，移于邪说，而不自知焉。

此与上文引文之论旨亦相同，可知东涯平生所考不出日常彝伦之外。

第四　门人

奥田三角，名士亨，字嘉甫，小字宗四郎，号三角亭，故略言三角，又号兰汀，号南山，伊势栬田人。三角幼时从学柴田蘋洲，蘋洲尝曰：

> 读书宜师天下第一人。当今之世，京师伊藤原藏，即其人也。汝可往学。

三角于是负笈游学，拜入东涯门下，亲炙十年，殆入其室，乃擢仕津侯。三角性情刚直，不屈于物，孝友纯至。享保二十年（1735），三角三十三岁，父丧，翌年，东涯永诀，乃绝酒肉，服心丧，合四年。三角年七十七，恐后人撰诔墓之文，于是建寿碣，自纪履历，其铭曰：

> 起于田间，升中厅直。何以得之？稽古之力。

三角年八十一而卒，著有《三角集》五卷。其自号三角，取意"缺盈之戒"。《三角亭记》曰："窃思，三角之为物，则方之半矣。缺盈之戒，无以加焉。"即此可知。后偏好三角，文房诸具至诸般杂器，多制以三角。三角事迹见《先哲丛谈》（卷之八）、《近世丛语》（卷之一）及《续近世畸人传》（卷之二）。

青木昆阳，名敦书，字厚甫，小字文藏，号昆阳，武藏人，仕幕府。昆阳本出自东涯门下，然学问之志全在实用，并不究思经义，故似与堀川之徒不类，然非初有他师。昆阳曾把番薯（即甘薯）传入我国，故以"甘薯先生"闻名。他还是最早讲兰学的人。"当昆阳时，未有讲荷兰之学者。昆阳独以为于其说必有可受用者，于是或之长崎质译者，或博考其书，遂粗略了会。"昆阳明和六年（1769）没，享年七十二，事迹见《先哲丛谈》（卷之八）、《兰学事始》（上之卷）、《名人忌辰录》（下卷）等。

泽村琴所，名维显，字伯阳，近江人。年十四从仕彦根侯，随侯居于江户三年，适逢罹患心疾，乃致仕而归。时有藩制，凡有心疾者，削籍不得再仕。他于是绝思宦途，游学京都，研究宋学。他回家后，闭门谢客，力学凡七八年，之后再往京都，遂从学东涯，受业一年而归。自此，他舍弃宋学，左袒古学。后来，他得到物徂徕的著书，读了以后，思想再次发生变化，开始崇奉徂徕的学说。琴所平生喜欢洁净，内行修清，自妻子丧后，断绝淫欲，居室清肃如僧庐一般。他又好赈恤，看到穷乏的人，不顾家里的情况，也要帮助他们。他尝自谓："吾固一无善状，唯在货色二者，未有对人难言者也。"琴所容貌孱弱，若妇人，然内心刚强有胆略。元文四年（1739）卒，年五十四。琴所事迹见《先哲丛谈后编》（卷之四）、《近世丛语》（卷之四）、《近世畸人传》（卷之四）、《事实文编》（卷囗）及《鉴定便览》（卷下）。

山田麟屿，名正朝，一名弘嗣，字大佐，麟屿其号，又号尚古堂，姓菅氏，据说为菅公苗裔，幕府侍医正芳之子。麟屿天性警悟，不好嬉戏，六岁能读国字书册，又赋和歌，七岁跟

随父亲句读四书五经。自此以后,他不用劳烦课督,日夜诵读、研究经史。其《赐出身上笺》曰:

> 臣之父亦听其所性,不责以本业。所藏之外,岁致几箱卷帙,以给之。臣因获专力于读诵焉。

如此,麟屿显露出早熟的征兆。父亲正芳让他拜入物徂徕门下,学习古文辞,又学习汉语,旁及乐律。其才学超绝,足以使人目眩,于是神童之名藉藉而起。他与水足博泉同为当时奇葩(Wunderkind),与当今的奇童田村严同类。物徂徕称其为千里驹,室鸠巢称其为天下第一才子,亦非无据。麟屿年十四,寻暇游学京都,从学东涯。徂徕赠诗两首,曰:

> 五十三驿莫言难,处处山川秋好看。
> 明日先从函岭望,如丝大道达长安。
>
> 挥鞭意气惬秋凉,才子奉恩游洛阳。
> 但到西山红叶好,锦衣相映早归乡。

太宰春台对麟屿亲近堀川之学感到不快,乃赋七古一篇送之,曰:

> 田郎妙龄好远游,一旦寻师西入周。
> 天边月落函关晓,云际星流渤海秋。
> 周道如砥任奔走,那知古人骨已朽。
> 到日试问柱下官,往时老聃今在否?

东涯一见如上之诗，便笑曰："物先生襟度郭如可想见，太宰子亦慷慨有气节。"麟屿在京都逗留一年，忽闻父亲生病，乃归乡，但仍与东涯有书牍往来，质问疑义。东涯见其进修不怠，屡以李贺、王勃之流许之。麟屿素来多病，极怕打雷，又怕霜雪，特别是回家后，更是染上末疾，不能出门，闭门诵古凡十年。享保二十年（1735），病痘而殁，享年二十四。东涯为其作墓碣铭。事迹见《先哲丛谈后编》（卷之四）及《近世丛语》（卷之五）。《春台文集》（卷十三）收录寄给麟屿的书信两篇，可并考。

安原霖寰，名贞平，字伯亭，信州人。

垣内熊岳，名文徽，字鼎辅，纪州人，宝历年间殁，年四十一。

原双桂，名瑜，字公瑶，平安人。后详。

朝枝玖珂，名世美，字德济，小字善四郎，玖珂其号，姓朝枝氏，自修为晁氏，防州吉川侯之儒臣，能通汉语，解小说。

谷麋山，名鸾，字子祥，小字左仲，阿波人。

穗积能改斋，名以贯，字以助，播州人，于大阪讲学，著有《经学要字笺》三卷。①

陶山南涛，名冕，称尚善，姓陶山氏，自修为陶，土佐人，初仕宫津侯，后隐居京都浪华。②

---

① 补正三：虽然以穗积能改斋为播州人，但著书中有"摄江"。或许是摄津人？存疑。

② 补正一：陶山南涛的事迹，见《日本教育史资料》卷十二，第275页；又见《日本诗史》（卷之三，第二十二左），可参考。

广濑一峰，名麟，字士瑞，通称才一郎，籍贯不详，后专唱老庄之学。一峰家境极为贫困，粮绝油竭，亦毫不为意。其平生洁居，未娶妻妾。曾经有客人来访，谈话至饭点，却不见其吃午餐。客人奇怪，便问他原因。他笑而拊掌答曰："无米故不食。"客惊曰："然余馈米！幸得宫崎筠圃之画，赐之。"乃归而馈米。一峰得筠圃墨竹之画，由此得二年之粮。他又尝见梅道人之画，很是渴望，后逐渐买得，并展示给东涯看。东涯见后大赞，他便将此画赠与东涯。有人询问其原因，他说："夫欲得之心，人我一也。"事迹见《续畸人传》（卷之三）。

松波酊斋，名光兴，字发（？），通称播磨守，平安人。

三谷南川，名良朴，字宗镇，通称丹下，从千宗易学茶方，名高一时，仕艺州侯，宽保元年（1741）殁，享年七十七。

原东岳，名直，字温夫，丰后人。后详。

宫崎筠圃，名奇，字子常，通称常之进，尾州海西郡人。居京都，初学东涯，东涯殁后，从学兰嵎。自元文四年（1739）丧父，仅得食菜粥，贫乏益甚。其母戒之曰："穷当益坚，遗命勿宣。"于是，筠圃更加用力于经史。他擅长诗歌及书画，尤以画竹闻名。其为人笃厚，侍亲有孝。安永三年（1774）殁，享年五十八。事迹见《近世畸人传》（卷之一）及《近世丛语》（卷之一）。①

木村凤梧，名之渐，字源进，凤梧其号，又号兼山，近江

---

① 补正一：宫崎筠圃的事迹，见《画乘要略》（卷三）。

人，纪州侯之文学官。明和九年（1772）殁，享年七十六。事迹见《续近世丛语》（卷之三）。①

安藤仕学斋，名守经，安藤省庵之孙，著有《仕学斋文集》（十卷）。

高养浩，名志，养浩其字，号不详，泉州堺人。初学东涯，后成一家之言，著有《时学针炳》（二卷）。②

松崎白圭，名尧臣，字子允，通称左吉，江户人。少时跟随中野㧑谦修习宋学，后至京都，师事东涯，又在江户屡与徂徕接触，既而喜阳明学，后悟其非，著《正言》，而成一家之言。宝历三年（1753），殁于江户，享年七十二。事迹见《先哲丛谈续编》（卷之七）及《近世丛语》（卷之五）。

《儒学源流》把仓成龙渚列入东涯门下，大谬。东涯死后二十五年，龙渚始游京都，从学伊藤氏，故其师无疑为东所。即此可知，《日本儒学派略系》（《东洋哲学》第九号乃至第十一号）反而更为可信。③

第五　东涯关系书类

《闲散余录》（卷之下）南川维迁著

---

① 补正一：木村凤梧的事迹，见《日本诗史》（卷之五，第十五右），可参考。
② 补正一：高养浩之号未详，后知其为泉溟。
③ 补正一：东涯门人中，加入筱士明、松本达夫及荒川敬元。士明的事迹，《日本诗史》（卷之三，第二十三右），可参考。达夫的事迹，《日本诗史》（卷之五，第十三右），可参考。敬元的事迹，详见"仁斋门人"节。

第三章　伊藤东涯

《学问源流》那波鲁堂著

《文会杂记》汤浅常山著

《先哲丛谈》（卷之四）原念斋著

《近世丛语》（卷之四）角田九华著

《先哲像传》（卷二）原德斋著

《鉴定便览》（卷下）

《名家全书》（卷一）

《近代名家著述目录》

《庆长以来诸家著述目录》（上）

《兼香公记》

《秦武卿闻书》

《授业编》（卷之十）江村北海著

《儒学源流》

《名家手简》（初集）

《番外杂书解题》（卷之十一）

《日本诗史》（卷之三）江村北海著

《东海谈上编》平维章著

《九经谈》（卷之一）太田锦城著

《时学针焫》（下）高养浩著

《东涯伊藤先生传》板仓胜明撰

收录于《甘雨亭丛书·帝王谱略国朝记》开头。

《绍述先生伊藤君碣铭》藤原常雅撰

收录于《绍述先生文集》开头。

《日本名家人名详传》（上之卷）

《近世大儒列传》（上卷）内藤灿聚著

《日本诸家人物志》

《古今诸家人物志》

《伊藤东涯》（一卷）竹内水哉著

《野史》（卷二百五十七）

《名儒传》写本 ○著者未详

《艺苑丛话》（卷上）山县笃藏著

《日本史料原稿》（樱町天皇记）

《大日本人名辞书》

《古义堂遗书总目叙释》（一卷）伊藤东所著

《近世德育史传》足立栗园著

《日本伦理史稿》汤本武比古、石川岩吉共编

第四章
并河天民

第一　事迹

仁斋门下，并河天民最有特色。天民名亮，字简亮，私谥天民，京都人。天民的祖先起自丹波桑田，为俭斋之子，有兄弟，兄名永（详见仁斋门人条），弟名古八，天民居中。东涯曰：

> 并河氏三子，皆及吾父之门。其伯氏既宦，在东武。仲氏亦有材，动称古之人。季年今逾冠，材敏而实迫于家计，将就伯氏于东，非其好也。（《送并河古八序》）

天民少壮时，与兄诚所一同从学仁斋，尽究其说，然关于仁义性情之说却不能无疑。于是奋然发愤，日夜研究，欲自得孔孟正旨。天民体察于应事接物之际，观省于起居语默之时，以身体之，以心验之，据实思量，始创一家之言。他指出仁斋学说的谬误，并对其补正。他曾与叔父信斋一同拜访仁斋，谈及性理。天民乃以其所见——"心、情、性三名唯一"之旨，质问仁斋，如此问答数回。仁斋默然不语，稍久叹曰：

> 非豪杰之士无所待而兴起者，不能与于此矣。吾子诚间出之才也，吾当改《字义》耳。

天民遂阐发独得之见，名震一时。仁斋殁后，堀川学徒分成两派，一半跟从东涯，一半跟随天民。享保三年（1718），天民因病去世，年仅四十（一说三十九），可谓早逝。天民壮年时，父俭斋与母永田氏相继去世，服丧凡六年，终无仕宦之机，贫困而终。他曾谓门人曰：

> 凡天下之事，皆以名责实，故名不可不慎。吾虽讲经典，而不欲得村夫子之称。若揭名榜，吾谓天民者乎？

为此，门人谥其谓"天民"。天民天资聪颖，志气豪迈，有果决之才。东涯曾论天民曰：

> 简亮诚有才，然不可以托六尺之孤。

他日，天民闻之曰：

> 东涯实知吾。吾夺之人，未可自知也。至为人所夺，决无之。东涯反之。

由此看来，天民并不迂阔。《畸人传》（卷之五）记载天民曰：

  或时门人相集谓曰："先生若得志，使吾辈管何事？"一人曰："如吾者，不可立于物之用。但守仓廪，则虽一粒米，不敢掠之。"天民曰："使如尔者，奈何守仓廪？"其人作色曰："子无情乎？以余为盗者乎？"先生笑曰："否，当托自有盗才之人，子乃为人盗者也。"

通过此段，更能看出天民通晓世事人情。天民的文章义理明快，论旨透彻。他在国文方面也有自得之见，曾作国文《片削记》（见《畸人传》）一篇。多田南岭窃取此篇以为己说，录于《秋斋闲话》。伴嵩蹊辨明其为天民之作，诚可谓痛快之举。

天民曾上书官府，立志要把与松前接壤的虾夷地区纳入日本的领地，但由于英年早逝，未能实现，可为遗憾。此事亦可证明，天民与寻常儒者不同。又《畸人传》（卷之五）曰：

  天民之说云：儒当兼医，不然则贪而学，落于卑陋。

天民所见与仁斋有异。仁斋著《儒医辨》，论述儒而兼医之非。《皇国名医传》说天民"旁治医术"，确实如此，他既是儒者又是医者。天民门人往往儒而兼医，就是因为信奉师说。天民著有《天民遗言》（三卷），前二卷为门人渡边毅编次，最后一卷，一半为平严善（字春贞）著，一半为并河永（字崇永，天民兄）著，然亦出于天民遗意。

第二　学说

天民一生的工作并不是积极地创立一家之言，而是批评仁斋的学说，补充缺漏。天民的见解与仁斋有哪些不同呢？列举如下。

第一，仁斋贱视经济，天民尊重经济。仁斋尝论曰：

> 学者才有志于经济，则流为制度文为之学。才有志于事功，则流为权谋揣摩之术。而于道德之本原，反以迂阔名之。盖为见小利欲速故也。（《同志会笔记》）

仁斋重视道德心切，故轻视经济。但是，孔子之学本身并不轻视经济，治国济民是其根本目的。因此，天民大声疾呼曰：

> 后之学者，以学问事业判然为二。故高谈玄虚，研精性理，以为儒雅，以为得道。如经济之业，富强之策，反以为卑野，附之事为之末。不自知阳儒阴佛，实可叹哉！（《世事读书》）

这大概是在批评仁斋。天民又曰：

> 后儒知无私欲之为仁，而不知济民利物之为仁。其学乐枯寂之弊也。（《操存扩充》）

由此看来，天民的着眼点是利用厚生，似与功利主义稍近。他自己又想把不毛之地的虾夷纳入我国版图，恰好足够展示其志向。他又曰：

> 盖圣人之学，本主经济。《尚书》记其实，《语》《孟》述其道，可谓相表里者也。（《书经》）

当时所谓"经济"，不单指政治上的理财。因此，天民把《尚书》《论语》《孟子》视为政治之书，又把圣人之学视为政治学。如此，天民与徂徕相近，亦可谓一奇。

第二，仁斋区别心性，天民则不区别。宋儒分别心、性、情三者，仁斋见解虽不同，但于分别心、性、情三者，却与宋儒无异。天民以此为非，论曰：

> 性也情也心也，本一物，岂容有二三？然则其所以异其名者何哉？是因其所指之处，而少不同耳。性者生也，四端之心与生俱生也，情者实也，心者体中之名也，凡皆心也。自其不假人为而谓之性，自其情实无伪而谓之情，自其以思为职而谓之心，其实一也。学者必欲指其孰为心孰为性为情，何不思之甚也！（《性情心解》）

天民认为，心、性、情只是心的不同方面。既然是不同方面，那么也可以分别三者，但是，以三者为根本不同的东西，却是不对的。这恐怕是仁斋未曾想到的。

第三，仁斋以仁义礼智和四端是不同的东西，天民则将其等同视之。仁斋以仁义礼智四者为道德之名，而非性之名。天民认为这不过是沿袭告子之说，道破其非孔孟真意。其言曰：

仁斋复寻告子之旧窠，唱仁义非性之说，而自以为至珍至宝，以为邹鲁之正派，而高自标榜矣。夫告子尚以仁为内，特以义为外而已。然而孟子以为邪说，以为害仁义，深辩痛拒，而不余其力也。后世程朱之说，其实虽异于孟子，而以仁义为性之名，未之有改也。仁斋知尊孟子，而反曰："仁义礼智非性也。"何其言之异也？可惜可叹可怪可骇，吾不知其何由也。孟子曰："恻隐之心，仁也；羞恶之心，义也；仁义礼智，我固有之也。"则仁义礼智非性而何？非内而何？盖四端，即是仁义礼智；仁义礼智，即是四端。四端仁义，只是一物，无优劣之可等，无分别之可容。仁斋却谓："人性所有，只是恻隐羞恶辞让是非之善者也。仁义礼智，天地自有之物，善之至极者，而非人之性也。"一则曰善，一则曰善之至极，强立优劣，妄生分别。以四端为小，以为不是仁义礼智，而欲别求所谓仁义礼智于天地之间，可谓骑驴觅驴也。(《复诚所先生书》)

天民还比较仁斋、宋儒与自家的立足点，论述如下，曰：

　　四端人性之所有，而非仁义礼智。仁义礼智，天下之德，而天地自有之物，非人性之所有也。以四端、仁义，为判然二物，而求仁义于人身之外者，是仁斋之说也。(一)仁义礼智为性，恻隐羞恶为情，恻隐羞恶不即仁义，仁义不即恻隐羞恶也，四端仁义就人心中析而为二者，是宋儒之说也。(二)一则求仁义于人身之外，一则析仁义四端于人心之中，虽其说大异，而其至于不知四端即仁义，则一也。四端人性之所有，即是仁义，四端之外，更无仁义者，是弟（即天民）之所见。（三）而断断然深自信，以为孔孟之正旨者也。（《复诚所先生书》）

天民反驳仁斋，此处最为有力。盖仁斋强行分别四端与仁义礼智，未得孟子之意。岛田篁村亦曾论辨此事。（《哲学杂志》第八十八号）

天民激烈驳斥仁斋平生之学，曰：

大抵以为仁义礼智，天地自有之物，非人性之所有也。仁斋一生之学，悉备于此数语。其所以为得邹鲁之正派者，只自负此数语。以宋儒之说，为悖于孔孟之说，而呶呶辨说者，亦只主张此数语。《字义》《童子问》等书，若干万言，敷衍此数语者，居于半焉。云云。夫以仁义礼智，为外物，为非性，为非内者，则是告子之说也。（同上）

可以想象天民之得意。总之，关于四端和仁义，仁斋别立内外，宋儒别立心内，天民则将心内合一。仁斋所说固然受到天民的驳击，但不可泯灭其学术上的功绩。如其鼓吹活动的发展主义，可以说在历史上有着不可磨灭的贡献。天民对此偶有补正，反是为其增光。

天民批评仁斋学说，横说竖说，列举矛盾，展示错误，几乎使老师颜面扫地，但他有时也会称赞师说得恰当。例如，仁斋著《中庸发挥》，认为自"喜怒哀乐"至"万物育焉"四十七字为"掺入"，天民评价说："可谓卓见矣。"又出于天民遗意的《疑语孟字义》，其中往往肯定师说之卓见，言："碌碌之徒视之，可谓豪杰之士。"由此看来，天民本身未藏任何私心，只是吐露自己所想，发挥道义的真相。

第三　天民关系书类

《天民先生并河君墓表》渡边毅撰

附载于《天民遗言》（卷上）末尾。

《先哲丛谈》（卷之六）

《近世丛语》（卷之二）

《北窗丛谈》

《近世畸人传》（卷之五）

《皇国名医传》（卷二）浅川栗园著

《野史》（卷二百五十八）

《日本名家人名详传》（卷之下）

《日本诸家人物志》（上）

《艺苑丛话》（上卷）山县笃藏著

《近代名家著述目录》（卷之三）

《庆长以来诸家著述目录》（下）

《大日本人名辞书》

《鉴定便览》（二）

《名家全书》（一）

《名人忌辰录》（上卷）关根只诚编

| 第五章 |

原双桂

原双桂，名瑜，字公瑶，小字三右卫门，双桂其号，又号尚庵，京都人，《先哲丛谈》著者原念斋的祖父。生于享保三年（1718），幼年机敏颖悟，异于群童，有神童之称。十岁始从东涯学句读，及年龄稍长，嗜学，励精刻苦，在堀川学塾中崭露头角，东涯屡屡称赞他是后辈的榜样。双桂又志于学医，曾南赴浪华，东游江户，因此不能久师东涯。他回京都后，以医为业，于是有良医之名，声震四方。延享二年（1745），双桂被唐津侯征聘为侍医，赶赴唐津。宝历十三年（1763），唐津侯被移封至下总古河，双桂亦随之迁移。明和四年（1767），罹患疫病，殁于江户蛎壳町寓所，享年五十。有子恭胤，字敬仲，即念斋之父。芥焕（字彦章）撰《双桂原先生碣铭》，形容双桂曰：

君为人隆准细眼，面如重枣，音吐如钟。少壮豪迈不羁好节侠，既就宦途，折节恭谦笃实，晚年德行醇粹，为一藩模楷焉。

双桂本从学东涯，后成立一家之言，对朱、物、伊三氏一并排斥。他曾打算著《洙泗微响》《非朱》《诘物》《疑藤》等书，未至脱稿，便去世了。念斋搜集其值得一顾的内容，集成一卷，公布于世，即《桂馆漫笔》。此外，双桂还著有《桂馆野乘》（一卷）、《双桂集》（六卷）及《过庭纪谈》（卷数未详）。①其事迹见《先哲丛谈》（卷之八）、《近世丛语》（卷之四）及《桂馆漫笔》等。虽说双桂成立一家之言，但就其所传，实际不过是批判仁斋、徂徕等学说的琐碎思想片段而已，看不到值得被视为一家之言的思想。他应该有在仁斋、徂徕之外另立旗帜的野心，不过却完全失败了。作为一家之言，其主张见《复增彦敬书》，曰：

> 凡人之有生，仁义礼智，其他百德，皆性之所具焉。虽则所具焉也，犹是微矣，亦犹物之种子乎？苟非得其养而长之，则不能有以成其大以尽其性，而或却终至于梏亡消灭之矣。此所以教之不可无焉，而存养扩充之不可不务焉也。

双桂与堀川学派学问之异在于此处。不过，此旨意为孟子之旨，天民对此进行过更清楚、更直接的论述，故双桂所论丝毫不值得珍视。他又曰：

> 如夫情者生之欲也，欲也者好恶之谓，荀子曰"好恶喜怒哀乐是之谓天情"是也，但其感于物而动也。其天或移，移则必蔽，蔽则人化物矣。物使之然也，故情也者不可不节焉者也，不可不理焉者也。苟能制而节之，反而理

---

① 补正一：《过庭纪谈》（卷数未详），后知其卷数为五卷。

之，使之能与德性偕而无所背驰，则情得其正，而好恶之
发，亦皆中于天性条理之节，谓之性情之和。性情之和，
则条理之正。条理之正，则天下之达道也。

这也完全不是什么新奇的见解。如《大学》所谓"诚意"，
《中庸》所谓"中和"，都是说节制性欲、进得中正的重要性。
又曰：

心也者不可不治焉者也，不可不正焉者也，不可不操
焉者也，不可不存焉者也。修身之要，无他，唯在养性而
长之，制情而节之，操心而存之而已。

双桂的主张终究只有这些，看不到可以被视为一家之言的
内容。他与天民一样，虽然不服仁斋，但都没有离开古学的立
足点。双桂又论曰：

性则须养焉而长焉之物，岂徒可复初而已哉？性则一
而已，岂可有本然气质之二名哉？

这完全是仁斋的主张。即此可知，他对仁斋入室操戈，却
没什么创见，因此多不能摆脱仁斋的窠臼。

| 第六章 |

原东岳

原东岳,名直,字温夫,通称吉右卫门,姓原田氏,自修为原,丰后人。东岳少时,仕日出侯,为近侍。侯爱惜东岳之才,命其到京都从学东涯。他客居堀川家塾,凡四年而归。侯又命其跟随服部南郭学习古文辞,居江户三年。因此,他承受堀川、蘐园两派学统,以至以经学文章自成一家。宝历年间,东岳与士大夫议事不合,乃辞职,离开日出到达京都,以讲说为业,凡五年,从游者颇众。他离开京都后,游历关西诸州,后至丰前中津,并在此讲学。中津侯对东岳很是器重,东岳便成了侯家的宾客。天明三年(1783),其殁于中津,享年五十五。东岳著有《笔畴》(六卷)、《学的》(二卷)、《经说拾遗》(二卷)等。事迹见《先哲丛谈后编》(卷之七)。

东岳为人狷介孤峭,动辄冒犯他人。对于不认同的事,即便是面对贵绅豪族,也从不矫情屈意去迎合,故完全无法与人和谐相处。故曰:

第六章 原东岳

> 人之毁己，当求诸躬。若己有可毁之行，则彼言是矣，是则不但无怨于彼，反有可改之行。若己无可毁之行，则彼言妄矣，则不只无害于躬，反有进修之益。爰知谤者不必损吾，而誉者不必益吾。学者须不可以毁誉遽为举动，而自绎其实。

东岳所言，大概是出自经验教训的结果，可谓自有趣味。

东岳和堀川、蘐园两派均有关系，故对仁斋、徂徕均非常尊崇。其论仁斋曰：

> 伊藤仁斋先生著《孟子古义》七卷，看出后世洛闽之学，与禅氏者流真相符同，与三代圣人之学殊有异者。于是取原刻尽改换之，创述注解而刊布于人间。自此吾邦性理之学，一洗而古义粲然明于世也。大东自洪荒之世及应仁之比，风尚粗丑，人物固陋，而文学绝无，仅缁林之徒，少会文字者供置世用，诚可哀也。当此时，仁斋先生勃兴而为天下之先鞭，奋然乎振独得之见，兴隆堕地千载之古学。从来邪说暴行之徒塞路，先生肇而斗之，廓然之时，有今世中夏儒辈所不可企及者。诚吾邦之荣，无疆之誉，可谓孟子以来之人杰也。先生著述有数十种，就中《孟子古义》造工最佳，文章发明，事理秀隽，古今诸儒无及。（《孟子亿》下）

又曰：

> 《论语古义》，因东涯先生不加补缀之功，故造工稍

有所劣，纰缪亦不鲜，难与《孟子古义》并称。（《孟子亿》下）

又曰：

仁斋先生博览之力，自能作文，论说体备，可追古作者。创倡千载不传之古学发明，且文章亦承一家之机杼。本朝自古昔未曾有之作者，可谓真人杰也。然由于专从理学家宋文之格，不精熟韩、欧，故句法不雅颇多，和习亦犹未融化，最可惜也。徂徕物先生相继而出，矫揉其弊，文章博物，百氏之伦魁，盖代之一人，而可谓天才。学李、王古文辞家，首倡古文辞，而天下文华肇阐。本朝学者知方向之所有，且初知有古文辞之学，全是先生之力也。其绩于本朝最伟，而旷代以来未尝有之也。自此天下隽迈彦士，勃尔兴起者甚多。云云。（《折疑亿》下）

东岳还称扬徂徕曰：

卓识文章，吾国旷古以来之一人也。（《论语亿》上）

又曰：

真是词坛之豪杰，命世之宏器也。（《孟子亿》下）

其尊崇景慕，可谓至极。他又论东涯曰：

伊藤东涯先生之文，其体全具而无转移。平昔所好，专在欧、苏。故以欧、苏二公为体，其体定立。如本邦人

名，虽从和俗之称谓而不改，却雅驯而无斧凿之迹。其精妙似欧阳公，其神明似苏长公。(《折疑亿》下)

东岳又比较当时学者，论曰：

> 徂徕、东涯二先生匹也，而徂徕在堂，东涯在室，是其别也。南郭、春台二子匹也，而南郭在户，春台在门。兰嵎、周南二子匹也，而皆在廊庑之下。金华、宇士新二子匹也，而皆望门墙不能入其中，宇氏最劣等也。(同上)

由此看来，东岳认为东涯的造诣比徂徕更深。东岳自身的学说，没什么值得介绍的。其门人奥平重该（字伯坚）为《笔畴》作序曰：

> 徒置经济之事而求道于他者，不可谓真能治经之士矣。

这大概是东岳平生所教。不过，东岳绝未轻视一身之修德，乃论曰：

> 夫圣人之道者，除修身治人之事外，又别无法。想来，吾身不先修，则凡百之事无有成者，犹造家而无基址也。(《论语亿》上)

又曰：

> 行即行事也。凡人之行事，危殆而过举者，一身之规矩

不立故也。夫仁、礼是人之规矩也，以此二者约束而不放，日夕惕厉，躬行不懈，则德行相修，可成有用之才。修身者人人能言，然此至难，非容易之事也。（《论语亿》上）

即此可知，东岳之文章与经济，学自蘐园派，而关于修德，则不免受到堀川学派的感化。

第三篇

物徂徕及徂徕学派

第一章

物徂徕

第一　事迹

德川时代，大儒胸怀伟器，翕然而起，于邹鲁学派中别开生面，宣扬一世文学，对后世产生了很大影响。其中，没人能比得上徂徕。徂徕名双松①，字茂卿，幼名传二郎，通称总右卫门，盖沿袭曾祖之名。姓物部，荻生氏，徂徕其号，学社称蘐园。宽文六年（1666），生于江户二番町，祖先为三河荻生人，物部守屋的后裔，故其以荻生为氏，又以物部为姓。后来，徂徕自修为物氏。书信《答屈景山》曰：

> 昔源浓州（或源义纲）甲贺之役，诸子皆歼。有孽孙

---

① "双松"之名有忌讳，为规避，故以字行。盖为避常宪公世子德松君之讳。事见《闲散余录》卷之二，及《先哲丛谈》卷之六。

> 物季任者匿之，遂冒其姓，是为荻生始祖。建武时，有从役南朝者，颇以物部见录，故子孙有称源者，称物部者。而荻生城在三河，国家之兴，迫奔于势，依北氏。以南朝之昵也，其城为宗室所有，亦有称荻生者，今阁老有之。不佞恶其或混也，故称物部。云云。（《文集》卷之二十七）

徂徕有个祖先叫荻生少目。他最早从参州抵达势州，寄居在北畠家而去世。其子总右卫门，即是徂徕曾祖。徂徕祖父名玄甫，他最早到达江户，以医为业。父亲方庵，名笃（一说名景明），字宗甫，为常宪公（德川纲吉）侍医。母亲儿岛氏，生有三子，长子理庵，末子北溪（北溪，名观，字叔达，称总七郎），徂徕为二儿子。徂徕儿时罹患天花，病情凶险，幸好痊愈，但因此多病。其幼年聪颖，五岁已识字，九岁即始作诗，奉于菅庙，曰：

> 龙蛇指下走，珠玉手中生。
> 松树万年翠，梅花千岁芳。

徂徕十余岁便能作文，喜欢与长者说话，殆如成人。他自己在《译文筌蹄》题言中写道：

> 记予侍先大夫，七八岁时，先大夫命予录其日间行事。或朝府，或客来，说何事，作何事，及风雨阴晴，家人琐细事，皆录。每夜临卧，必口授笔受。予十一二时，既能自读书，未尝受句读，盖由此故。

即此可知，徂徕很早就接受家庭教育。他也不是没有老师。延宝五年（1677）至延宝七年（1679），他从学林春斋和林凤冈。延宝七年四月，父亲方庵犯事，逃至上总长良郡管辖下的二宫庄本能村，他便随之住在乡下。徂徕素有大志，用心于研究学问，不因贫贱有丝毫受挫，志向愈加坚固，为学也愈加勤勉。即便是严寒酷暑，也灯火通明，不知疲倦，不久便文章大进。《二老略传》曰：

> 徂徕先生之父名荻生蓬庵（或方庵之误），为馆林侯（常宪公）侍医。一旦背命，坐事馆林，窜上总之国，求田地，父子三人隐居。长子双松（徂徕，俗称总右卫门）、次子双竹（号不知，后总七），三人同室而居，读书之外无他事，出东都求书，归家。父子三人读书数年（实十二年），故学术愈进。双松殊胜。

此段记载虽与事实有违，但对徂徕居住上总时的状况介绍得非常详尽。这十二年里，他们把时间全部用来读书，没有任何杂念。毫无疑问，这段时间对提升徂徕学问素养而言，确实是最好的时机。《译文筌蹄》题言中有言：

> 予十四流落南总，二十五值赦还东都。中间十有三年（实十二年），日与田父野老偶处，尚何问有无师友？独赖先大夫箧中藏有《大学谚解》一本，实先大父仲山府君手泽。予获此，研究用力之久，遂得不籍讲说，遍通群书也。

由此看来，徂徕多少接受过家庭教育，幼年时也从学林家。但是，徂徕没有其他师承，完全是凭借自己的努力，蔚然成一家之学。《译文筌蹄》题言中有言，"予向在南总，无师友"，可以证明其并无常师。尤其是他仅凭一本《大学谚解》便开启学问生涯，足以作为文坛奇话传世。《大学谚解》到底是谁的著作呢？山鹿素行曾著《四书谚解》，但只有写本流传，没有广布于世，应该不是。林鹅峰（罗山第三子）曾著《大学谚解》（一卷），徂徕在上总时熟读的应该是这个。书信《与都三近》曰：

> 始自不佞茂卿幼读书海上，蜑户醢丁之错处，虽有疑义，其孰从问决焉？迨乎得先生所为诸标注者以读之，曰：吁！是惠人哉！（《文集》卷之二十七）

都三近名宇都宫遁庵，遁庵曾给四书、《近思录》等作过标注。可以看出，徂徕是涉猎过这些书的。因此，他在上总的时候，并非除《大学谚解》外便无书可读。二十五岁时，徂徕回到江户，住在芝的增上寺门前，讲授程朱之学，跟他学习的山中僧侣及其他儒生多达数百人。不过，徂徕此时却困顿至极。《文会杂记》（卷之二上）曰：

> 徂徕居芝舌耕时，贫困至极。借居豆腐屋，故日得馈腐渣，大受豆腐屋主人照顾。故徂徕得禄后，月赠米三斗以报之。

增上寺住持好学，徂徕与他较好。当时，将军常宪公也爱好学问，住持便向常宪公推荐徂徕。在常宪公的关照下，徂徕得以以兵学从仕柳泽侯。《二老略传》曰：

> 双松二十三岁（实二十五岁）时，寓居东都增上寺片门前读书，山中僧徒随其学者达数百人。增上寺方丈好学，双松常与方丈交好。时宪庙好学，山主于御前禀告双松之事，曰："双松云者，在我门前，虽弱冠，长于学文，名谓获生双松，获生蓬庵（方庵之误）之子也。"宪庙曰："蓬庵存命可怜。"即命柳泽使试学术。至柳泽之日，广泽先生（即细井广泽）为先辈故，在柳泽宅邸行及第列，书诗文之题，诗文成后，从仕柳泽。故先生与徂徕先生成通家，徂徕先生原配即先生之媒妁。蓬庵辱二百袜之禄，以次男双竹为儒官，即尽用蓬庵之家。今总右卫门为总七之子，徂徕之甥也。

柳泽侯命徂徕执掌书记之职，赐给俸禄"十五人口"。俸禄虽然可以说是非常少，但随着后来柳泽侯封地的增加，徂徕的俸禄也水涨船高，且所获恩遇极厚，以至五百石。当时，徂徕年三十五。宝永元年（1704），柳泽侯移封甲斐。翌年，徂徕与田省吾一道，奉君主之命，开赴甲州，时著《峡中纪行》。"峡"即指甲州。春台之《与子迁书》曰：

> 先生（徂徕）之未仕也，尝教授于芝浦，人所知也。后遇柳泽氏之勃兴封侯，召先生掌书记，先生于是乎始释褐于侯门。然其禄尚微，寻柳泽公累益封，先生亦以公之宠灵，累益其秩，至五百石。虽以命世之才，而有勤劳于

侯家，自非柳泽公之知遇，先生之穷达未可知也。(《春台文集后稿》卷十二)

徂徕之于柳泽侯，犹如熊泽蕃山之于芳烈公，真可谓风云际会。又《武门诸说拾遗》(卷之十九)曰：

> 其后双松出江户，在增上寺门前讲释。不唯增上寺僧徒，其近旁寺院之僧侣，其他儒生，亦以其为师。此节，增上寺大僧正了也和尚招双松，屡褒其学力，甚尊信之。夫言于松平美浓守(即柳泽侯)，获生芳庵(或方庵之误)之子俊秀。美浓守亦有闻及，知其为才学者芳庵之子。或时了也和尚，同时于将军家御前，上禀双松，言此者当时为被逐者之子，招聘与否亦须考量。上意认为，其父虽一旦遇罚，然并无罪科，且其子特别，并不难办，可以招聘。于是，美浓守差遣手下细井次郎太夫(光泽)召之，命其讲释大法，辞禄三十人扶持。双松还俗(或为元服之误)，改号获生总右卫门，自此为美浓守殿所尊，渐获加禄。如此，既仕官，望赦父被逐一事。其后，亦被命至将军家听讲释，以出于御前，父芳庵亦得赦免，获赐禄二百袜。于是，芳庵乃留长子理庵于上总，让家业，出江户。如此，父芳庵家督之职，总右卫门可为相续。然总右卫门之前已受聘于美浓守殿，今为五百石之身分，并无可能。为此，父家督之职，由弟继承，且期家督之职为儒者，亦被应允，获命为儒者，亦获赐父之领，而兄总右卫门被命为师匠。是等皆总右卫门之功劳。弟名获生总七，

今作为儒者相续。

此时,常宪公好学。他常与世子德松君一同到柳泽侯的宅邸,命侯的家臣进讲经书,每次都肯定会有赏赐,而徂徕为其魁首。侯喜欢编修事业,而徂徕常为总裁。及侯薨,继承人郡山侯对他亦很优渥。

此前,伊藤仁斋在京都唱道古学。徂徕著《蘐园随笔》三卷,对仁斋大力驳斥,袒护宋学,甚至连用语句法的错误也拎出来批评,自此名声大震,时四十九岁。不久,徂徕便转向古学,创立一家之言,痛斥性理之说,并攻击仁斋。他又仿效明朝李、王①,修习古文辞,等到修习完成,更加知道原来所做文章的谬误。因而,他叹曰:"岂惟我若是乎?滔滔者天下皆是也。岂惟今日乎?千古以来皆是也。"徂徕把古文辞当作古经的阶梯,遂不看东汉以后著书,称自己的主张为复古学。如先儒著作,他一概排斥,认为其不免佶屈聱牙。徂徕豪迈卓识,雄文宏词,笼盖一世。门人服部南郭、太宰春台、山县周南、安藤东野、平野金华之徒,又随其鼓舞,弟子大进,声名愈响,震撼一时。自贵绅公子、藩国名士到闾巷处士、缁徒,一时奔走求谒,惟恐落于人后,甚至以得一字之褒贬而成其毁誉。如此,海内翕然,风靡影从,文艺为之一新。《茅窗漫录》曰:

> 物部氏徂徕先生起于江府,初读程朱之书。壮年顷,

---

① "李、王"即李攀龙、王元美。攀龙字于鳞,号沧溟,历城人。世贞字元美,号凤洲,又号弇州,太仓人。——译者注

著《蘐园随笔》，犹有濂洛之风。壮年后，翻然变学，大悟宋儒之非。性理议论，自不待言，琐琐注解，目亦不触，挺然特立，创立一家之学。著《辨道》一卷，辨孔子之道为先王之道，示一家之学要。次著《辨名》二卷，仁义道德以下，正名目之讹。著《论语征》《大学·中庸解》，合定为经学发挥之书。如诗文，以特得之见，唱古文辞。著《四家隽》，以韩愈、子厚、于鳞、元美为作文之规则。著《唐后诗》《绝句解》《拾遗》等，取《皇明诗选》《明诗正声》之纯粹，加注解于李、王之诗，定为艺苑之规则，大唱复古之学。其本才气豪迈、特绝大器，以其量卓越千古，究雅乐、象胥、军旅、法律及诸子百家之道，各施注解国字，多诱生徒，实东方一伟人也。出其门者数百人，入室弟子皆英材也。春台、周南、南郭、东野、金华、潜水之徒，靡然乎偃其学风，雷同震撼，而一新天下之学。自是以来，东方之学分为两岐：不归宋则归明，不之明则之宋。

享保六年（1721），有德公命徂徕句读清皇帝所颁《六谕衍义》，徂徕完成后，被召唤入内，受赏赐衣服。其后，徂徕屡次响应有德公的求教。享保十二年（1727），因为特别下令，徂徕再次入内，谒见有德公。享保十三年（1728）正月十九，徂徕因病去世，疾为浮肿，时年六十三。他的原配是三宅氏，后娶佐佐氏，佐佐氏也早逝。徂徕没有儿子，只有一个女儿，是三宅氏的孩子，不过夭折了。他收养了兄长的儿子道济，来继承自己的事业。道济字太宁，号金谷，其子孙亦继承家业，从事学问。如今居住在东京四谷大番町的荻生传，是徂徕的远裔。仁斋的子孙绵绵不断地继承着仁斋的事业，很有名，而徂徕的子孙在学问方面却没有什么值得称道的，可谓有云霓之差。

荻生氏系表

荻生少目	总右卫门	玄甫	方庵	理庵		
				徂徕	金谷	凤鸣
				北溪	青山	

春台认为，徂徕患病是因为思虑过度所致。其言曰：

> 徂徕先生甚重生。自饮食居处，以至出入动止、宾客应接之事，苟可以伤生者，断弗为也。然其所以病死者，乃以思虑过度也。盖先生有志于功名，自少以著述为事。年过六十，旧疴数发，而犹不能清心静养，遂致笃疾而死。谢在杭云："思虑之害人甚于酒色。"诚矣。（《紫芝园漫笔》卷之八）①

徂徕一生为功名心所驱使，无暇静养，这大概是事实。不过，六十三岁逝世并不能算早逝。徂徕在临终之际，据说有怪事发生。《先哲丛谈》（卷之六）曰：

> 徂徕没为享保戊申正月十九日，是日天大雪。临终谓

---

① 引文中"功名"有误，当为"立言"。且引文非出自《紫芝园漫笔》卷之八，而为卷之九。——译者注

人曰："海内第一流人物茂卿将殒命，天为使此世界银。"

如果这是事实，那么徂徕的人格反而会让人感到甚是卑劣。还有比这更厉害的记载，中井竹山著《非征》（卷之二）曰：

余尝闻之，徂徕之疾也，日日宣言侍者曰："宇宙俊人之死，必有灵怪。今当有紫云覆舍，若等出观之。"及病革，辗转呼号紫云不绝口。家人及高足弟子辈深耻之，绝不通外人，故一时或谬传，以为非良死云。盖生平倨傲自负之衷，悉乘病瞶而发，以致此丑。实可悯叹哉！

徂徕有很多反对者，如临死前言紫云不绝于口之类，恐怕不过是他人出于嫉妒之余而捏造的谎言而已。不过，《先哲丛谈》所言或许是事实。徂徕平生放荡不羁，风靡海内，睥睨一世，眼高于顶。他在临终之际发出是等自负之言，也不是没有可能。

徂徕墓坐落在现在的芝三田长松寺，碑面刻有"徂徕物先生之墓"。太宰春台为其作墓碑铭（见《春台文集》卷之十一），本多忠统为其作墓碣（见《猗兰台集》卷□）。长松寺本名寿命山，自徂徕葬于此处，便被称为徂徕山。徂徕法号谥"清净院根与知专居士"，但作为儒者却并没有发现有谥号，门人只称呼他为徂徕先生。关于"徂徕先生"的由来，《先哲丛谈》（卷之六）记载说：

徂徕号，取之《诗·鲁颂》徂徕之松。一说其少时好雷，故自号苏雷，而上总有往来里者，因改书为徂徕字。

徂徕社号名蘐园，其曾住在萱叶町，故可谓萱园。"萱"一作"蘐"，是名蘐园。《正字通》言："萱通蕙，别作蘐。"即此可知。徂徕又名赤城先生，因曾客居赤城临时公馆。此事见《一言一语》（卷二十五）。

徂徕与其说是道学者，倒不如说是文学者，多少还带有些政治家的气质。徂徕在晚年，关于道学虽然确立了一家之言，但恐怕不是他的"本色"。事实上，作为文学者发扬一世之文运，好像才是他的根本任务。他本有非常之才，不仅擅长诗文，还旁通音乐、语言学、兵学、政治、经济等。他关于音乐的著述有《乐律考》及《大乐发挥》。《文会杂记》（卷之一下）曰：

> 徂徕无器用之人，不闻拍子，勉强尽精力而学乐也。

即此可知，徂徕是如何穷心竭力。他又与长崎人冈岛冠山合作，与同志二三人创办学会，每月学六七次汉语。《徂徕集》（卷十八）收录文章《译社约》一篇，即当时的会规，可证明此事属实。《先哲丛谈后编》（卷之三）曰：

> 物徂徕亦与冠山友善，受象胥于冠山，每读稗史未觉了，必问之冠山。

这也说明徂徕曾向冠山学习汉语。徂徕认为，学习汉语如果不直接阅读汉文，就体会不到其中的妙处。关于学习汉语以及读书方法，他不希望与唐人有丝毫差别。《译文筌蹄》题言曰：

> 予尝为蒙生定学问之法。先为岐阳之学，教以俗语，诵以华音，译以此方俚语，绝不作和训回环之读。始以零细者，二字三字为句，后使读成书者。岐阳之学既成，乃始得为中华人。而后稍稍读经史子集四部书，势如破竹，是最上乘也。然岐阳之学，世未甚流布，故又为寒乡无缘者，定为第二等法。云云。

古往今来，阅读汉籍采取的一般都是"倒读"法。倒读本为变则，绝非正则。徂徕率先改变这一习惯，开创正则研究法的先河，可谓卓见。徂徕十七岁时，曾向外祖父鸟井忠重学习兵学，后据书自己研究，著《孙子解》《吴子解》《钤录》等书。松宫观山著《学论》（卷上）曰：

> 近日儒士之谈武，徂徕物子一人而已耳，亦唯博览之余力，臆断自负焉。虽以不世豪杰之资，然未遇名师，牢执法制不问军略，与孔子好谋之言乖戾焉。其所著《孙子解》及《钤录》，虽涉猎殆尽，而未见事术磨练之功，遂以七书为空理，崇后世咸南塘、郑芝龙为备也。拘区区小技，未知有建镇国之规模，画战势之地形，所谓帷中决千里之胜，草庐定三分之谋之术也。不亦惜乎？

自今日而言，当时的兵学无论如何都是毫无价值的。不过，《钤录》多达二十三卷，通过此书，我们完全可以明白徂徕是如何致力于当时的兵学。此外，徂徕还关注政治，著《政谈》，亦用心于法律，著《明律解》。他又擅长书法，《北窗琐谈》（乾）曰：

> 徂徕之书，其超凡之趣，非近世其他书家之所及。其顷，雪山、惇信、广泽等鸣于世，明代书风合于时运而行。此节，独徂徕不为时运所引，而成一家。虽不能为天狗抔之墨帖，然交于唐土墨帖之中，亦无所耻。其本质甚拙笔，所系者只韵致之胜故也。

徂徕擅长草书，不擅长楷书，因此经常只写草书。据说他曾把《草书韵会》（金·张天锡著，二卷）置于案几之上，学习其字体。徂徕并未深刻研究算术，但也下过大工夫，著《度量考》一书。《先哲像传》（卷三）曰：

> 算用唯知八算而已，故作《度量考》时，笔于纸端者多为计数，苦心积虑。其后，使中根丈右卫门见而正之。春台又极擅算术，字亦改正之。可见古人之苦学，非常儒之所及。

徂徕还发明了一种象棋，即"广象棋"，寓有兵机。由此可知，徂徕学问涉及多个方面，远非他人所能轻易企及。

参考徂徕在上总和芝的增上寺门前居住时的情状，即可明白他学习是如何的用功。《闲散余录》（卷之下）曰：

> 徂徕好读书是出于天性。常至黄昏，斋中既暗，则出

缘侧读书。时有灯至，两手持书而立，边读边入内也。

徂徕如果不是这样爱好读书，又怎么能够博学多识呢？徂徕记忆力还异于常人，《文会杂记》（卷之三上）曰：

> 徂徕引出书物，无系于观，皆暗记也。云云。他又如颇富于藏书者，尝有人欲贩卖一库书类，彼乃卖却家财而买求之云。

徂徕天性豪迈，不拘小节，对子弟亦有宽宏气象，毫无局促之态。《文会杂记》（卷之一下）曰：

> 徂徕于东都受命面见大御所时，美浓守于留守居御城言："彼说话高声，御城特殊之处也，勿说话高声。"徂徕哈哈大笑曰："高声说话至六十，不能忽然低声。"高声响彻而言。云云。

即便是面对王侯大人，徂徕依然如故，可知其并非寻常儒者。当时，江户有室鸠巢，京都有伊藤东涯，这二人是徂徕的劲敌。鸠巢是醇儒，多不与人相争，东涯更是不与人相争。东涯发扬仁斋之学，蔚然成为关西重镇，因此在徂徕眼里，东涯隐然成为一敌手。《闲散余录》（卷之下）曰：

> 徂徕与东涯同时，而互无半面之识。如遇自京至者，或之京而归者，徂徕即问仁斋如何，东涯为何言焉。虽有自江户至之人，而东涯终不问徂徕，其对门人中在京且亲炙徂徕者，夜话之际亦不评之也。吾师致斋翁曾以书问徂

徕学风,东涯复书中唯有"明末之学风"可见。二家优劣,于是等亦可知。学风造诣、见识大小暂且姑置,为人之实与为德之厚者,亦不可如东涯。云云。

东涯笃学谨慎,断非徂徕可及。徂徕私下敬畏东涯,不是没有原因的。当时,华严宗有个叫凤潭的人,在僧侣中以硕学闻名,在德川时代,没人能比得上凤潭和普寂。凤潭在僧林的地位与徂徕在世间的地位稍似,均为重镇。他曾访问徂徕,有人知道当时会面的情况,见原东岳著《笔畴》(卷之二)。由于太过冗长,本文选取《先哲丛谈》中的译文,曰:

  僧凤潭通谒曰:"有欲质者,请一见。"徂徕即延接。凤潭曰:"衲尝见伊藤仁斋,仁斋言'佛之为道空而已。'吾释之教深远,非空一字所得尽也。仁斋妄诞岂不甚乎?先生以为如何?"徂徕击节曰:"凡仁斋之言,一一无不妄者。然独其指佛教为空,可谓不妄矣。"凤潭怃然曰:"无缘众生难渡。"即挥袂而出。

又涩井太室著《读书会意》(卷之下)曰:

  凤潭造徂徕,诸弟子以为有魂褫魄悸者,立屏后窥焉。徂徕设茶酒,相欢而终日无忤。将出,言曰:"今人不知名物,致文字有纰缪,是不用意目前也。"徂徕然之,广斥当时文字,且笑且语。其竟同立南轩之下,举手指一树,徂徕未答,凤潭微笑去。徂徕顾屏后之人曰:"彼胡魅人。"

凤潭虽为当世硕学，但并非儒者，所以徂徕并不怕他。恐怕东涯才是徂徕最害怕的。不过，徂徕之才足以压倒东涯，因此，他以海内第一人自居，视群儒如蝼蚁，臧否古人无所不至。他自言：

> 若我学术者，自神武天皇以来，此方有几人？

这无异于向世人公开声明自己是日本开国以来的第一学者。关于抱负，其又曰：

> 伊藤仁斋道德，熊泽了介英才，与余之学术合而为一，则可谓圣人矣。

又曰：

> 人才熊泽了介，学问伊藤仁斋，余子碌碌，不足数也。

这些言论可以证明徂徕是如何目空一世，眼高于顶。有人曾问他："先生讲学之外，有何爱好？"他答曰：

> 余无他嗜玩，唯嗑炒豆，而诋毁宇宙间人物而已。

徂徕激言壮语，动辄超脱常规，有失为人师表处，但又像青年书生，有纯真气象。其口气大胆，足以使群儒惊叹。徂徕如此傲满凌厉，但在闺门之内，却是严肃庄正，事见《闲散余录》（卷之下）。

关于徂徕的学问性行，确实有很多需要批评的地方，但他无疑是德川时期的一代巨儒。山县周南曰：

第一章 物徂徕

夫道者，尧舜创焉，仲尼述焉。孟、荀以下，能述而不晰其归，圣学之旨荒矣。独我徂徕先生生于百世之后，禹迹之表，乃能得孔子之旨，而明先王之道。云云。（《送三浦生之京师序》）

周南极为推尊徂徕。① 安藤东野把徂徕比作"芙蓉之白雪"，以其为天下伟人，且不仅仅局限于东方。（《蘐园随笔序》）私淑徂徕的龟井昭阳，曾作诗颂扬曰：

呜呼东海物先生，经学文章天下蠹。
岂料徂徕山上石，莓苔不扫鸟空鸣。

藤泽东畡作《徂徕物先生赞》曰：

圣人之道，降为儒乎？先生出而道始道矣。儒者之教，变为禅乎？先生出而教始教矣。宇犹宙也，万里夐兮，先生合而罩之。宙犹宇也，千岁邈兮，先生贯而操之。向焉者，背焉者，皆沿厥膏。誉焉者，毁沿者，孰窥厥奥。（《东畡文集》卷之九）

他也深深敬服徂徕的人格。近时，岛田篁村评论徂徕说：

---

① 补正一：泷鹤台在给服部南郭的书信中，评价徂徕说："窃惟本邦学，自惺窝、罗山二老，运属昭融，大化日䎡。乃有若暗斋、仁斋、东涯、锦里、白石诸儒，皆能振起一方，陶铸晚学，对扬国家隆盛之治。及至吾徂徕先生崛乎表东海，争高大于芙蓉，日出之光与千秋白雪，映照寰宇。即其从游之士，炽扇风化。羽翼斯道者，乃若先生及东野、春台、金华、周南诸公，犹之风云应龙虎。实千岁一会，可谓极其盛矣也。"鹤台开始从学周南，后从学南郭。他作为蘐园之徒，极其推尊徂徕。

不过，我认为，其魄力、学问，特别是文章，日本人中到底是没有能够做到如此卓越的。关于其风格，也看不出刻意造作的地方。无论如何，徂徕此人是非同寻常的人物，这是无可置疑的。（《哲学杂志》第八十九号）

徂徕门人中，只有春台经常对徂徕表示不满。其论曰：

> 仁斋之学不及徂徕，徂徕之才尤非仁斋所企及也。若识则仁斋实为之嚆矢，徂徕虽超乘而上，所谓青出蓝者也。至其所以教人，则仁斋以君子望于人，徂徕以豪杰望于人。是二先生之风不同，犹马援所称伯高、季良之异也。学二先生者，其得失亦犹是也。（《紫芝园漫笔》卷之六）

他比较仁斋与徂徕的长短，如得其肯綮。其又曰：

> 徕翁以海量能容自许，人亦以此称之。余谓徕翁固能容，然能容学者而不能容常人，能容文才之士而不能容礼法之士，能容其人而不能容其言。是未为能容也。（同上）

又曰：

> 徕翁以风流自许，人亦与之。余谓徕翁有不风流者三焉：善饮而恶酒一也，不好夜坐二也，不喜乘舟三也。

此外，春台还评价徂徕的品行，经常说他没有远虑。大概春台本人严厉苛刻，与徂徕的磊落放纵正相反，因此徂徕不满春台，春台也不满徂徕。这是春台论断徂徕短处毫不忌惮的原因。若考察徂徕的品行及学问，其得失分明可见。徂徕抱负过大，充满霸气，已足以使人反感。而且，他不重视德育，只崇尚文章，弊端便不得不流于浮薄。又比如，其文章是拟古文，弊端也不得不流于奇僻。因此，反抗他的人便翕然而起，甚嚣尘上。宇士新著《论语考》、石川麟洲著《辨道解蔽》、蟹养斋著《非徂徕学》及《辨复古》、平瑜著《非物氏》、森东郭著《非辨道非辨名》、五井兰洲著《非物》、中井竹山著《非征》及《闲距余笔》、服苏门著《燃犀录》、富永沧浪著《古学辨疑》、石香山著《读书正误》等，皆剖击徂徕之学，并论及其品行。

品评徂徕言行的论述也有很多。时见《近世丛语》（卷之五）曰：

> 或问伊藤东涯曰："物徂徕学风何如？"东涯曰："盖明末也。"

又曰：

> 并河诚所谓："物徂徕一世伟人，然人所皆知为己独知，是其一癖。"

又太田锦城论曰：

> 迄百年前，学者质实而皆为有用之学。近时，自物茂卿之徒，学问皆流于空诗浮文，讲经义道学之人少。此二

十年以来，学问益浮薄，唯走于书画文墨而已。以风流为学问，可畏之甚也。有志之人不可不严戒。（《梧窗漫笔》卷上）

萩原善韶亦论曰：

物徂徕以不世出之大才，宋儒自不待言，叱咤古今群儒，废五百年胶固之学。其功莫大，其才可称比古今。然其排宋儒是也，而至解经，妄见谬说不可数举。如《论语征》所说，疏谬过半。然其风靡天下，譬蒙鬼之假面恐喝人，一旦取人之逐服而已。（引自内藤灿聚著《大儒列传》）

又曰：

元禄享保之际，自物徂徕出，一洗旧习，硕儒鸿匠次出，古学盛行，文章经术共崭新，改开辟，然儒风之崩亦自此始。其以前之儒，以中江惟命为始，专主有用德义之学。即在当时，木下顺庵之徒亦有近于古之儒风。物氏急起古学，故取才不主行义，于是物门以磊落豪迈为任者多。其风一转，遂成今世儒者之风。诚害名教，可憎之事也。雨森芳洲托其子显允于物氏塾，然以不教行义，未过数月而归家。夫儒，当使人为孝悌忠信。己行磊落而不闻子弟孝悌忠信，此全物氏毁宋儒、称道学先生之弊而至此也。宋儒之弊流于拘愚，物门之弊流于豪迈，人人知其所弊，可戒慎者也。（同上）

此评论大抵恰当。想来，徂徕在名教方面可谓功过相抵。徂徕门人和私淑徂徕的虽然不少，但除春台一个人外，几乎无人以道义节操自任，多为文墨风流之士，轻佻浮荡、放浪无赖之徒亦全然不少。即便有极少数人讲解经术，也是疏放暴慢，不拘礼节，动辄逸出法度之外。这都是徂徕的责任，无所逃避。未来有志于名教的人，怎能不对徂徕的事迹有所警戒？

第二 著书

《辨道》一卷

《辨名》二卷

以上两部书对于知晓徂徕学说而言最为重要。肥后薮震庵曾寄书徂徕，称《译文筌蹄》对后生有益，徂徕高兴地回信说：

> 《译文筌蹄》土苴也。夫二辨之书者，仆自谓："开辟以来，圣门之大功。"吾子舍此取彼，何不知仆之甚矣！

即此可知徂徕的得意之情。大体而言，《辨道》《辨名》之于徂徕，便如《语孟字义》《童子问》之于仁斋。徂徕通过二书发明一家之言，阐明了自己的学问取向。南郭与春台参与校正二书，事见《文会杂记》（卷之一下）。二书曾在唐土翻刻，并附有小传。小传系梅溪钱泳所撰，全文载于《先哲像传》（卷三）。宇潜水注解二书，著《辨道考》《辨名考》。斋藤高寿著《辨名补义》（写本，十卷）。加藤昭卿著《辨名辨道辨义》（写本，三卷）。龟井昭阳著《读辨道》（一卷）。

《论语征》十卷

宇潜水注解此书，著《论语征考》（六卷）。中根凤河著《论语征涣》（二卷）。菅沼东郭著《论语征疏》（□卷）。宇都宫遁庵著《论语征考》（写本，二卷）。源赖宽合刻何晏《集解》、朱子《集注》、仁斋《古义》及徂徕《论语征》，著《论语征集览》（二十卷）。西冈天津亦合刻汉、宋儒者注释与徂徕、春台的注释，著《论语征训约览》（十卷），文化元年（1804）出版。①

《大学解》一卷

《中庸解》一卷

《学则》一卷

《学则》七篇均收载于《文集》（卷之十七），另外还刊行有单行本。单行本卷末附有徂徕写给他人的五篇书信，系享保十二年（1727）刊行。东龟年为此书作标注，共二卷，系天明元年（1781）刊行。谷元淡与徂徕有书信往来，论难《学则》之旨意，著有一卷，题名《徂徕学则问答》，开头柳里恭作序，系享保十三年（1728）刊行。

《徂徕集》三十一卷

---

① 补正一：作为《论语征》的注释书，还有《论语征览要》（五卷，写本）。此书系郡山古屋永胤所著。开头有永胤所作序文，撰于弘化四年（1847），末尾有其子古屋友所作跋文。另外，再加入《论语征考》（二十卷，荻野鸠谷著）、《论语征约辨解》（一卷，中根凤河著）、《论语征余言》（户崎淡园著）、《论语征解》（森东郭著）。

补正三：《论语征》解题末尾加入如下内容：又郡山古屋永胤以《论语征》为《论语》正文的注脚，著《论语征览要》（五卷，写本），序文末尾有"弘化四年丁未秋七月朔"。

此书即《徂徕文集》，计三十卷。服部南郭著《物夫子著述书目记》，言其有三十一卷，应该是把卷首附载的"补遗"也算成了一卷。解释《徂徕集》的著作有《读徂徕集》（五卷），为写本，并未言及作者姓名。平九峰著《徂徕集笔解》（三十二卷，合六册），亦以写本传世。龟井昭阳解释《徂徕集》，著有《徂徕集考证》（二十卷）。①

《蘐园随笔》五卷

　　此书系徂徕中年所作，专门批驳仁斋的学说。开头有安藤东野所作的序文，系正德四年（1714）刊行。如服部南郭所言，"至于晚岁，亦毁废不用"，徂徕学说转变之后，此书完全被废置。徂徕还曾打算著述《蘐园随笔》的第二编、第三编，但随着学问的改变，便也搁置不提了。《文会杂记》（卷之二上）曰：

　　　　宇士新言："《蘐园随笔》中无可议之字。"《辨名》《辨道》中大有不稳之文字。

　　不知事实是否如此，姑为一说。

《徂徕答问书》三卷

　　此书收载徂徕答他人所问的国字书类，由门人根逊志编录，服部南郭校刻，开头有本多忠统及南郭所作序文。《闲散余录》（卷之下）曰：

---

① 补正一：作为《徂徕集》的注释书，还有龟井昭阳的著书两种：一为《蘐文谈》（二卷），一为《蘐文絮谈》（二卷）。另，再加入《徂徕集诂》（若干卷）、《徂徕集注》（十卷，橘寿庵著）、《徂徕集考》（大菅兰泽著）。

> 予尝见《徂徕答问书》而思，是可谓设而著述者也，而实非答人。其后，客游江州，见一卷写本，为《答问书》出版前所写，比今之《答问书》，尚不足三分之一。写本中一一记有问者之国与姓氏。今之刊行本言"书于痈病后"等，答庄内水野氏而记。水野氏其人，名元朗，字明卿，俗名称大膳，羽州庄内酒井侯之大夫，后尊信春台。《南郭文集》中有其碑铭。以此考之，《答问书》为答人之书信也，非设而作。

即此可知此书的由来。"日本文库"第五编收载此书，且论曰：

> 《徂徕答问书》有三种：一系诗文评论，一属兵法论说。① 此《答问书》举圣人之道术学问要旨，尤可见其家学所在。此本为俗牍，虽不如《辨道》《辨名》等文字精正，然先生意气之磊落，显于此书，非他所及。实足见其人之才量器识，殆如与熊泽之《集》《义》二书不分轩轾。

欲知徂徕学说，似乎也不能忽视此书。

《政谈》四卷 写本

开头有序文，旨在言著述此书的目的是报效国恩，序文系享保十二年（1727）所撰。徂徕自己在卷末写道：

> 人说"机事不密则生害"，将军政务方面的事不可公

---

① 原文如此，疑为"二种"。——译者注

开示人，所以就连我的弟子，我也没让他们帮助抄写这部书，而是不顾自己老眼昏花、书写缭乱，亲自书写完成。敬请将军御览过后将其付之一炬。

又《文会杂记》（卷之一上）曰：

> 徂徕《政谈》，为焚稿也，献于有庙之书也，是故春台亦不能见之。云云。

由此看来，《政谈》是徂徕陈述自己的政治意见，献给幕府将军（有德公）的，是"蘐园秘书"。因此，即便是春台这样的门人，也没有得见的机会。

《太平策》一卷 写本

此书开陈政治意见，如《番外杂书解题》所言，"疑为奉其主者"，目的似是为当权者著。

《蘐园谈余》五卷 写本

此书阐述政治道德，为随笔体。"日本文库"第四编收载有此书的标注版，且论曰：

> 徂徕先生长于经济之学，达于兵略。其所著《政谈》《太平策》《钤录》《孙子国字解》等，皆行于世，学者无不读之。独至此书，世之传本少，人偶读之，抑或疑非先生之作。今读之，其论锋之锐果、识见之超迈，决非余子碌碌之所及。是实先生之作，果知而不可疑。且与前数书并读之，却觉其有光彩气力。

此说并不足信。《蘐园谈余》与山县周南著《为学初问》内容相同，而《为学初问》成于周南之手则是不容否认的。

《徂徕逸》一卷 写本

此书仅收录《与德夫书》一篇，《徂徕集》中未见此书信。

《徂徕尺牍》一卷 写本

此书收录《答岐阳田边生》书信一篇、《与江若水》书信五篇，共六篇。前者收载于《文集》（卷二十五），后者收载于《文集》（卷二十六）。其作为单行本刊行的原因，尚不清楚。

《诗文国字牍》二卷

此书系锅岛传藏于享保二十年（1735）刊行。开头有林东溟所作序文，详细记述了此书的由来。"日本文库"第三编收载此书。

《孟子识》一卷

《孝经识》一卷

《尚书学》一卷

以上三书均收载于《甘雨亭丛书》。《尚书学》写本卷末有如下批注，曰：

> 右徂徕先生遗书三篇，曰《尚书学》者二纸，曰《孝经识》者三纸，曰《孟子识》者三十许纸。服氏子迁作《物夫子著述书目》，亦所不录。盖晚岁创稿弗继，如《尚书》《孝经》才起其端，如《孟子》未及半而止者，故不见于目。三篇义例，大抵如《论语征》。天明乙巳之夏，获之平士观海，士观（？）获之盐子显良云。中略 资坦识。

第一章　物徂徕

即此可知，以上三书均非完稿。还有名为《物氏遗稿》的写本传世，其收载三书，卷末有大冢孝威所作跋文。

《读荀子》四卷

此书为宇潜水校刻，发行于宝历十四年（1764）。

《读韩非子》三卷

蒲坂圆增补此书，计二十卷，题名《增读韩非子》，享和二年（1802）刊行。据《先哲丛谈》，弟子曾集体阅读讨论《韩非子》，论议锋出，徂徕在座，缄口不言。春台不悦曰："说之不一，先生何不折中，将或不得解纷邪？"徂徕屏气曰："此书余尝有成说，将待明日出示之。"当夜才开始下笔，著成全篇，即为此书。

《读吕氏春秋》二卷 写本

服部南郭著《物夫子著述书目记》中记载有三卷，今所传仅有上下二卷。宇潜水于《读荀子》序曰：

> 曩者余游于蘐塾也，夏月与瞩徂徕先生之藏书，因得见《读荀子》《读韩非子》《读吕氏春秋》，合题曰《徂徕外集》者，乃先生所著手泽书也。高第弟子如太宰德夫、服子迁、县次公、平子彬辈，皆未知有斯书，故言无及乎此。后余告之，始知有之。盖先生尝欲遍解诸子而中止，以所著为土苴，捐筐中而不示人也。

以上三书合为《徂徕山人外集》十卷，传世。

《钤录》二十卷

此书久以写本传世，至安政四年（1857），郡山藩主出版此书，开头载有服元济及宇佐美先所作序文，末尾载有物部昌（徂徕玄孙）及服元彰所作跋文。《文会杂记》（卷之三下）曰：

> 徂徕曰："日本无节制之军法，皆武士之勤也。"因之著《钤录》，著和流之军之无者。春台语。

徂徕在此书序文中，论说"节制"的重要，所言对于我国今后的军略似乎也甚为切要。

《军法不审书》一卷 写本

据《番外杂书解题》，此书为徂徕答为回答门人冈田宜泛的提问而往复的书信，凡有十封。

《度量考》二卷

《绝句解》三卷

《绝句解拾遗》一卷

据服部南郭著《物夫子著述书目记》，徂徕撰写《绝句解》的时候，删去了一些内容，徂徕没后，门人可惜这些遗落内容，加以整理刊行，即为此书。

《孙子国字解》十三卷

《吴子国字解》五卷

《古文矩》一卷

《南留别志》五卷

此书系宇潜水校订，宝历十二年（1762）刊行。之所以起名《南留别志》，是因为书中有很多臆断。《温和丛书》中收录有《南留别志辨》一卷。此书著者不详，乃论辩徂徕谬误的著书。

《驳朱度考》一卷

此书为徂徕奉主公之命所著，专门批驳明人朱载堉的《律学新说》。收载于"日本文库"第十编。

《译文筌蹄》九卷

初编有六卷，后编有三卷，共九卷。初编为徂徕口授，僧圣默、吉有邻二氏书写，正德五年（1715）刊行；后编由竹里山人补译，冈好问校订，宽政八年（1796）刊行。

《经子史要览》二卷

此书即今日所谓《书史》，为经子十八部的总论和解题，由森直于文化元年（1804）出版。其序曰：

> 《经子史要览》者，徂徕先生所口授，而门人平子彬所笔受也。先生所论著《论语征》、《学庸解》、《学则》、二辨、《文集》诸书，布于寰区，人人知之。但以其言散见诸处也，未易撮其要。此书则就各书一一提撕，谆谆不舍，使人披卷一目了然，皆使得其旨趣。真乃读书之要诀哉！其惠后学也深，此虽其绪言，岂不贵乎？

卷末附有徂徕信札一篇，为《徂徕集》所脱漏。近顷，村八郎选取此书，载于《汉籍解题》中。

《琉球聘使记》一卷 写本

《文罫》一卷

此书为徂徕早年作品，据说他自己很快便焚毁了。

《明十三省考定图》一帖

《唐后诗》七卷

《四家隽》六卷

《周易解》六卷①

据说此书是白重行根据徂徕遗训所著，然不知事实是否如此。

《明律国字解》三十七卷

服部南郭著《物夫子著述书目记》曰：

> 右晚年之作，唯律语多难读，而为此作解，以藏于家而已。云云。乃与盟者八人特得睹耳。余虽同舍，不许辄视。

由此看来，此书亦为蘐园秘书。《文会杂记》（卷之三）曰：

> 徂徕解《明律》时，独召弟叔达，至御城问律。横帐而携于怀，叔达渐有附会之辞。或人作伪书而出于外，故有少部伪书。

即此可知，关于此书的伪书，多少有流行于世。②

《乐制篇》一卷 写本

《乐律考》一卷 写本

---

① 补正一：《周易解》为白重行所著，间引用徂徕之说，亦举用程朱及其他诸家之说，且时时插入自家见解。重行号大泉，非常仰慕徂徕，他著此书，说是根据徂徕遗训，但实际上不过是假托而已。序云："我物夫子起于大东，成复古业，求之辞与事，而征于古六经，大义始明矣。实与七十子徒，千岁而比肩，不亦愈快乎？余也从物子遗训，沈斯文，既三十有余年矣。"重行祖父亲炙徂徕，据说三代传其学。确实，其家学系统出于蘐园。不过，如《周易解》，应该说秉持的是折衷的立场。重行是庄内人。

② 补正一：徂徕解释《明律》者，伪书行于世。今所传《明律考》（写本，五卷）或为一例。

此书又名《大乐发挥》。

《幽兰谱抄》一卷

《琴学大意抄》一卷写本

论述琴的起源、名义等，内容皆与琴有关。

《文变》一卷

《韵概》一卷

《满文考》一卷

《葬礼考》一卷

此书为艺州广岛平田屋町柏屋摛藻堂村田平七，于明和五年（1768）八月刊行。

《诗题苑》三卷

《广象棋谱》一卷①

此外，如《先哲像传》《近代名家著述目录》《庆长以来诸家著述目录》等，列举有不少所谓"徂徕著书"，然不知真伪，故暂且不录。②

第三　文藻

徂徕当是德川时代的第一文豪。在软文学方面，有马琴这

---

① 补正三：在徂徕著书末尾，关于《论语辨》有稍稍辩明的必要。自古以来，《论语辨》被认为是徂徕的著书，但徂徕本来就没有这种著书，其内容浮浅，一看就足以知道非徂徕之作。至明治年间，学士祥云碓悟校订此书并刊行。因此，这里有特意辩明的必要。

② 补正三：徂徕关系书类中，加入《徂徕先生亲类并由绪书》（一卷，收载于《家传史料》卷二）。

样的巨人，但在硬文学方面，恐怕没人能比得上徂徕。徂徕擅长诗文，而经学为其根底。他著述等身，蔚然自成一派，门下济济之士辈出，力压以往任何学派。其发扬盛世风雅之功，绝不可没。后虽有赖山阳这样的文豪出现，但学问实不如徂徕，学派势力殆亦不足认可。徂徕文章，大率规模正大，有气魄光焰，如《辨道》《辨名》《学则》《与薮震庵书》，皆不逊于大家文章。诗作格调，亦多高古，即使是专门诗人，有的也难以企及。总之，徂徕的巨大才能，任何人都不能否定。可惜的是，徂徕爱好李、王的拟古文，沉迷邪路，对文学界产生很大流毒。李、王即李攀龙、王元美。攀龙字于鳞，号沧溟。元美名世贞，号凤州，又号弇州，元美其字。二人皆嘉靖年间进士，修习古文辞，文名高于一世。当时，李于鳞、王元美、宗子相、吴明卿、徐子与、梁公实、谢茂秦七人被称为"七才子"，其中，李、王二人最为卓绝。不知道什么原因，徂徕不取韩、柳，反喜李、王，修习古文辞，专作拟古文，故字句多艰涩难读，有陈陈相因之趣。极言之，观其文，如拾集古人的片言隻句，缀补而成。徂徕自己胸怀大识见，有大才能，因此，不论其文章是如何险怪，不少还大有可观，但至其门下末派，流弊却是愈演愈烈。徂徕虽以古文辞压倒一时，但如果他不取古文辞，功绩则可加倍。而且，由于他取古文辞，文章殆无用于今日。若以事实为主，可以说，言文一致比古文辞反而更好。徂徕排列艰难字句，以文雅为务，却不过是可笑的夸耀（vanity）而已。他认为，欲穷圣人之道，则不可不通晓古书；欲通古书，则不可不通晓古文辞。不过，欲通古书就必须通晓古文辞，却是完全没有道理的。徂徕强为此主张，似乎是欲于无主张之地寻求所谓主张。《拙堂文话》（卷一）曰：

> 徂徕材大学博，与王弇州东西屹对，并为旷世伟人。恨二人所由皆不正，其作使后人厌恶。余常谓："学在识，而不在才。"若使二人识见醇正，虽古人亦必敛襟避之矣。

此言恰当。又曰：

> 弇州、徂徕之学，博于沧溟，固不待言矣。二人之才，大于沧溟，又有江与海之别也。而二人心醉沧溟，误其一生，理之不可解者也。徂徕自言："倚天之灵宠，奉于鳞氏之教。"余谓，使徂徕不奉于鳞，本邦文章谁出其右者？岂非其不幸哉！

我们也认为是这样。徂徕胸怀旷世之才，由于崇拜李攀龙之徒，陷入邪路。虽然可惜，但可以说是瑕不掩瑜。徂徕门下只有春台不喜古文辞，其著《粪杂衣》，大论其非。此事详于《文论》。中井竹山著《非征》论曰：

> 徂徕以王、李文为古学津梁，啧啧不容口，其崇奉亦至矣。然王、李龌龊竖子，其所作为，割裂篡组之巧，摹拟剽窃之务，何古文之有？特所谓鸡鸣狗吠之雄耳。徂徕为其诳诱，谬信为古文在此，遂牛鼎其功，移之古经，以为得圣门之真，龃龉亦甚矣。是犹市井细民，读杂剧本子，以为实际，因以论古今治乱之迹，谭源平、藤橘之

事，以咻广坐也。识者在旁捧腹。

后世讽刺徂徕古文辞的人还有很多，不可枚举。特别是山本北山，他尊崇袁仲郎，对徂徕古文辞大加打击。总之，主张古文辞是徂徕一生的过失，不久之后，识者便断言其非。至宽文以后，韩、柳之文独行于世，而无人再主张古文辞。

在诗作方面，徂徕也模仿李、王，专务拟古，尤其喜爱《唐诗选》。因此，徂徕学派作诗，皆模拟唐诗。不过，徂徕的才气到底是远胜旁人，自然也能写出不少格调高古的诗作。今举数首：

春日上楼
落日高楼俯碧霄，关中春霁望愈遥。
把杯意气千秋色，独看芙蓉白雪骄。

还馆作
甲阳美酒绿葡萄，霜露三更满客袍。
须识良宵天下少，芙蓉峰上一轮高。

秋江送别
白露青枫两岸秋，无穷别恨满中流。
何堪明月潮生早，望断蓬莱仙子舟。

东都四时乐 节二
秋满品川十二栏，东方千骑簇银鞍。
清歌一阕人如月，笑指沧波洗玉盘。

东奥人觅诗
闻说仙台十二楼，金华山色映波浮。
题诗我欲随青鸟，看尽扶桑欲尽头。

寄题丰王旧宅
绝海楼船震大明，宁知此地长柴荆。
千山风雨时时恶，只作当年叱咤声。

送县次公
锦帆西尽青蜓舟，赤马关高大海流。
料识愁心秋不极，回头东望月如钩。

观潮
八月秋涛大，广陵壮观哉！
势疑吞地尽，色似荡天来。
百万雷声合，须臾龙界开。
何人珠径寸，拾得此中回。

浪淘沙词
青楼十二是侬家，下瞰大江浪淘沙。
淘去郎恩海还浅，淘来郎恩山更加。
淘去淘来无定处，谁知侬意乱如麻。

通过这些作品，约略可以窥知徂徕的诗才。此外，徂徕一生最著名的代表性作品是一首和歌，见《先哲像传》（卷三），曰：

吾门五柳枝叶垂，长日无厌黄莺啼。①

---

① 补正一：关于徂徕的和歌，《东洋学会杂志》第三编第二号有评论，可参考。

第四　仁斋与徂徕的关系

徂徕出生两三年以前，伊藤仁斋已经在京都提倡古学，教授了很多弟子。不过，仁斋的著书，如代表作《语孟字义》《童子问》，都是在他死后才得以出版，广布于世。也就是说，与开始主张古学相比，著书的出版晚了四十余年之久。不过，写本肯定很快就在学者间流布了。徂徕一开始崇奉朱子学，至三十九岁时，还看不到有任何变化。不过，他好像很早就喜欢李、王的古文辞。他在《答澹泊书》中说自己中年读李、王集，又在《译文筌蹄》题言中评论李、王等"七才子"之诗，"此自唐诗正脉"，即此可知。不过，他还没有唱道古学。他偶然得见仁斋的《大学定本》《语孟字义》写本，很佩服仁斋的卓见，于是就写信给仁斋，陈述自己的仰慕之情。其书信曰：

> 向凭子固，通殷勤于左右，辱蒙弗外，允致寒暄于左右，幸甚曷加。始不佞少在南总，则已聆洛下诸先生，亡逾先生者也，心诚向焉。后值赦东归，则会一友生新自洛来，语先生长者状，娓娓弗置也，而益慕焉。迨见先生《大学定本》《语孟字义》二书，则击节而兴，以谓先生真逾时流万万。居一二岁，入仕本衙，乃获与子固友也，则观其为人，忠信可爱。岁壬午来，同局共事最熟，而益想先生教诲之有在焉。子固亦时时与不佞讨论上下《语》《孟》诸书，则惊叹以谓何与吾先生之言肖也，而一二有

所闻于子固者，不佞斯未能全信焉。虽然，不佞岂敢自信，亦思所以质于先生者耳。乌乎茫茫海内，豪杰几何？一亡当于心，而独向于先生，否则求诸古人中已，亦曰不佞不自揣之甚也。先生或能思其情，岂不大哀悯乎？此不佞所以神飞左右之久也，山川千里，所赖斯文，气脉流通。惟先生恕其狂妄，而待以子固之友人，幸更甚。伏惟冰鉴，时下渐寒，千万自重。不宣。

徂徕此人目空一切，而观其言，可知他心中是多么推尊仁斋。当时，仁斋已近桑榆之年，老病缠身，因此没有回信。徂徕自述当时事情，曰：

予与仁斋门人边子固，同寮相善，所处舍亦相接。暇则相往来，与共论说《语》《孟》诸书，上下其说。子固乃言曰："先生之言，何与吾仁斋先生相似也？若朱子之说，则初与先生不类，不知先生从何得之？"是盖信其师说云尔。又及从子固而叩其所闻乎其师者，则有不惬乎予心者矣。遂介绍子固，以寄书仁斋。其意则谓，定交之后，庶有以质吾之所未信者，裁其过而就其正。是不有益于彼，则必有益于我也。子固又从旁称其谦虚无我弗已。予亦旦夕俟其报至者垂一年。仁斋死而报不至矣，于是予稍稍疑之也。其后其徒刊其行状碑碣以行于世，则卷后附以安省庵及予寄书，于是予又愈益疑之也。及阅其所著《语孟字义》《童子问》《大学辨》者，至于其谓宋诸老先生为禅儒，朱子为不仁之人，则足薄其为人也。盖其意专以立门户为务，虽我书牍百往，其何能容人之言乎？子固之忠信，亦为其诳也。并观其摒《学》《庸》《系辞》而不用，判先王与孔子教而二之，则一何与彼浮屠中日莲相似邪？噫！

徂徕看《语孟字义》，是在给仁斋写信之前。他却说仁斋不答复才开始看《语孟字义》，足以看出来不够诚实。他以为仁斋不回信是故意的，非常愤怒，于是著《蘐园随笔》，痛加攻击仁斋，辩护程朱。比如仁斋的万古无穷论、一元气论、仁义礼智论，都受到徂徕极力批评。此外，他在种种不同点上也施加论难，甚至还指摘字句的谬误。不过，徂徕也不是对任何方面都反对，有时还评论仁斋之言，说"此为名言"，"此语诚佳"，或"此论亦佳"，表示赞同。特别是对仁斋以天地为一大活物，主张生生活动主义，徂徕大为赞成。其言曰：

仁斋之学，其骨髓在天地一大活物，此其所以逾时流万万。

不过，徂徕认为程朱之意也不外如是，论曰：

此自程朱之意，初非与程朱殊也。如所谓动之端乃天地之心，及用行天地先，及动静无端，阴阳无始，非知道者孰能识之者，皆此意。而此为学问之大纲领处，故程朱诸先生一言一句，莫有不自此处流出者矣。予十七八时，有见于斯，而中夜便起，不觉手之舞之足之蹈之。自此之后，愈益戴程朱诸先生之德弗衰，以至于今三十年一日也。而仁斋者缘此，遂致视程朱若仇雠也。世之可怪者，岂有过于是哉？

程朱之学自陷寂静主义，缺乏生生发展的活气，这是不容否定的。徂徕认为其存在活动之意，所引用的例子未必均十分确切。而且，仁斋之独自创见——如极力主张活动主义，其功绩是绝不可泯没的。徂徕私下里一边认可仁斋的长处，一边却言语暧昧，欲将其悄悄抹杀，试图出奇制胜，反而可以说是大丈夫所不齿的怯懦之举。徂徕痛加非难仁斋作为学者的举动，曰：

> 观于仁斋说，其佳者，皆先儒说。剿以为己有不者，多其意见所牵，硬语强辨，一以排击先儒，立门户为事。假令其言一一当理，门户一立，后学蒙生堕其窠臼中，辟诸缚骥足，缘何能千里？况排击一行，轻薄成风，其弊所流，必有不可胜言者焉。

这是徂徕对仁斋一家之言的总结，本质上不过是酷评而已。说到创立门户之弊，相比仁斋，徂徕自身反而更为适合，至少可以说徂徕是尤而效之。总之，在学问识见上，《蘐园随笔》中对仁斋的评价未必恰当。不过，说到指出仁斋字句的谬误，可知徂徕在文章技巧上是比仁斋强的。但是，或许是由于操之过急，自身反而也会产生问题。比如，他改正仁斋的"为诚大德之人"说，"诚当作真，否则移在为字上可"。但是，孟子有言"不诚大丈夫哉"，由此看来，仁斋所言未必有错。《文会杂记》（卷之二下）曰：

《蘐园随笔》中被难者，有孟子"不诚大丈夫哉"，"徂徕或忘"，春台亦评判云。

这句话有点儿不成体统，但好像是春台批评徂徕忘记了孟子的话。和气行藏亦论曰：

> 余十四五时，读《蘐园随笔》，初叹英雄之事大异于人。至改仁斋先生之文，则有所未服。《文戒》中云："俭而好施者，为诚大德之人。诚当作真，否则移在为字上可。"童心窃以为，伊先生之文，盖自孟子"公孙衍、张仪岂不诚大丈夫哉"而来，物先生何故改正？后读《童子问》云："俭而好施者。云云。俭而不知施者，真守财虏耳。"因知，先生非不知，欲文有变化也。《随笔》中，此类不一而足。盖物先生亦非不知也。其心谓："立业在名，收名在惊人，惊人在破知名。夫业立名遂，而往事可说。"其胆量盖如此。（《柳斋笔记》卷一）

此言凿凿，如中肯綮。徂徕本欲打倒仁斋，提高自己的名声，因此不免有矫枉过正之病。《文会杂记》（卷之一上）曰：

> 徂徕之名，初不特闻于世。《蘐园随笔》刊行已后，名广称于世也。

即此可知，他攻击当时的学界泰斗仁斋，由此得以博名。《文会杂记》又曰：

> 《蘐园随笔》者，二笔三笔亦渐自起意而为，不得不出者也。南郭云。

这是徂徕学说倏忽一变的原因。徂徕本来功名心重，随着攻击仁斋的深入，又深为其学所动。这便是他"急转直下"——抛弃宋学，变为古学的契机。但是，对性格傲岸的他来说，垂首服膺仁斋，到底是无法忍受的。于是，他主张一家之古学，对宋儒与仁斋一并展开攻击。他忽然转向古学，完全是由于仁斋的刺激，看来是毫无疑问的。

第五　学风

蘐园学风与堀川学风正相对峙。后者以道德为主，前者则不以道德为主，更看重文章。如徂徕在《学则》第七条末尾言，"学宁为诸子百家曲艺之士，而不愿为道学先生"，不欲效法宋儒或仁斋——专倾心于修身正行。因此，他对门人后生的态度甚为宽容，有清浊并吞之象。这是他顺应众望，成为大人物的原因。《学则》第六条言：

> 君子不轻绝人，亦不轻绝物，所以成其大也。云云。是非淑慝，无适无莫。大抵物不得其养，恶也。不得其所，恶也。养而成之，俾得其所，皆善也。媲人虎狼，糅稗莠于谷，恶已。虽然，天地不厌虎狼，雨露不择稗莠。圣人之道，亦犹若是夫。其不得已而去之远之抶之杀之，恶其害于仁也，非恶其恶也。故恶不仁之甚，好仁之不至也。

此意实为"泰山不让土壤，河海不择细流"，徂徕襟度宏亮，实为可钦。与急于爱憎、不从容、局促、驰于感情相比，固不可同日而语。不过，徂徕忽视道德，甚有过失，弊害亦绝不少。很多门人后生敬仰他，以他为模范，他却丝毫不重视道德，以豪杰自居，又期望弟子们成为豪杰。为此，门人后生多不务修行，甚者成为放荡无赖之徒。春台是个例外，而南郭、周南、东野、金华之徒，则都不过是文墨之士而已。特别是东野、金华之徒，作为学者，完全看不到有什么值得尊敬的地方。《先哲丛谈》（卷之六）曰：

> 尝过东壁，时东壁方携妓来蝶狎。会徂徕入，仓皇不知所为。遂诡曰："家妹幼宦某侯，今赐暇归居家。"徂徕既觉之，明日遣使致鲜鱼，以贺才子配佳人。

东壁为东野之子。徂徕雅量诚为可喜，然其教育失于放荡，令人可惜。如金华，其行为放荡不羁，类似市井无赖。春台曰：

> 徂徕先生见识卓绝，知道甚明。周南以为，邹鲁以后无是人者，非过论也。惟其行不及其所知，殆所谓行不掩者欤。盖先生之志在进取，故其取人，以才不以德行。二三门生，亦习闻其说，不屑德行，唯文学是讲。是以徂徕之门，多跅驰之士，及其成才也，特不过为文人而已，其教然也。外人既以是讥先生，纯亦尝窃不满先生。此先生之所以鸡肋视纯也。《书》云："非知之艰，行之惟难。"先生有焉。（《紫芝园漫笔》卷之六）

蘐园之徒中，有个叫板仓璜溪的，也放荡不轨，春台曾与他当众对质。春台又曰：

> 徂徕先生平日不教小子辈，是以其门无长幼之序焉。

毫不客气地道破了徂徕教育方法的缺点。徂徕本人行为固然本失于骄傲，但在闺门之内，却反而严肃庄重。因此，从私德这点上来说，他不应该被苛责。但作为教育家，却不能保护他人之子不受伤害。雨森芳洲与徂徕是同时代的学者，他让儿子显允跟随徂徕学习，后来由于徂徕教导门人后生不注重德行，觉得不能将此少年托付给他，于是断绝了关系。《芳洲口授》开头载有板仓胜明所作《芳洲传》，有言曰：

> 物徂徕先生倡复古学，先生相见甚悦之，徂徕亦称其笃学。先生乃使其子显允就学，既而先生叹曰："茂卿一代之豪杰，然其教人也，尚浮华，不原德行，不可久托少年辈。"遂使辞。

徂徕门人中，东野年仅三十七岁，便因罹患咯血之症，英年早逝。金华四十五岁去世。高兰亭十七岁时双目失明。此外，夭折的也有很多。原因固然难以推究，但是否因为徂徕消耗了门人们的元气呢？这是个问题。

宋儒及仁斋之徒都以圣人为理想人格，直欲自我实现，因此常以崇高的观念来充实自身，其进修之功，大有可观。徂徕选择放弃，认为圣人到底是不可企及的，只把研究圣人之教的事实和文辞作为学者的事业。其论曰：

> 圣人之心，唯圣人而后知之，亦非今人所能知也。故其可得而推者，事与辞耳。事与辞虽卑卑焉，儒者之业，唯守章句，传诸后世，陈力就列，唯是其分。若其道，则以俟后圣人，是不佞之志也。（《答安澹泊书》）

又曰：

> 宋儒传注，唯求理于其心以言之。夫理者，无定准者也。圣人之心，不可得而测矣，唯圣识圣。宋儒之所为，岂不倨乎？不佞则不敢。夫道则高矣美矣，谫劣之资，不可企及，故卑卑焉求诸事与辞。其心谓，儒者之业，唯守古圣人之书，以诏后世，其斯可也。后贤之说，虽高妙乎，其于事辞有不合也。何以知其于圣人之心与道必合哉？君子于其所不知，盖阙如焉。云云。如阳明、仁斋，亦排宋儒者也，然唯以其心言之，而不知求诸辞与事，亦宋人之类耳。（《答屈景山书》）

如此，徂徕认为，依赖自己的智力去推究伦理之类的东西到底是没有意义的事情，因此拒绝推究，专门让学者从事事业的考证和文辞的研究。为此，儒者只是成了传播圣人之教的机器，学问变成了一种糊口的营生。徂徕又论曰：

> 诗书辞也，礼乐事也，义存乎辞，礼在乎事。故学问之要，卑求诸辞与事，而不高求诸性命之微。议论之精，则有所凭据，可识后世纰缪所在焉。不尔，徒以己之心与理言之，泛然莫有底止耳。（《对西肥水秀才问》）

徂徕要避开宋儒性理之学的烦琐，依赖事业的考证和文辞的解释，其志向未必不对。但是，由于一开始就拒绝哲学的考察，就不能得到思想的源泉，结果，古文辞学毋宁说是变成了今天所谓的古语学研究（Philological Study）。徂徕一生引以为傲的主张是古文辞学。其又曰：

> 中年得李于鳞、王元美集以读之，率多古语，不可得而读之，于是发愤以读古书。其誓目不涉东汉（即后汉）以下，亦如于鳞氏之教者，盖有年矣。始自六经，终于西汉（即前汉），终而复始，循环无端。久而熟之，不啻若自其口出，其文意互相发，而不复须注解。然后二家集，甘如啖蔗。于是回首以观后儒之解，纰缪悉见。只李、王心在良史，而不遑及六经，不佞乃用诸六经，为有异耳。（《答安澹泊书》）

又曰：

> 不佞从幼守宋儒传注，崇奉有年，积习所锢，亦不自觉其非矣。藉天之宠灵，暨中年得二公（即李、王）以读之，其初亦苦难入焉。盖二公之文，资诸古辞，故不熟古书者，不能以读之。古书之辞，传注不能解者，二公发诸行文之际涣如也，不复须训诂。盖古文辞之学，岂徒读已邪？亦必求出诸其手指焉，能出诸其手指，而古书犹吾之口自出焉。夫然后直与古人相揖于一堂上，不用绍介焉。岂如乡者徘徊乎门墙之外，仰人鼻息以进退者邪？岂不愉快哉？云云。夫六经，皆事也，皆辞也，苟娴辞与事，古

> 今其如视诸掌乎？于是回首以读后世之书，万卷虽多乎，如破竹然。辟诸良工，必先攻坚木焉，吾之刃，试诸盘根错节，而其余脆材柔木，易易耳。（《答屈景山书》）

徂徕修习古文辞，是以李、王为先导。与李、王不同的是，李、王仅仅止步于修古文辞，徂徕则更进一步，将古文辞应用于经学。如果不先熟练古文辞，将其作为自己唯一的文辞，就很难解释经义。于是，徂徕成就了一家主张。所谓"藉天之宠灵"而获得，也是可以的吧？徂徕与仁斋均唱道古学，但他与仁斋的不同是——认可古文辞的必要性。仁斋更加趋向于仿效唐宋文体，叙述似乎是以达意为主。徂徕奋起于仁斋之后，与仁斋相反，他不取唐宋文体，而是选择古文辞，认为其与经学研究有密不可分的关系。即此可知，徂徕并不与仁斋雷同。确实，不仅如此，徂徕又主张古文辞的必要性，获得攻击仁斋的余地。何况是宋儒？这是徂徕放肆豪宕，睥睨一世，引以为傲的所在。徂徕之学固然与古学无违，但作为古文辞学，亦可与仁斋之学相区别。仁斋不用力于古文辞，因此在经义上往往有不及徂徕之处。但是，仁斋专心于修德工夫，以实现圣人的人格为理想，因此德化之功远超徂徕。徂徕主张古文辞学的必要性，令门人后生主要用力于修辞，称呼宋儒及仁斋之徒为道学先生，口气有嬉笑怒骂之意。因此，徂徕贻害名教，盖非鲜少。尾藤二洲论曰：

> 古文辞学，起自物徂徕。余初年有学，故能知其意。其学所主在功利，至假圣人缘饰也。道为先王所作者而非

自然之理，安天下之具而非当行之路云者，其所纲要，皆本乎功利。毕竟道者，亦圣人理天下之法而传于今，如今时之律者也。所谓六经，亦如《御成败式目》者也。此之起，彼老平生居处唯心悬功利，无论见何，而其姿如此，闻仁斋之说，悦有所略当其意，又换面改头，即建立出也。如荀卿好奇，而谤思孟诸贤，其门人李斯遂焚圣人之书。好异之弊，岂不可惧邪？其专说礼乐，亦彼式目之意也。今又取彼大意言，先王亦谓开国之君者，实汉祖、唐宗亦同也。唯智胜，故立式目处，好越后之帝王也。其于式目作礼乐者，乃为政故，其世之风俗，不及秦汉以后也。今为政者，追彼古踪，是行圣人之道者也。不与政者，唯明先王之道而已也。明先王之道者，通彼礼乐之说也。若无礼乐，则先王之道亦无。大意为是等事也。且其学唯理民之术耳，己之身心置而不问也，故身虽为非法之事，亦不为耻。其徒虽皆以先王之礼、先王之义为口实，然其志不过苏、张，或效嵇、阮之放荡，而欲睥睨一世。若有向其说义理者，则掩耳嘲笑，以为腐儒陋见。此辈世多，为淫踪奇怪之行者往往蔓也，而思其为余事也。彼门人太宰某，亦说修身之事，亦坚持其身，然偏执愈甚，徂徕不敢言者，其亦说出。固不足举论。礼乐之事，今已亡失，且难行于我邦。姑为此说而至缘饰，实唯心悬功利之事。吠声之徒辨而不知，言礼乐送过一生，甚可怪也。是彼徒者，唯以诗文为一生之事业而度年月，故不用心，可见也。如不用心于道，则唯礼乐耳。然礼乐今亡，夫如何

言先生以何为道者，而始可惊思乎？诚可谓浅丈夫也。（《征学指掌·附录》）

二洲所言少有过激，不过大体道破了蘐园学派的弊病，令人颇感畅快。

蘐园学派还有个怪病，即一心崇拜唐土，一切文墨之事皆模仿唐风。观徂徕著书，从制本体裁到表纸色彩，皆是模拟唐本，又至其文章，只附句读，没有反点①，不着旁释。模拟唐本之甚，非此而何？《先哲丛谈》（卷之六）曰：

徂徕所著之书，字傍不施训译。僧大典《萍遇录》载，朝鲜成龙渊曰："贵邦书册，行傍皆有译音。此只可行于一国，非万国通行之法也。惟物茂卿文集无译音。"即此一事，可知茂卿之为豪杰士也。

就算有反点和旁训，但在唐土、朝鲜有传播的价值，自然是可以流行的。不加反点和旁训，丝毫不能作为徂徕是豪杰之士的证据。相比唐本的表纸，日本的反而更加结实。而且，文章中加入反点和旁训，也会让人更容易理解。虑不及此，刻意为唐风，这就是今日所谓的"时尚"，可推知其爱好夸耀的轻浮之心。再看一下以徂徕为首的蘐园学派的姓名，与唐人姓名极其相似，服南郭、藤东野、县周南、平金华、宇潜水、高兰亭等，都修复姓为单姓，模仿唐人，只有春台是个例外。试举《徂徕集》中所见门人：

---

① 训读汉文时，标记读音顺序的符号。——译者注

（1）朽土州　（2）井可观　（3）石叔潭　（4）佐子严
（5）岛谦叔　（6）江若水　（7）松霞沼　（8）屈景山
（9）木兰泉　（10）佐元锡　（11）芳幼仙　（12）左沕真
（13）县云洞　（14）都三近　（15）晁玄洲　（16）墨仓徽

这些都与唐人名字酷似，乍见之下，绝对不会想到居然是日本人的名字。从今天看来，真的好似滑稽之举，但在当时，即便稍行唐风，都被认为如同是文明进步的象征。今天有些浮躁之徒，轻佻受洗，为得到亨利、爱德华、詹姆斯等基督教名字感到窃喜。二事是极其相似的。徂徕还把日本的地名改为唐风，实在是让人出乎意料。例如，他叫江户为武昌，又为武陵，叫京都为洛阳，又为长安，叫长崎为琼浦，叫广岛为广陵，叫箱根为函关，皆模拟唐土的地名。①于是，蘐园学派的地名数量渐次增加。这在文学上，典雅是典雅了，但也让后世学者难以理解，不得不为此绞尽脑汁。有个叫孔平珉文②的人甚至为此编了一本特殊地名字典，即《东藻会汇》，公布于世。其收录词汇固然不限于蘐园一派，但无疑是以其为主。《徂徕集》（卷之十四）有孔子赞，曰：

---

① 补正一：关于徂徕将日本地名修改为唐风一事，《先哲像传》（卷一，第十四页）中举原双桂之说曰："《译文筌蹄》之题署等写有武陵，此等事甚非也。或以东都在武藏之内，据武藏之武字，有一字相同，而牵合借用，题署之焉。如此，武陵之外亦有武昌、武清、武平、武进、武宣、武城、武绿、武定、武邑、武乡、武涉、武安、武功、武隆、武宁、武当、武冈、武康之类，皆唐土之地名，随汝喜好借用，岂非善哉？各人随其喜好借用，则江户所定之名不可有也。如此……"（原书或遗漏部分内容，《先哲像传》似未有此内容，译者按）

② 补正一：孔平珉文即荻野鸠谷，参看《诸家著述目录》。

> 是谓克肖，吾岂敢！是谓不克肖，吾岂敢！亦惟唐帝之赠，衮冕十二章，俨然王者服。万世之下，万里之外，伏惟圣德远矣哉！

徂徕推尊孔子，有不让神明之概。这本是当然的事情。不过，他在后面写道：

> 岁庚子夏五月，日本国夷人物茂卿拜手稽首敬题。

他竟然贬低自己是"夷人"，可谓自侮之甚。出现如此丑态却不自知，盖出于邦外之余，可知其弊病已达至极致。

算起来，蘐园学派虽然有种种弊害，但也有值得称扬的地方。特别是，徂徕爱惜人才，即所为合于天才教育之旨。这是无可非议的。《文会杂记》（卷之一上）曰：

> 徂徕甚爱才之人也。水足平之进十六岁送徕翁书牍时，见之甚悦。竹溪来，言水足真罕有者也，虽珍视之物，亦取其文而使视之。竹溪云文字亦有颠倒，徂徕变色曰："何出此言？颠倒之类，年轻自然有也，是有何妨？其见识之胜，谁可及之？"赞扬不绝。

又曰：

> 徂徕尤褒人之才之人也。春台、南郭颇不褒人，故提携弟子，无如徂徕。又春台以为，褒人之有才向学，害人也，故一向不褒扬。君修（松崎观海）语也。

想来，后进学生大多数都富于名誉心。如果有名望的前辈赞扬他们的才能，他们肯定会受到激励，更进一步。徂徕是一代文豪，还爱惜后进人才，后进学生怎么会不汇集到他门下呢？于是，徂徕成为一代领袖，乃至以当时的学界泰斗自居。毫无疑问，原因之一便是天才教育。

第六 学说

一 叙论

徂徕幼年从学林鹅峰及林凤冈，后来在上总的时候，读到鹅峰《大学谚解》，开始有所体悟。因此，他本来接受的是林家教育，崇奉的是朱子学。到了中年，他心仪李、王的古文辞学，认为是得自"天之宠灵"，但还不知道将其应用于经学。三十九岁时，徂徕始读仁斋著《大学定本》《语孟字义》二书，大有感触，但仍是站在朱子学的立场，专务驳斥批评。不久，徂徕转入古学，完全抛弃朱子学。徂徕之学与仁斋之学相同，也排斥宋学，欲直接追溯洙泗的正脉，即古学。徂徕虽然排斥仁斋，但其主张古学，则是与仁斋一致的。而且，徂徕倡导古学的发端，完全是由于仁斋的启发，他对仁斋的依赖怎么会少呢？不过，徂徕主张，修习古学必须修习古文辞，因此其学问又被称为"古文辞学"。他又认为，文章应与学问一道，皆归于古风，因此其学问有时还被称为"复古学"。还有人直接取用创建者的名字，称"徂徕学"，不过这一名称在今天变得越来越不合适。

徂徕在道德方面的见解，多渊源于荀子。仁斋尊崇孟子，相反，徂徕鄙视孟子，宁肯称扬荀子。他在《辨道》开头说，"思孟者，圣门之御侮也。荀子者，思孟之忠臣也"，已表示出推重荀子以配子思、孟子之意。徂徕又曾作《刻荀子跋》曰：

> 孟、荀匹也。韩愈之喜孟，犹且不得不以并称者以此。至于宋儒跻以媲仲尼，跻其书以媲《论语》，何肆也？明帝因之，布诸学宫，以为功令，而后孔、孟《论》《孟》为天下之公言。荀则以性恶见摈，又援李斯而逮累之。今学者遂唾其书弗顾，甚或至下比诸申韩诸家，又何之冤耶？云云。

徂徕极力为荀子昭雪。徂徕主张性恶，重视礼乐，主张功利主义，认为道是圣人的作为等，多是从荀子得来。这又往往使人联想到英国哲学家托马斯·霍布斯的学说。这些研究起来很有趣，叙述徂徕学说结束后，我们会稍稍进行比较考察。总之，徂徕与荀子在学说上的关系非常明显，这终归是无法否认的。

二　道德论

（一）道的观念

关于道的观念，徂徕与仁斋大不相同。事实上，蘐园学派和堀川学派之所以两相对峙，互不相容，根源就在于此根本主义。首先，徂徕是如何解释道的呢？逐次论之如下。

第一,与仁斋以仁义为道相对,徂徕以礼乐(详为礼乐刑政)为道。仁斋所谓的道,是公共的,具有普遍价值,但又是个人扩充四端之心而获得的东西。而在徂徕这里,道完全是客观的,并非根底于人性,而只是先王制定的礼乐。他论曰:

> 道者统名也,举礼乐刑政凡先王所建者,合而命之也,非离礼乐刑政别有所谓道者也。(《辨道》)

此句当是徂徕标榜其一家之学,开门见山,直接喝破。若把徂徕所谓的道翻译成现在的语言,道就是治理人民所必需的制度文物的总称,除此之外,再没有别的道了。徂徕引用孔安国所下的定义,"道者礼乐之谓也",认为汉儒尚未失却古义,相比宋儒,他更重视孔安国之言,以此来证明礼乐为道。徂徕以礼乐为道的见解,无疑是自荀子得来,只是他自己不说罢了。荀子论学曰:

> 其数则始乎诵经,终乎读礼;其义则始乎为士,终乎为圣人。真积力久则入。学至乎没而后止也。(《劝学篇》)

又曰:

> 礼者,法之大分,类之纲纪也。故学至乎礼而止矣。夫是之谓道德之极。(同上)

把礼作为最大的主义、纲领,是荀子的学问。荀子又在《礼论》《乐论》两篇中详细而全面地指出,礼乐是治民的重要手段。其论礼曰：

> 人生而有欲，欲而不得，则不能无求；求而无度量分界，则不能不争；争则乱，乱则穷。先王恶其乱也，故制礼义以分之，以养人之欲，给人之求。使欲必不穷于物，物必不屈于欲。两者相持而长，是礼之所起也。（《礼论篇》）

又论乐曰：

> 夫乐者，乐也，人情之所必不免也。故人不能不乐，乐则必发于声音，形于动静；而人之道，声音动静，性术之变尽是矣。故人不能不乐，乐则不能无形，形而不为道，则不能无乱。先王恶其乱也，故制《雅》《颂》之声以道之。（《乐论篇》）

总之，荀子把礼乐视为最重要的治国手段。徂徕根据荀子这一主张，视礼乐为道，张言饰文，以对抗仁斋之学为务。

第二，仁斋认为道与人的有无无关，是本有之物，即天地中的自然存在。徂徕与其相反，与荀子相同，认为道出于先王作为，并非本有之物。其言曰：

> 先王之道，先王所造也，非天地自然之道也。盖先王以聪明睿知之德，受天命，王天下，其心一以安天下为务。是以尽其心力，极其知巧，作为是道，使天下后世之人由是而行之。岂天地自然有之哉？（《辨道》）

其又论到底谁是先王，曰：

> 伏羲、神农、黄帝亦圣人也，其所作为，犹且止于利用厚生之道。历颛顼、帝喾，至于尧、舜，而后礼乐始立焉，夏殷周而后粲然始备焉。是更数千年，更数圣人之心力知巧而成焉者，亦非一圣人一生之力所能辨焉者，故虽孔子亦学而后知焉。而谓天地自然有之而可哉？（《辨道》）

又曰：

> 夫道也者，自上古圣人之时，既已有所由焉。至于尧、舜而后道立焉，历殷周而后益备焉。是更数千岁数十圣人，尽其心力智巧以成之。岂一圣人一生之力所能为哉？（《辨名》）

如此，徂徕认为道出于先王作为，故自然与仁斋有异。与宋儒相比，事实上也正相反，因为宋儒认为道根底于人的本性。再向上追溯，徂徕与子思、孟子所说的道也不同。子思以率性之谓道，孟子以仁义根于性，都是从内容上说道。因此，徂徕不取子思、孟子，论曰：

> 如《中庸》曰"率性之谓道"，当是时，老氏之说兴，贬圣人之道为伪，故子思著书，以张吾儒，亦谓先王率人性而作为是道也，非谓天地自然有是道也，亦非谓率人性之自然不假作为也。（《辨道》）

又曰：

> 至于孟子性善，亦子思之流也。杞柳之喻，告子尽之矣，孟子折之者过矣。盖子思本意，亦谓圣人率人性以立道云尔，非谓人人率性，自然皆合乎道也。(《辨道》)

子思、孟子本来认为道是出于人的本性的东西。所谓本性，不是情欲，而是像良心这样的东西。但是，徂徕从外面去考察道，将其与礼乐等同看待。因此，徂徕与思、孟背驰，可以说是必然的结果。《先哲丛谈》（卷之一）曰：

> 或曰："物徂徕亦出凤冈门。一日凤冈过柳泽侯，侯使徂徕伴接。凤冈谓曰：'闻汝近倡异说以驳程朱，驳程朱犹恕之。然其驳程朱者，乃驳思孟之渐也。至驳思孟，则吾决不少假之。'徂徕顿首拜谢。"

不过，徂徕反对思、孟也不是没有丝毫证据。徂徕认为道出于先王作为，本于荀子。荀子论曰：

> 古者圣王以人性恶，以为偏险而不正，悖乱而不治，是以为之起礼义，制法度，以矫饰人之情性而正之，以扰化人之情性而导之也，始皆出于治，合于道者也。今人之化师法，积文学，道礼义者为君子；纵性情，安恣孳，而违礼义者为小人。(《性恶篇》)

徂徕之意亦不外乎此。荀子出于孟子后，批驳孟子，訾议孟子。徂徕恰比荀子，出于仁斋之后，批驳仁斋，訾议仁斋。仁斋尊孟子，所得多仰赖孟子。徂徕与之相反，尊崇荀子，所得多仰赖荀子。毕竟，可以说仁斋像孟子，而徂徕像荀子。

第三，徂徕认为道是治民的方法，这也是他与仁斋大有不同的关键所在。仁斋认为，道不过是人日用当行的自然之路。但在徂徕看来，道毋宁说是上御下的方法。他论曰：

> 孔门之教，仁为至大。何也？能举先王之道而体之者仁也。先王之道，安天下之道也。其道虽多端，要归于安天下焉。其本在敬天命。天命我为天子为诸侯为大夫，则有臣民在焉，为士则有宗族妻子在焉，皆待我而后安者也，且也士大夫皆与其君共天职者也。故君子之道，唯仁为大焉。（《辨道》）

先王之道是政治主义、经济主义。又如孔子所谓仁，是实行先王之道而得到的结果。既然道是治民的主要手段，那么，拥有政权的人才需要道，不拥有政权的普通人并不需要道。若果真如此，重要的就只是公德。至于普通人的私德，不论发生什么情况，选择无视就行了。《文会杂记》（卷之二上）曰：

> 徂徕之说，皆仁者爱民也。修身者在依临下也，意难理解。然若非临下治民之人，则修身者如无用之物闻。云云。修身为信下云者，未闻之说也。此君修之说也。

徂徕把普通人必需的道，专门赋予给有权者。如果不是有权者，就自然会松弛，怠于修养私德。这可以说是肯定的。不过，徂徕也不是完全不言普通人的道。其言曰：

> 今试观天下，孰能孤立不群者？士农工商，相助而食者也，不若是则不能存矣。虽盗贼必有党类，不若是则亦不能存矣。故能合亿万人者君也，能合亿万人，而使遂其亲爱生养之性者，先王之道也。学先王之道而成德于我者，仁人也。虽然，士欲学先王之道以成德于我，而先王之道亦多端矣，人之性亦多类矣。苟能识先王之道要归于安天下，而用力于仁，则人各随其性所近，以得道一端。如由之勇，赐之达，求之艺，皆能成一材，足以为仁人之徒，共诸安天下之用焉。（《辨道》）

由此看来，即便是没有权的普通人，也应该得道之一端，又应该成为安天下之一具。不过，相比克己修德，徂徕是从利用厚生的角度去认识考察。毫无疑问，徂徕的见解是彻头彻尾的功利主义。

如上所论，徂徕认为：第一，道不外乎礼乐；第二，道出于先王作为；第三，道为治民的方法。其中，第二和第三可以说是"礼乐为道"的必然结果。徂徕以道的本义为礼乐，还是作了一番论证的。首先，他认为，古代称道亦称"文"，之所以称文，即因为源于礼乐。其言曰：

> 文者，所以状道而命之也。盖在天曰文，在地曰理。道之大原出于天，古先圣王法天以立道，故其为状也礼乐粲然，是之谓文。（《辨名》下）

又曰：

> 古者道谓之文，礼乐之谓也。云云。文者道也，礼乐也。（《辨道》）

这自然是有根据的。唐土古代称文，与道同。即便是孔子称文，往往也有道德之意，如"文王既没，文不在兹乎"中的"文"，说的就是道。徂徕之得意，可想而知。

其次，他又认为，先王之道在古代还称"道术"。这样一来，以术观之，即是指礼乐。其言曰：

> 先王之道，古者谓之道术，礼乐是也。后儒乃讳术字而难言之。殊不知先王之治，使天下之人日迁善而不自知焉，其教亦使学者日开其知月成其德而不自知焉。是所谓术也。（同上）

又曰：

> 盖先王之道，皆术也。云云。又如诗书礼乐为四术，亦谓由此以学，自然不觉其成德也。及于后世诈术盛兴而后，道学先生皆讳术字。如《荀子》有大道术，《汉书》讥霍光不学无术，其时近古，犹未讳术字者可见也。（《辨名》上）

对此，也不能一概否定。孔子所谓的道，意思并不限于礼乐。例如"朝闻道夕死可矣"中的"道"，若只是把它作为礼乐之意，就不免变得兴味索然了。但是，可以说，徂徕的见解也不失为一家之见。

（二）德的意义

徂徕不认为"道德"是一个东西，而是将其作为两样，分为"道"和"德"。道即礼乐，是先王所作，因此是外部的东西。德是人依赖礼乐的效果而得之于身的东西，所谓"身有所得"——往大了说就是仁智，往小了说就是一技一艺之才——这些足以提供安民之用的东西。人己身有所得，则成其相应之材。凡德者不外乎此。其言曰：

> 夫道属先王，德属我。（《辨名》上）

此句可为明证。再推而考之，徂徕与仁斋对德的解释有大不同。仁斋认为德是仁义礼智的总名，而在徂徕看来，礼义为道，因为是外部的，所以不是德，仁智才可谓德。其言曰：

> 仁智者德也，礼义者道也。先王率人之性，以立道德。（同上）

即此可证。仁斋分别德与性，性因人而异，而德是天下普遍的，非一人所私。徂徕与此相反，认为人人各有其德。其言曰：

> 德者得也，谓人各有所得于道也。或得诸性，或得诸学，皆以性殊焉。性人人殊，故德亦人人殊焉。夫道大矣，自非圣人，安能身合于道之大乎？故先王立德之名，而使学者各以其性所近，据而守之，修而崇之。如《虞

书》九德，《周官》六德，及《传》所谓仁智孝弟忠信恭俭让不欲刚勇清直之类，皆是也。盖人性之殊，譬诸草木区以别焉。虽圣人之善教，亦不能强之。故各随其性所近，养以成其德。德立而材成，然后官之。及其材之成也，虽圣人亦有不能及者。（《辨名》上）

如此，德因人而异，故任何人都不能兼备众德。圣人虽具备大德，但说到一技一艺之才，于匹夫亦有不及。匹夫之德不过是一技一艺之材，圣人之德则是仁智等众美的荟萃。徂徕论仁曰：

仁者，谓长人安民之德也，是圣人之大德也。天地大德曰生，圣人则之，故又谓之好生之德。圣人者古之君天下者也，故君之德莫尚焉。（同上）

仁虽是"圣人之大德"，但圣人之德并非仅限于此。他还论曰：

仁者，圣人之大德也。圣人之道，众美所会萃，亦何唯仁？人之学圣人之道者，德以性殊，亦何皆仁？然圣人之道，要归安民而已矣。虽有众美，皆所以辅仁而成之也。（同上）

又曰：

圣人之德虽备乎，君子之德虽殊乎，皆所以辅夫仁也。（同上）

由此看来，仁固然不是圣人唯一之德，但也是最大的德。如礼乐刑政，圣人作为的目的是成仁，除仁之外，毕竟无所谓目的。徂徕乃论曰：

> 先王之立是道也以仁，故礼乐刑政莫非仁者。是以苟非仁人，何以能任先王之道以安天下之民哉？故孔门之教，以仁为至，以依于仁为务，而不复求为圣人者，古之道为尔。（《辨名》上）

与仁一样，智也是"圣人之大德"，曰：

> 智亦圣人之大德也。圣人之智，不可得而测焉，亦不可得而学焉。故岐而二之，曰圣曰智，是也。（同上）

所谓智，重在知人，即鉴识。其乃论曰：

> 智之为德，莫大于知人焉。云云。大抵古所谓知人者，在知其所长，而其所短不必知焉。及其至者，则必称能知仁贤之人，谓之知人焉。（同上）

这是就"圣人之大德"而言。如果是普通人，修习学问，成就一技，以为安民的工具，各遂其分，"得辅夫仁"，即是其德。徂徕论述此旨意曰：

> 君之使斯民学以成其德，将何用之？亦欲各因其材以官之，以供诸安民之职已。故圣人之德虽备乎，君子之德虽殊乎，皆所以辅夫仁也。（同上）

这是徂徕与宋儒的见解大有不同的地方。如朱子言：

> 存之于中为理，得之于心为德，发见于行事为百行。

又言：

> 德是得于天者。

这里的德指人性中的本有之物。徂徕认为德是人获得的东西，故与宋儒可谓正相反。而且，徂徕认为礼乐是德的规则，中和为德之至。其言曰：

> 若夫礼乐者德之则也，中和者德之至也，精微之极，莫以尚焉。然中和无形，非意义所能尽矣。故礼以教中，乐以教和，先王之形中和也。礼乐不言，能养人之德性，能易人之心思。心思一易，所见自别。故致知之道，莫善于礼乐焉。云云。礼之守太严，苟不乐以配之，亦安能乐以生乎？故乐者生之道也，鼓舞天下，养其德以长之，莫善于乐。故礼乐之教，如天地之生成焉。君子以成其德，小人以成其俗，天下由是平治，国祚由是灵长。先王之教之术，神矣哉！四术之尽于教也。（《辨道》）

如此，徂徕以中和为德之至。但在别处，他又以仁智为德。中和与仁智虽然未必矛盾，但可以推知，二者的思想并不是一贯的。当时很多学者逻辑都不够周密，徂徕也不能例外。

（三）圣人的名称

关于圣人的名称，古往今来有各种各样的解释，未必有定说。不过，大多与孔子所言"德之至"的意思类似。徂徕对圣人的名称作了如下规定。

第一，圣人是称呼制作者的名称，即古代制作礼乐并传道于后世的人。伏羲、神农、黄帝虽与圣人无违，但圣人尤其指尧、舜、禹、汤、文、武、周公七个人，孔子则是集大成者。孔子不是制作者，不过古圣人之道依赖孔子才得以传世，因此也被称为圣人。其论曰：

> 圣者作者之称也。《乐记》曰："作者之谓圣，述者之谓明。"《表记》曰："后世虽有作者，虞帝弗可及也已矣。"古之天子，有聪明睿智之德，通天地之道，尽人物之性，有所制作，功侔神明，利用厚生之道，于是乎立，而万世莫不被其德。所谓伏羲、神农、黄帝，皆圣人也。然方其时，正德之道未立，礼乐未兴，后世莫得而祖述焉。至于尧、舜，制作礼乐，而正德之道始成焉。君子以成德，小人以成俗，刑措不用，天下大治，王道肇是矣。是其人伦之至，参赞造化，有以财成天地之道，辅相天地之宜，而立以为万世之极。孔子序《书》，所以断自唐虞者，为是故也。三代圣人，亦皆遵尧舜之道，制作礼乐，以立一代之极。盖岁月弗反，人亡世迁，风俗日漓，以污以衰，辟诸川流滔滔，不可得而挽也。三代圣人知其若是，乃因前代礼乐，有所损益，以维持数百年风俗，使其不遽趋衰者，于是乎存焉。夫尧、舜、禹、汤、文、武、周公之德，其广大高深，莫不备焉者，岂可名状乎？只以其事业之大，神化之至，无出于制作之上焉者，故命之曰圣

人已。至于孔子，则生不遭时，不能当制作之任。而方其时，先王之道废坏已极，乃有非先王之道而命以为先王之道焉者，有先王之道而黜不以为先王之道焉者，是非淆乱，不可得而识也。孔子访求四方，厘而正之，然后道大集于孔子，而六经于是乎书。故《中庸》曰："苟不至德，至道不凝焉。"是之谓也。且其一二所与门人言礼乐者，制作之心，可得而窥矣。故当时高第弟子如宰我、子贡、有若，既称以为圣人者，不翅以其德，亦为制作之道存故也。假使无孔子，则先王之道亡久矣。故千岁之后，道不属诸先王，而属诸孔子。虽邪说异教之徒，亦莫有谓孔子非圣人者，则宰我、子贡、有若之言，果征于今日焉耳矣。夫孔子之德至矣，然使无宰我、子贡、有若、子思之言，则吾未敢为之圣人也，以吾非圣人而不能知圣人也。夫我以吾所见，定其为圣人，僭已，僭则吾岂敢？我姑以众人之言，定其为圣人，无特操者已，无特操则吾岂敢？虽然，古圣人之道藉孔子以传焉，使无孔子，则道之亡久矣。千岁之下，道终不属诸先王，而属诸孔子，则我亦见其贤于尧舜也已。盖孔子之前，无孔子，孔子之后，无孔子，吾非圣人，何以能定其名乎？故且比诸古作者，以圣人命之耳。（《辨名》上）

徂徕根据《礼记》，以礼乐的作者为圣人。于是，到孔子这里就出了问题。孔子不是礼乐的作者，他是与门人说过礼乐的事情，但是丝毫看不到制作礼乐的意思。孔子断然不是作者。而且，孔子自己说："述而不作，信而好古。"孔子怎么会是作者呢？不过，孔子作为圣人一事，徂徕到底也是不能否定的。于是，他给孔子上呈赞辞，论辩也是暧昧模糊。徂徕也不是圣人，无法知道圣人。如果这样，宰我、子贡、有若之徒都不是圣人，因此也无法知道圣人。即便他们称呼孔子为圣人，也不足为据。假令千岁之下，以道属孔子，但孔子既非作者，就不能称圣人。即此可知，徂徕的辨疏是如何漏洞百出。

第二，徂徕认为非圣人不能知圣人，述此意曰：

> 夫人之知人，各于其伦，唯圣知圣，贤知贤。人之为材，相倍蓰，相什百千万，则贤者之难知，岂不宜乎？况我不及其贤而能知之？（《辨名》上）

又曰：

> 圣人之心，唯圣人而后知之，亦非今人所能知也。故其可得而推者，事与辞耳。（《答安澹泊书》）

愚者不能知圣人之为圣人。不过，己身非圣人，则不可知圣人，可谓侮己之甚。孔子不是作者，徂徕仍然称他为圣人，不是人云亦云，而是自己认为如此。但是，以小人之身忖度圣人，往往是不恰当的，甚至几乎不可理解。故孟子亦言：

> 君子之所为，众人固不识也。（《告子下》）①

色诺芬尼也说：

---

① 原书作《告子上》，误。——译者注

> 智者见智。

意思是说，要认识智者，非智者不可。与徂徕所言，如合符节。又《无量义经》言：

> 唯佛与佛，乃能究了。①

又《法华经·方便品》言：

> 唯佛与佛，乃能究尽诸法实相。

这些与徂徕的旨意并不是完全相同的，不过推而考之，可以发现其归旨是一致的。总之，徂徕认为圣人是不可知的，这也是他断定普通人和圣人不同类的根据。因此，他与孟子及宋儒等相背驰就是必然的事情了。

第三，徂徕认为圣人不可学而至。原因是，人性各异，不可变更，这是命，是无可奈何的事情。因此，如果没有圣人之质，就算想成为圣人，也不可能。其论曰：

> 不知命，无以为君子。岂翅处世？虽学问之道，莫不皆然已。天命之谓性，人殊其性，性殊其德，达财成器，不可得而一焉。孔门诸子，各得其性所近者，岂仲尼之教有所不足乎？譬如时雨化之，莫不生焉已，大者大生，小者小生，岂不欲小者大生邪？实命不同。君子知命，故不强之，及乎器之成也，虽圣人有所不及焉，故圣人不敢强

---

① 补正一：《仁王经》亦言："唯佛与佛，乃知此事。"

之。是故人可皆为圣人者，非也。性可易者，非也。云云。世俗所尚，人也，非天也。故务世俗所尚，以求人知者，不知命也。云云。故命也者，不可如之何者也。故学而得其性所近，亦犹若是夫。达其财，成器以共天职，古之道也。（《学则》第七）

如此，徂徕断然主张圣人不可学。其还论曰：

夫圣人聪明睿智之德受诸天，岂可学而至乎？其德之神明不测，岂可得而窥乎？故古之学而为圣人者，唯汤、武、孔子耳。故古之善学圣人者，必遵圣人之教，礼乐以成德，子思所言是已。孟子虽言不及礼乐，然其所谓人可以为尧舜者，亦唯谓服尧之服，诵尧之言，行尧之行而已矣，不必求为圣人也。后儒乃不察二子所以言之意，妄意求为圣人。云云。（《辨名》上）

宋儒及仁斋之徒以圣人为理想人格，试图在己身上实现，这自然是无疑的。像孟子，也认为圣人可学而至。徂徕对此予以否定，所论类于诡辩。孟子有言：

乃所愿，则学孔子也。（《公孙丑上》）

又颜回有言：

舜何人也，予何人也，有为者亦若是。

孟子引用颜回的话，表示同意。尤其是，他在答曹交"人皆可以为尧舜,有诸"这一问题时,肯定地说,"然"。可以看出,孟子认为圣人可学而至,无复可疑。子思虽然没有明言,但似乎也是这样认为。如《中庸》所言:

> 或生而知之,或学而知之,或困而知之,及其知之,一也。或安而行之,或利而行之,或勉强而行之,及其成功,一也。

而且,如果这段话真是出于孔子之口,那么圣人可学而至就是孔子的想法了。徂徕认为孔子通过学习才成为圣人,反而可以说是恰当的。不过,既然孔子通过学习可以成为圣人,那么别人为什么不能像孔子一样变成圣人呢?徂徕将此原因归结于人性之异,对宋儒及仁斋之徒想要通过学习成为圣人,抨击尤甚。其言曰:

> 宋儒乃求身为圣人,然程、朱既不能为圣人,而孔子之后无复有圣人,则是悬空言以强人所不能也。(《答安澹泊书》)

此为确论。宋儒以下,寻求成为圣人的修道之徒,实不知有几千万人,但却没有一个成圣的。徂徕举出这一事实来攻击道学先生的头脑,怎会没有铁锤般的力量?不过,徂徕之论有所未尽。这是因为宋儒及仁斋之徒以孔子的人格为理想,而且是要实现此理想。在某种程度上,这确实能够接近孔子的人格。诚然,从没有人能成为孔子那样的人物,但像孟子以后的程、朱、陆、王及仁斋,是出了不少"小孔子"的。如果不以孔子的人格为理想，这些"小孔子"也是不可能出现的吧！以孔子的人格为理想，然后成为"小孔子"，就好像目标是前进千里，而事实上完成了百里。如果一开始不想着前进千里，心里就会产生怠慢，百里也未必能保证完成。因此，理想应该以高尚远大为要。在当时儒者眼中，理想人格没有比孔子更优秀的了。因此，宋儒及仁斋之徒以孔子的人格为理想，希望成为圣人，未尝不可。他们能够跻身贤人君子的地位，完全也是因为如此。确实，徂徕完全不认可"学而为圣"，但观其一生动作云为，到底还是在模仿孔子的人格，这终究是不能否认的。

（四）气质不变化说

孔子未曾就气质变化有何阐示，但至宋儒，开始区分人性为本然与气质，认为本然之性是纯善，没有任何变化，唯独气质之性兼具善恶，故可以变化为善。张横渠最早区别气质之性与天地之性，天地之性即本然之性。程子亦接受横渠之说，论性先预设本然、气质二性，尤详悉气质之性。朱子亦论气质之性曰：

> 此起于张、程。某以为极有功于圣门，有补于后学，读之使人深有感于张、程，前此未曾有人说到此。（《语类》卷四）

朱子即是根据张、程二氏，论说本然、气质二性，主张气质变化说。《语类》（卷四）曰：

> 或问："若是气质不善，可以变否？"曰："须是变化而

反之。如'人一己百，人十己千'，则'虽愚必明，虽柔必强'。"

变化气质之性，意思就是复归本然之性。这到底还是复性复初之说。其后，随着朱子学在唐土、朝鲜及日本的广泛流行，复性复初之说得到了很多的拥趸，势力之强，无须再论。至仁斋，不再区别本然、气质，认为《语》《孟》言性非离气质而言，大力反抗宋儒。他只说气质之性可以充养，未尝论及其"不变化"。而至徂徕，开始唱道气质不变化说。如《学则》（第七）曰：

性可易者，非也。

《答安澹泊书》曰：

气质天之所赋，岂可变乎？

此类皆是气质不变化之意。其在《辨道》中还详细论述说：

变化气质，宋儒所造，渊源乎《中庸》，先王孔子之道所无也。云云。气质者天之性也，欲以人力胜天而反之，必不能焉。强人以人之所不能，其究必至于怨天尤其父母矣。圣人之道必不尔矣，孔门之教弟子，各因其材以成之，可以见已。云云。

如此，徂徕认为，气质出于天性，非人力可胜。不过，他也承认，气质是可以移易变化的。《辨名》（下）论曰：

> 人之性万品，刚柔轻重，迟疾动静，不可得而变矣，然皆以善移为其性。习善则善，习恶则恶。故圣人率人之性以建教，俾学以习之。及其成德也，刚柔轻重，迟疾动静，亦各随其性殊，唯下愚不移。故曰"民可使由之，不可使知之"。故气质不可变，圣人不可至。云云。先王之教，诗书礼乐，辟如和风甘雨，长养万物。万物之品虽殊乎，其得养以长者皆然。竹得之以成竹，木得之以成木，草得之以成草，谷得之以成谷。及其长也，以供宫室衣服饮食之用不乏。犹人得先王之教，以成其材，以供六官九官之用已。其所谓习善而善，亦谓得其养以成材，辟诸丰年之谷可食焉。习恶而恶，亦谓失其养以不成，辟诸凶岁之秕不可食焉。则何必求变其气质以至圣人哉？

徂徕于此再一转，排斥宋儒及仁斋曰：

> 宋儒不循圣人之教，而妄意求为圣人，又不知先王之教之妙，乃取诸其臆，造作持敬穷理、扩天理去人欲种种工夫，遂以立其本然气质之说耳。仁斋先生活物死物之说，诚千岁之卓识也，只未知先王之教，区区守孟子争辩之言，以为学问之法，故其言终未明畅者，岂不惜乎？

徂徕的气焰至此大盛。东洋唱出气质不变化说者，实以徂徕为嚆矢。其气焰大盛，岂不合宜？不过，徂徕所说气质不变化，并不是绝对的。这是因为他认为人性"善移"。"善移"和变化的区别只是言语不同罢了。"善移"即是变化，习善则移善，习恶则移恶。在徂徕这里，至少在道德这一点上，他是承认气质的变化的,而至于所禀"刚柔轻重,迟疾动静",则不能变化。因此,他与宋儒的见解大有不同,认为气质不能改造。徂徕的这一思想,或许是得自荀子。荀子以人性为恶,而以善者为伪,因此在他看来,人性之恶不能变化,唯有根据礼义节制。《性恶篇》曰:

> 凡性者,天之就也,不可学,不可事。

由此看来,气质不变化说无疑是渊源于荀子。不过,荀子所主张,意在彼而不在此。因此,关于此说,我们给予徂徕"首唱者"的荣誉。在西洋,叔本华主张气质不变化说。其论曰:

> 人的性格是不变的,人的一生始终是同一种性格。云云。人绝不能改变自身,他在某种情况下是怎么做的,在完全相同的情况下,他也会始终这样做。(《论意志自由》)

尼采认为,气质的不变化并非绝对。其言曰:

> 性格是不变的,这话从严格意义上讲是不真实的;宁可说,这个受欢迎的命题不过意味着,在一个人短暂的一生中,有效的动机通常不可能留下深深的痕迹,而足以破坏几千年铭刻下的字迹。但是,如果你想象一个八千岁的人类,那你甚至在他身上可以看到一种绝对变化的性格:以致大量各种各样的个人都逐渐由他而演变出来。人的生命之短促,导致我们对人的特性做出一些错误的论断。(《人性的、全人性的》)

尼采到底还是以气质为变化的。冯特把气质分为经验的和感性的两种，断定后者不变化，前者变化。冯特的观点可以说与徂徕最为接近。徂徕的气质不变化说，在今日看来，虽然毫不稀奇，但在当时，其唱道此学说的识见和勇气，使人情不自禁地交口称赞。其观点又与叔本华的观点如出一辙，真可谓是不谋而合。

（五）正邪的标准

凡议论道德，不可不定立正邪的标准。不然即使耗费千言万语，也没有厘正的根据。然而，自古以来中日学者议论道德，似多不知定立正邪标准的重要性。唯独徂徕，清楚地确立了正邪的标准。其言曰：

> 正者邪之反。循先王之道，是谓正；不循先王之道，是谓邪。如邪谋邪说，可以见已。辟诸规矩准绳，所以为正之器也。循规则圆者正，循矩则方者正，循准绳则平直者正。先王之道，规矩准绳也，故循先王之道而后为正。（《辨名》上）

由此看来，徂徕以先王之道为正邪的标准。判断正邪与否的根据是看其是否遵从先王之道。先王之道不是别的，就是礼乐。他于此一转，攻击宋儒没有正邪的标准，曰：

> 后世理学兴焉，舍先王之礼而以理言之。以理言之者，取其臆已。取其臆为正，是人自为正，可谓妄矣。（同上）

徂徕客观地树立了正邪的标准，因此与宋儒主观的考察不相容。也就是说，在他看来，宋儒关于道德的断定，悉数出于臆测。不过，徂徕关于善恶的见解，亦似稍有龃龉之处。其言曰：

> 善者恶之反，泛言之者也。其解见《孟子》，曰"可欲之谓善"。虽非先王之道，凡可以利人救民者，皆谓之善，是众人之所欲故也。云云。（《辨名》上）

由此看来，善恶的标准即利益，未必限于遵从先王之道与否。这与此前以先王之道为正邪的标准，旨意遂不整合。而且，"凡可以利人救民者，皆谓之善"，可见徂徕心怀功利主义，即相比个人的德性，毋宁说是以社会的公共利益为主。尾藤二洲曾评论徂徕曰：

> 彼非圣门之学者，唯为功利之事者也。好《孙子》作国字解者，其本志之所注也。崇管、晏，言"霸者王之未成也""孟子辨王霸，未知先王之道也"之类，皆可见其本意之所在。

确实如此，徂徕全然是功利主义者。相比孔孟之徒，倒可以说是近于管商之徒。而且，他尊崇先王之道，无疑也是因为利用厚生这一点。即此可知，徂徕与仁斋的关系，与陈龙川跟朱子的关系极为相似。

（六）天命说

徂徕认为，获得安心立命的境界在于完全顺任天命。

> 其人智、人力不至时，唯任天命，无他事。是故勇怯之根本，在知不知天命。（《答问书》上）

也就是说，知天命则产生勇气，不知天命则难以心安。又曰：

> 明乎天命，则一天下之事，无有能动心者。（同上）

天命是人力无可奈何的，只能完全顺任。不过，人们也应该敬天、祈天，等待天道的帮助。其言曰：

> 圣人之道，以敬天、敬祖宗为本。（《答问书》中）

又曰：

> 敬天者，无若改过修德。圣人之教外，别无祈祷之法。（同上）

徂徕还以"敬天"为圣门第一义，将其作为学问上最重要的事情，论曰：

> 圣人之道，六经所载，皆莫不归乎敬天者焉，是圣门之第一义也。学者先识斯义，而后圣人之道可得而言已。（《辨名》下）

至此，徂徕的见解殆与宗教类似。特别是他以天不可知，以不可知为道德的根底，可以说是与宗教如出一辙。

三 学问论

与宋儒及仁斋不同，徂徕的学问是凭借自己的智力攻究道德，不以修身正行为主，只以学先王之道为主。先王之道即诗书礼乐，故他以学习诗书礼乐为唯一的学问。其言曰：

> 学者，谓学先王之道也。先王之道，在诗书礼乐。故学之方，亦学诗书礼乐而已矣。是谓之四教，又谓之四术。诗书者义之府也，礼乐者德之则也。德者所以立己也，义者所以从政也。故诗书礼乐，足以造士。（《辨名》下）

徂徕又以先王之道为安民的根本，关键在于仁，而学习先王之道，是成就己德的根本。其言曰：

> 先王之道所以安民也。故学先王之道，而不知其所以然，则学不可得而成矣。故孔门之教，必依于仁。苟其心常依先王安民之德，造次于是，颠沛于是，终食之间，不敢与之离，则德之成也速，而可以达先王之心也。虽然，先王安民之德大矣。故孔门之教，又必依中庸，所谓孝弟忠信是也。（同上）

又曰：

> 孔门之教，以依于仁为成德之要焉。云云。故圣门之教，又以孝悌忠信为进德之本焉。是以虽千万世之后，学圣人之道者，必以诗书礼乐为本业，以依仁与中庸求成其德，则亦为不畔于先王孔子之教已。（同上）

由此看来，徂徕的学问终究与宋儒及仁斋相同，是以道德为对象，只是道德的意义不同罢了。故其言曰：

> 学者，学先王之道以成德于己耳。故道德之外，岂有它哉？（《辨名》下）

宋儒及仁斋欲通过直接的反省考察，于内心获得道德。徂徕与他们不同。《近世丛语》（卷之八）曰：

> 物徂徕曰："世儒醉理，而道德仁义、天理人欲，冲口以发。予每闻之，便生呕哕。乃谈琴吹笙，否则关关雎鸠，以洗其秽。于是愧柳下惠之不可及已。"

即此可知，议论道德并非徂徕的本色。毋宁说，他放弃了自己的智力，卑躬屈膝，学习先王之道，希望由此立身。其论曰：

> 学问之道，以信圣人为先。盖圣人知大仁至，而其思深远也。其所立教人之法、治国之术，皆有若迂远不近人情者存焉。乃后儒好自用其智，而信圣人之不深，故其意谓上古之法不合今世之宜，遂别立居敬穷理主静致良知种种之目焉。是皆其私智浅见所为耳，殊不知道无古今一也。设使圣人之教不合今世之宜，则亦非圣人焉。故学者苟能一意遵圣人之教，习之久，与之化，而后能见圣人之教亘万世，有不可得而易者也。（同上）

如此，徂徕学问殆与宗教类似，与不许自由讨论的宗教——"正教派"（Orthodox）相像。他把自己的智力当作丝毫不足依赖的东西，专门怂恿他人盲信圣人，可谓辱己智力之甚。其言曰：

> 夫圣人之教至矣，岂能胜而上之哉？凡圣人所不言者，乃所当不言者已。若有所当言者，则先王孔子既已言之，岂有未发者而待后人乎？亦弗思也已。（《辨道》）

徂徕过分尊信先王孔子，至此可谓极致。对于应该说的，如果先王孔子确实已经言无不尽，那么学问就不可能进步了。徂徕性格固然豪放不羁，但在知性探究这一点上，却极为卑屈。因此，关于哲学考察的进步，他没有提供任何帮助，毋宁说是阻碍了知的发展，驱使人们从事文艺或是考证。他更是断言曰：

> 大抵后儒以一物不识为耻，殊不知古所谓知者，贵知于仁也，孔子未尝以好知为教焉。今之学者当以识古言为要。欲识古言，非学古文辞不能也。（同上）

孔子以情的道德感化人，未曾致力于知的探究。不致力于知的探究，只是他的短处。徂徕以孔子不致力于知的探究，而排斥所有知识，可谓无谋之甚。他竟至如此，愚弄自己，并愚弄他人。

他又批判穷理之弊曰：

> 理也者无穷也，天下之事，以理言之，莫有不可言者矣。是诸子百家，所由兴也。故古圣人能知其必若是，而未尝教人以理者，可谓其思深远矣。（《与薮震庵书》）

一旦论理，则纷争不已，诸子百家于是而兴。不过，这无须丝毫担忧。为什么呢？因为如果没有这些，智识的发展就是不可能的事情。苏格拉底富有知的探究精神，比孔子要多得多。最终，他成了引起深邃的哲学诸派的本源。与如何修德同样，论理对于人生而言也是必要的。这无须再辨。徂徕虽然也说：

> 学问之道贵乎思焉。方思之时，虽佛老之言，皆足为我助，何况宋儒及诸家之说乎！（《与薮震庵书》）

但他的学问还是以先王之道为主，因此，不过是用力于诗书礼乐罢了。先王之道在诗书礼乐，研究诗书礼乐，就不能不读古书，读古书且要很好地了解，就不能不识古文辞。这是古文辞学必然相伴而起的原因。徂徕乃论曰：

> 读书之道，以识古文辞、识古义为先。如宋诸老先生，其禀质聪敏，操志高迈，岂汉唐诸儒所能及哉？然自韩、柳出而后文辞大变，而言古今殊矣。诸先生生于其后，以今文视古文，以今言视古言。故其用心虽勤，卒未得古之道者，职此之由。及于明沧溟先生，始倡古文辞，而士颇能读古书如读后世之书者亦有之，只其所志，仅在丘明、子长之间，而不及六经，岂不惜乎？然苟能遵其教，而知古今文辞之所以殊，则古言可识，古义可明，而古圣人之道可得而言焉。（《辨名》下）

如此，徂徕以识古文辞为学问的阶梯。因此，其研究肯定是古语学的东西，而最终选择了与哲学考察相反的进路。其对经书的解释，虽时有新奇见解，但值得一提的有关哲学考察的一家之见，却是出奇的少。自此点而言，其与仁斋相比，可谓颇为逊色。不过，仁斋致力于道德效果，因此在考证方面又远远不及徂徕。二者学问一长一短，恰成掎角之势。与仁斋的见解不同，徂徕以博文多识为必要的学问，尤其认为不能不研究历史。其论曰：

> 人才之生者，无越于学问。学者当以知文字为要路，以学历史为作用。（《太平策》）

又曰：

> 见闻广而行涉事实，学问也。故学问之极在历史。（《答问书》上）

又曰：

> 学问只在广取诸般、广己知见而已。（同上）

广泛究明古今事实，同时了解圣人之道，以成为国家栋梁自期，即其论旨。徂徕有时又只以文章为学问，论曰：

> 总学问之道，文章之外无他。古人之道在书籍，书籍为文章。能体得文章，如实尽书籍，少不杂私意，则古人之意明。圣人之道者，若不顺圣人之教法，不可得。其教法在书籍，故毕竟又归于文章。然文章字义亦随时代变化，须当注意。然后世儒者以其所好为基准，以道德为

尊、文章为卑，轻看文章，不知其要。不知其要，故不能体得古圣人之教法，欲以我之知见理解圣人之意，故皆陷于己流。末学之辈识见愈加鄙陋，信程朱阳明、吾邦暗斋仁斋等末师，甚于孔子。是如佛者之辈不用释迦之说，而深信法然、日莲。

  教无古今，道亦无古今。以圣人之道，今日之国天下亦治，此外无他方。以圣人之教，今日之人亦可成其才德，此外无他方。古今不通贯，则古圣人之道与教亦不能行。道与教为广被天下之人，而天下人中，愚不肖多，贤智少，是又古今不变者也。然古圣人之道与教，绝不如后儒所谓有难解之理，此明白也。难解之理，愚人不能会得，故古圣人之道与教皆落于术。能行其术，虽不知理，然风俗自移，人心亦直，国天下亦治。又自个人而言，自风俗所移，知见亦自然开行，而成就才德。是圣人之道、圣人之教法之妙用也。是故今日之学问低平，唯止于理解文章。能体得文章，理解上古之词，而古圣人之道与教亦依于术，故于词上能直接见得分明。唯当体得异国人之古辞故，体得文章者难也。（《答问书》下）

  徂徕如此尊重文章，结果文艺与考证均大获兴盛。也因此，其形迹与道德更为疏远，最是让人可惜。"功过不相抵"，说的大概就是徂徕这样的人。

四　教育论

  对于教育，徂徕态度极为宽宏，不拘小节，可以说是有清浊并吞的气概。即此可知，他主张的教育主义是极端的放任主义。徂徕到底如何教育弟子，我们已经在第五节"学风"中进行过详细阐述，因此这里不再赘述，只举出其教育上的见解。他在《辨道》中，论圣人之德曰：

> 大抵圣人之德，与天地相似焉。圣人之道，含容广大，要在养而成之，先立其大者，而小者自至焉。后人迫切之见，皆其所识小故也。

这大概是徂徕教育主义的由来。其气象博大，从容不迫，很好。他再详细吐露内心曰：

> 思、孟以后之弊，在说之详而欲使听者易喻焉，是讼者之道也，欲速彻其说者也，权在彼者矣。教人之道则不然，权在我者矣。何则？君师之道也。故善教人者，必置诸吾术中，优游之久，易其耳目，换其心思，故不待吾言，而彼自然有以知之矣。犹或不喻也，一言以启之，涣然冰释，不待言之毕焉。故教者不劳，而学者深喻焉。何则？吾不言之前，思既过半故也。先王孔子以之。（《辨道》）

这是不主言论而主感化的教育主义。自议论上而言，固然没有什么异议。徂徕又一转，明辨先王教育与孟子教育的不同，曰：

> 先王之教，礼乐不言，举行事以示之。孔子不愤不启，不悱不发，岂不然乎？至于孟子，则强辨以聒之，而

欲以是服人。夫以言服人者，未能服人者矣。盖教者施于信我者焉。先王之民，信先王者也。孔子门人，信孔子者也。故其教得入焉。孟子则欲使不信我之人由我言而信我也，是战国游说之事，非教人之道矣。（《辨道》）

只有像孔子那样重视礼乐的有德之人，才可说是不以言语服人，而以行动服人。而如徂徕这样轻侮德性，偏重功利，以文艺为事，不拘礼仪的人，则不可言之。徂徕门人虽多，但除了春台外，没有一个人德行显著。这无疑是因为他教育的过失。他又论古今教育之异同曰：

后世乃信思、孟、程、朱，过于先王孔子，何哉？盖先王之教，以物不以理。教以物者，必有事事焉。教以理者，言语详焉。物者众理所聚也，而必从事焉者久之，乃心实知之，何假言也？言所尽者，仅仅乎理之一端耳，且身不从事焉，而能瞭然于立谈，岂能深知之哉？（同上）

以实物为教育，这是恰当的，无人能否定。而与此同时，如果不教道理，就不会有什么效验，实物也不会有什么内容。实物对于揭示道理是必要的。只有实物，却丝毫不揭示道理，教育就完全没有了灵魂。太古蒙昧之时，多不揭示道理，但这并不能作为后世的标准。我们开发智识，增进文明，只会担心阐明道理的速度是不是还不够快。徂徕厌恶宋儒说理过于烦琐、教人失于严肃，作为反动而有此言，亦大不可恕。他又论当使人物各得其养曰：

> 大抵人物，得其养则长，不得其养则死。不啻身已，才知德行皆尔。故圣人之道，在养以成之矣。（《辨道》）

其旨意殆似道破天才教育。这应该是徂徕相对于宋儒的严肃主义而主张的，富有自由精神，甚为可喜。他曾在给人的书信中论曰：

> 欲以言语喻人，盖不可能之事也。吾所言，大概汝亦同意。改变主意，唯在吾心之悟不悟。口劝不悟之人，被嫌恶亦当然也。云云。汝自得为善。不直言其事，自别处言，有时亦能得道。争其是非，汝先焦躁，对方亦起，必起争端。争胜亦如交战之胜，故怒不可遏。云云。向不信吾之人说道理，全无益处。（《答问书》中）

虽然没有直接论述教育，但也可以视为教育上的意见。徂徕平生秉承宽容主义，在此展露无遗。他还主张要依赖行政手段来促成社会教育。其言曰：

> 圣人之道为大道术也。治国家者，并非直接辨明善恶邪正，完全清除显现的恶弊。自俗人不经意处着手，则不经意间，自然而直。养人才亦同。（同上）

这些政策是宋儒及仁斋没有想到的，即此可见徂徕一家之长。

五　政治论

徂徕认为儒家的本领在于政治，与宋儒及仁斋等致力于个人修德工夫大相径庭。他以孔子之道为安天下之道，具体而言，不外乎礼乐刑政。即此观之，无须赘言，他眼中的儒家是以政治为本领的。先王之道是帝王及其他执政者传下的政治主义，正如徂徕所解。不过，孔子稍稍有异。孔子希望掌握政治权力，实行自己平生的抱负，但最终没有机会大展宏图，以致退居著书，传诸后世。因此，孔子不是帝王，而是民间伟人。我们固然可以称他为精神界的帝王，但因为不是作为执政者的帝王，所以不能将他与先王等同视之。孔子之道当然是根据先王之道设立，孔子也是垂道德教训于后昆的圣人。因此，孔子所说并非独限于政治，也有适合修养个人品行的内容。读一下《论语》即可知道，教训占了一大半。徂徕论述说，孔子传先王之道，言道必以先王之道为主。因此，他以儒教的本领在政治，可以说是必然的结果。他在《太平策》《答问书》及《政谈》三书中，叙述了自己在政治上的见解。总而言之，其政治论可归为两类：一是安民，一是知人。知人是安民的必要条件，他极力道破其方法。他先论政治之要诀曰：

> 所谓在安民、在知人二句，圣门之万病丸也。重建制度之大仪，非此二句亦不能行也。无论何世，无论何国，又行杂霸之小道之人，非此二句亦不能成功也。安民仁也，知民知也。（《太平策》）

又以后世儒者误解仁，论曰：

> 后世儒者云仁，释以至诚恻怛等等。然纵有至诚恻怛之心，若不能安民，亦非仁也。无论有多少慈悲之心，皆

徒仁，妇人之仁也，可谓母溺爱子之类。或泥《孟子》而言不忍人之心之类，是又妇人、尼姑等人之心也。云云。（《太平策》）

不过，关于仁是什么，徂徕自身本有一家之解。曰：

> 重建制度者，为正风俗也。风俗者世界最高故，如以手防大海，无技术难正。正之有术，是谓圣人之大道术也。后世理学之辈，向人人说闻道理，欲使人人同意，自其人人之心正之。此与放米入臼而捣，欲粒粒碾之同样，真正之小刀细工也。又小人之术，不能用于长久，且自术之迹观之，引起下之奸智，酿成疑上侮上之心，益恶于风俗。云云。风俗者习也，学问之道者亦习也。成善者为善人，成恶者为恶人。学问之道者，习熟而形成习惯也，此外别无工夫作法、修行手段。云云。故圣人之道以习为第一。若圣人之治以风俗为第一，移先前风俗，即如重塑世界之人。故无过于此之大仪也。故非大道术不能正乎此也。（同上）

因此，徂徕又论"大道术"到底是什么，其言曰：

> 其大道术云者，非观念，非符咒，非神道，亦不奇特，术也，因术之诀窍而自然移行也。今时之治，以直接救济为尽政。天地之造化，移行者也。人者活物也，故人事之变，逐日而生，是生生不息之妙用也。欲执彼生生不息而作为更正之，乃先强押而不知其反弹也。圣人之道，

长养之道也。能随造化养育，知物之流行，认可以上所言，以术之手段正之，则目前虽似有迂远，然前行而能自然随心也。（《太平策》）

如此，大道术的必需工具不外乎礼乐，故徂徕曰：

无礼乐，则风俗亦不正，俭约亦不成也。（同上）

徂徕认为礼乐对于行政是最有效验的。宋儒及仁斋之徒穷尽毕生之力于道学，其弊偏于严肃，失于小心。徂徕则具备社会眼光，提出天空海阔般的政治见解，甚为可喜。宋儒及仁斋之徒，德邵学深，但往往不免迂阔之弊。与此相反，徂徕能通晓世事，自见豁达之处。如其安民之法，讨论大道术，可为证据。而且，尤其是关于知人之法，其论述阐发人情之微，彰显世事之幽，殆似有行政秘术之趣。他论曰：

人君之职分，唯归于知人一处，是定人君之智、德，而不入其他智慧也。有此大智，则安民之功，随心而然也。故自古圣贤之君称叹君德，不称其他美事，举其得贤臣称之，是非可轻言。古人能体得道，故知赞处而赞之也。（同上）

又曰：

愚人知人，欲遍知臣之贤愚，是不知道之过也。虽圣人之智，亦不能遍知尽也。知贤人而举用委任，其贤人又渐举贤者，故无余贤也。然最难者在知贤者，虽一人亦难也。陷于习俗之内，自此而观，因我眼之不正，故不能见贤者也。能知难见者，是谓大德。又愚者之见，知人者，欲尽知人之人品、长短得失而用之，是不能用人也。用人之道在取其长处，短处乃无关系者也。短处附于长处而不可离者也，故唯要知长处，不及知短处。能用长处，天下便无弃物。欲具知长处、短处，则介意短处之心盛，故不能畅快用其长处也。云云。然知其长处者难，是又愚人之过也。唯凝视其人，而欲知其长处，故虽凝视一生，亦不能见也。人者活物也，见往昔而知其人，不可穷也。用而见之，长处显也。委任之，长处愈加显著。产生前所未有之才智，乃人为活物故也。为人君之用而养成人才，器量之人伐也。吾与吾身，而不知吾才之长处，乃用而不见故也。况不用人之才能，而欲知之，则似祈愿得神道也，岂非愚之甚耶？（《太平策》）

徂徕所论求得人才的方法，细细看来有些非常切合实际。不过，"唯要知长处，不及知短处"，却未必合适。短处也是应该知道的，不过应该唯其长处是用。如果不知道短处，就不会知道人才在哪些方面是不擅长的。如此一来，即使用其长处，也是非常困难的。因此，必须通晓人的长处和短处。在运用的时候，只根据其长处，但为了防止过失，也要知道短处。他还论曰：

> 国土生五谷，生树木万物，古今无变也。妨害社会需要之类，任何时代皆无有也。人亦如此。不过，生于圣贤

> 直接教养时代之人，与教化缺乏时代之人虽有不同，然能达其时代所用之人才，必有也。"国无人"者，理解似有误。夫朝廷无人之意也。朝廷无人乃不用人，故朝廷无人之世，贤才沉于下僚，或埋没于民间，是道理之常也。云无人者，《孟子》有之，如罪岁之类，于天道而言，可叹惜也。云云。唯用己之才智，病根成翳膜，人眼不可见也。自书面之意察之，所谓人才，如汝之所望者必有之。观汝所意，不合要求即不为人才也。（《答问书》中）

对没有知人用人能力的掌权者而言，这是最合适的训诫。如果掌权者只选用自己中意的，肯定是阿谀奸佞之徒聚集于周围，而且结果必不止于此。他又曰：

> 自立喜好，不可见物。此终非尊上一人之误，世俗之恶习也。世俗之恶习，人人自掩，故满世界如处于迷雾之内。云云。刑罚之方愈详，而答过失者甚。用心于下，使其亦无过失，今时谓之善役人也。是故各专心于无过失，并以此教孩子也。此为今世之习俗。有此精神故，人人于事物之上每不深入，以瞒上为第一。人人如此用心，故人之善恶不可见，是亦当然也。足下亦当听闻先祖时代之事。自今世观之，当时得名之人才，皆疵物也。言此亦无妨碍。其时并无涂抹隐藏之事，故疵者清晰可见也。眼不欲见疵，则不可见人才也。今时，不染世上恶俗之人亦多疵。吾以为，人如无疵物，则非人才，故请于疵物内遴选。求无疵而才长之人，到底不过是合尊上所好者也。无

疵之人，或为乡愿，或巧言令色，如非，则必为庸人也。（《答问书》中）

徂徕所论可谓越来越妙。用人若求完美，世间便无人可用。特别是有用之才，他们超出常人，缺点也肯定很多，且非常显著。如果不关注其有什么样的缺点，就不能看破其有什么样的祸心。而且，事实上，如果不用其人当其局，是很难看破其祸心的。徂徕述此意曰：

> 所谓疵物，如有野性之马。爆发野性时，如不掌握驾驭方法而只是担心，则不能驾驭。此固为当然，然仅虚坐，不可掌握驭马之法。养马者或马贩子等，常能驾驭野性之马，然并非皆锻炼马术。且不论如何锻炼马术，而马为活物，因其脾性，故不可完全掌握。担心之情盛时，不论如何，亦不可心和。蛮干驾驭，可知其并无如此担心。如无三五次落马之觉悟，则不能驾驭野性之马。最近之人，咎人过失之心胜，亦心念己无过失。自是，思如做错，便后果严重，则疵物难见用也。如非骑马受损之人，则不能骑马。如非用人而有过失者，则不能用人。云云。思用人而无过失，则是欲胜圣人。此理解甚可惜也。云云。药皆有毒，然不呼其为毒，乃取其长处而用为药也。云云。其实，天地间万物，皆各有长短得失，能用其长处，则天下无可弃之物，无可弃之才能。不知长处，唯见短处，故以之为疵物。用人在取其长而不见其短，是圣人之道也。（同上）

又曰：

> 人为活物，就实地考之，则前所未有之才智亦会出现。如不使用，虽圣人亦不可知。云云。汝以为先知其长处，而后用之，不能使人。请汝思之，不用则不可知人。然用人亦有顺序。吾下命令使人，其人必不可适应，不能充分发挥才能。如心不许有少许过失，即使不命令，其人亦不适应。故不用则不知，如不委任事务，则几乎不可用。云云。(《答问书》中)

此外，徂徕论述用人之法，在《政谈》(卷三)中最为精细。其议论都值得关注，不过，这里无法把两篇长文悉数引用。因此，下面仅摘录可资参考的重要部分。

一

治国之道以"知人"为首要的关键。自古圣人之道便是如此。

二

想要"知人"就一定要用用看。如果不这样而是仅凭自己的眼力来看人的话，毕竟每个人都有自己的爱好，人们容易把符合自己口味的人看成是有能力的人。这样做愚蠢至极。

三

要知道，如果单靠自己的眼力、只凭自身的才智去了解他人的话，一定会出现失误。了解人的能力必须要通过使用他的才能来真正认识他，这是自古以来的用人之道。

四

用人之道就是无论手下人的做法与人君的想法之间存在多大的差别，人君都不插言，而是让那个人按他自己的想法去努力，这时从旁观察就能了解一个人的能力大小，然后根据其工作成果对有功者进行奖赏，将无功者辞退即可。但是，也有"赦小过"之说，因为如果过分追究人的小过错，那么他就会为了避免出现小失误而不能放手发挥自己的才干，不能自由地去实现他自己的想法。如若不能全力以赴地放开手脚去做事，人君也就无法了解其能力。

五

总会存在一些"过"或者"不及"的地方，完全没有缺憾是不可能的。如果害怕出小纰漏而不去立大功的话，那就会变成既无咎又无功的结局。无功有何益？有大功，只有小纰漏就不必苦恼。

六

总之，不舍弃小害，难立大功。

七

有大功，就难免有小过。

八

各种弊端中的首要问题就是人们都明哲保身,以防被别人排挤。

九

即便是圣人也会有过失,错误人人都会有。

十

即便在治世,下边的人向上汇报时就如同面对虎口,危险程度如身处战场。不设身处地地考虑的话,是不会理解这种心情的。

十一

上面的人发挥出才智,下面的人却很无能。如前所述的"和而不同"才是圣贤的精髓,人们对此缺乏了解。要与下属比试才智,这是上面人幼稚的表现。上面的人不张扬自己的观点,并不是因为他们无能。

十二

善于用人并能使手下人恪尽职守时,贤才之人才会显露出来。

十三

虽说一个人所具备的才智一般情况下是不变的,但如果不是全身心地投入，那他的才智也就不能全部发挥出来。尽心尽力地去做，人们的才能就会百分之百地显示出来，对于这种神奇的境界，没有体验的人是不会知道的。依此道理，知人之道的关键还在于使用人。这并不是说用人方法得当手下人的才智就会增加。

十四

大致来说，有脾气的人里能人多。并不是说有脾气的人都是有才能的人，这只是说某方面有点怪癖的人里面有本事的人多。因此，长相怪异的人有很多成为军中大将。圣贤的书中称这类特异之处为"器"，所谓"器"就好比矛枪能刺却不能砍，大刀能砍却难刺；锥子尖锐却不能代替锤子行事，锤子太钝根本做不了锥子的活计。一般来说，刀剑类兵器只要不入鞘就会伤人，这是刀剑的脾性，假如刀不入鞘也不会伤人，锥子扎下去也不见伤口的话，那么这些器具可以说都是没脾气的，相反地，它们也就没什么用处。有脾气即成器。任何事物，要知其长处优点，必须要使用之后方可了解。只凭眼睛看的话，只能看到事物的怪异之处，觉得不顺眼。没有脾气的东西不能称为"器"，而不成器者就是无用之物。人也是同样。

十五

好将帅都喜爱脾气秉性怪异的人。

十六

《中庸》说"舜好问而好察迩言",圣人也有不知之事,向人们问询各种情况,让人提出解决方案并采用之。让人全身心地尽职尽责,是使其才智全部发挥出来的妙方。只要手下人的才智能充分发挥出来,就能够涌现出贤才。自古以来,治理国家天下的最高智慧是"知人",孔子因此称之为"大知"。只是因为用人方法上有"活人"之法和"死人"之法的差别,才导致了贤才显现还是不显现的不同结局。世道越是接近朝代末年,身居高位者的器量就会越来越小。人们小心谨慎,不明白要从有脾气个性的人中间挑选有才干之人的道理。

十七

贤才是指身怀一项本领绝技的人。这种人多存在于那些有某些怪癖的人当中,事先明白这个道理,并在使用中让这些人尽心尽力的话,真正的贤才就会出现。

十八

绝不要心存疑虑。没有选人用人之心的话,好人才也就不会出现。

此外还有不少让人佩服的名言佳句,以上摘录不过是九牛一毛罢了。徂徕关于用人之法的论述,委曲周到,涉及很多方面。若举出其要点,则有如下:

（一）不能一开始就想知道人的长处，只有用了之后他的长处才会显现。

（二）只要择取人的长处就行了，像短处不需要知道。

（三）能用人，那么适合时代需要的人才肯定是有的。

（四）选用人不能仅凭自己的喜好。

（五）人才肯定有瑕疵，没有瑕疵的不足以为人才。

（六）用人的时候，不能责备人的小过，只要有大功就可以。

（七）只要决定用他，就要充分相信他。

（八）上面的人不可与下面的人争才智。

（九）人才肯定有某个怪癖，这是因为有器，如果没有器，就不足以用。

徂徕认为，在行政上，用人是最重要的。比如，法制就没有人那样重要，其言曰：

> 无论多么好的立法，无人实施就毫无用处。（《政谈》卷四）

又曰：

> 且人比法重要。法虽恶，然人优秀，则有相应之利益。一味斟酌法之善恶，然用法之人恶，则毫无用处。又法因人而有异。（《答问书》中）

这也是一种见解。即便有法制，但若没有用法之人，就不能成功。只要有人，不管法制如何，无疑都会奏效。这是徂徕以用人为最重要的原因。他又在《太平策》中论神道曰：

> 神道者，卜部兼俱之作也，上代未有其说。

徂徕断言，后世唱道的神道都不是古道。不过，他并不是要否定古道的存在。他论曰：

> 唯吾国之可谓神道者，祭祖考配天，使天与祖考为一，不论何事，皆以鬼神之命执行。虽存在于文字不传以前，是又唐虞三代之古道也。

如此，他将我国的古道与唐土的古道同一视之。即此可知，他崇尚唐土的古道，也崇尚我国的古道。他论曰：

> 即便无神道，亦当崇鬼神。况且生于吾国而敬吾国之神，为圣人之道之意也。此事决不可轻忽也。

由此看来，徂徕固然胸怀极端的媚外主义，但可以推知，他并非不知应当尊重国体。

六　宋学论

与仁斋相同，徂徕认为宋儒汲取佛教教义，违背了孔子之道，故而对其痛加排斥。他在《辨道》《辨名》《文集》《答问书》《太平策》等书中，屡屡非议宋儒，以标榜自家主张为务。他论宋儒之学出于佛教曰：

> 宋儒理、气之说，与佛家真谛、假谛相似。天理、人欲，与真如、无明相似。上古无圣人、贤人之名目，是又与佛、菩萨相似。所谓道统之传，往昔亦无，是又与佛家之

血脉相传相似。教分知与行，往昔无之，而佛家有所谓解行。豁然贯通者，往昔亦无，是与禅家之大悟彻底相似。静坐者，往昔亦无，是又坐禅之模仿。（《答问书》下）

若比较对照宋儒之说和佛说，无疑是有这些相似点的。而且，宋儒借用佛说的内容也不少。不过，仅凭宋儒之说与佛说相似，就说它悉数出于佛说，这是不对的。若细细品究，在世界及人生中，不期而合的事情并非没有。宋儒之说即使不取用佛说，也不是没有与佛说相似的地方。如果举出徂徕和宋儒的不同来论述，宋儒是以一身的修德为主，徂徕则与此相反，心怀功利主义，因此产生政治见解的分歧。其论道曰：

圣人之道为专治天下国家之道，礼乐刑政之类，皆道也。（同上）

又曰：

圣人之道，至极之处，乃为平治天下国家而设立，虽修身亦然。身不修，则下不尊信，道不能行，故君子修身。（同上）

徂徕以修身为治国的手段。宋儒与其相反，以修身为主。他批评说：

不管如何治心、修身，即便修行至如玉般之毫无瑕疵，若无恤悯下人之心，则为不知治国家之道，毫无益处。如斯，若不先自"民之父母"有所理解，则不管如何金言妙句，亦与孔子所传尧、舜、禹、汤、文、武、周公之道有云泥万里之别。圣人之道与佛老之道之异，只在此处。（《答问书》上）

他又论圣人之道曰：

汝请思之，唯吾身一无成佛成圣之好。（《答问书》下）

徂徕揶揄玩弄宋儒如此。他又非议宋儒之学陷入心法理窟，失却风雅文采，曰：

圣人之道专为治国天下之道。所谓道，非事物当行之理，非天地自然之道，圣人所设立之道也。道乃治国天下之术。且圣人之教专指礼乐，乃有风雅文采者，未尝涉心法、理窟。宋儒以来，舍实际事业而先为理窟，不顾风雅文采而陷于野卑。忘道乃天子之道，故专说道理悟人为第一。（同上）

他又进一步痛快地道破宋儒之弊曰：

后儒仅能言精粗本末一以贯之，而察其意所向往，则亦唯重内轻外，贵精贱粗，贵简贵要，贵明白贵齐整。由此以往，先王之道，藉以衰飒枯槁，肃杀之气，塞于宇宙。（《辨道》）

此言固然极端，但宋儒无疑是偏重道德工夫一端。相反，徂徕主张风雅文采,这非常好。孔子绝不是一个不风流的人,他自己不仅击磬鼓瑟、咏歌,还尚礼嗜乐,好诗,文雅风采不可谓不丰饶。宋儒舍却风雅文采,奉勃窣理窟为主,无疑是偏于一端。因此,对于徂徕矫正宋儒此弊,我们不能不寄以同情。徂徕虽对宋儒及仁斋一并排斥,但对仁斋的活动主义也表现出不少赞成之意,曰:

> 仁斋之学,其骨髓在天地一大活物,此其所以逾时流万万。(《蘐园随笔》卷之上)

又曰:

> 仁斋先生活物死物之说,诚千岁之卓识也。(《辨名》下)

如此,他称扬仁斋的活动主义,与此同时,反对宋儒的寂静主义。因此,徂徕在这一点上,不无与仁斋联手对抗宋儒之念。与宋儒的寂静主义相反,徂徕吐露自家的积极见解,曰:

> 观彼后世君子若宋诸老先生者,其语学也,务言修善而去恶,扩天理而遏人欲,而不知先王之教唯导其善而恶自消也。其语治也,务言赏君子而罚恶人,而不知先王之道唯在举仁者而不仁者自远也。其论人也,务备其长短得失,而不知先王之道唯在用其长而天下无弃才也。(《辨名》上)

此诚可谓卓见。宋儒又认为性包含本然、气质两种。仁斋对此已经予以否定，只承认气质之性。徂徕亦论曰：

> 关于本然之性、气质之性，请充分熟考，毕竟仅为气质之性之结论。变化气质者，此又是无理之甚。（《答问书》下）

如此，徂徕只承认气质之性。他又更进一步，认为气质之性是不变化的，这又与宋儒说气质变化正相反。他即论曰：

> 变化气质者，为宋儒之妄说。（《答问书》中）

这也是一种见解。此外，还请参看前举"道德论"中第四"气质不变化说"。宋儒所谓的气质变化，并不是说"变米为豆""变豆为米"这样的种类变化，而是变化人气质之不善为善。如果把气比作米、豆，那就是变米或豆之不良者为良。若是变人为兽、变兽为人这样的种类变化，那么也可以推论是米和豆的相互变化，而这并不是宋儒的主张。可以说，徂徕的比喻是错误的。关于徂徕与宋儒学说的异同，可列举如下：

	徂徕	宋儒
（一）	主张古学	非为古学（主张理学）
（二）	取功利主义	不取功利主义
（三）	以礼乐刑政为道	以理为道
（四）	以道出于作为	以道本性具有
（五）	谓气质不变化	谓气质变化
（六）	尚风雅文采	尚心法理窟
（七）	称赞活动主义	陷于寂静主义

（八）以政治为主　　　以修德为主
（九）唯立气质之性　　立本然、气质二性
（以上所举为主要差异）

第七　仁斋与徂徕学说的异同

以上既然已经叙述了徂徕和仁斋的学说，现在便考察下二者学说的异同。这应该不是没有意义的事情。通过比较、对照仁斋和徂徕的学说，二者既有共同点，又有不同点。我们先列举共同点，如下：

（一）仁斋主张古学，徂徕亦主张古学。这确实是一个共同点。徂徕据古文辞论述修习古学之要，仁斋则论不及此，故不可谓完全相同的古学。不过，说到排斥宋学，欲直接洙泗之渊源，则丝毫未有所异。

（二）仁斋率先主张活动主义，徂徕亦从而和之。仁斋反对宋儒寂静主义，故唱道活动主义，徂徕深服仁斋卓见，对此也表示赞同。

（三）仁斋只主张气质之性，徂徕亦是如此。对于宋儒预设本然、气质二性，仁斋和徂徕予以否定，均主张一元论。

下面我们列举不同点：

（一）仁斋以仁义为道，而徂徕以礼乐为道。仁斋和徂徕都想复活古道，解释却大不相同。

（二）仁斋不言古文辞之要，而徂徕以古文辞为古学阶梯。自此点而言，徂徕的古学为古文辞学。与此相反，仁斋的古学虽可称古义学，但绝非古文辞学。

（三）仁斋以功利主义为非，而徂徕采取功利主义。仁斋不取功利主义，与宋儒相同。徂徕并没有公然标榜功利主义，但终究不能否认，其在根本上是采取功利主义的。

（四）仁斋以道德出于自然，而徂徕以其全然出于作为。关于道的观念，仁斋虽有不彻底处，但毕竟是以道不待人为，自然存在于天地间，即以道为固有之物。徂徕否定此说，认为道是经过先王的作为才开始出现的，并非自然之物。

（五）仁斋崇尚德性，而徂徕崇尚政治。仁斋崇尚的毋宁是个人的私德。徂徕以私德属靠后，以崇尚公德为主。与仁斋的"孤独"道德相反，徂徕不无"社会"道德之观。

（六）仁斋穷理，而徂徕不取穷理。自穷理这点而言，仁斋亦与宋儒无异，即于天地理气等事，欲自己思索究明。徂徕反之，杜绝穷理之道，专事古语学的研究。因此，可以知道，仁斋比徂徕更具哲学家的气质。

（七）仁斋欲学圣人，而徂徕以圣人不可学。欲学圣人，非独仁斋，宋儒亦然，唯独徂徕道破求为圣人之非。

（八）仁斋尊尚孟子，而徂徕不尊尚孟子。仁斋排斥《大学》，怀疑《中庸》，却极尊信《孟子》，以其为"孔门之大宗嫡派"。徂徕对思、孟一并排斥，私下尊尚荀子。

（九）仁斋以仁义礼智为德之名，而徂徕不然。徂徕认为，仁义礼智中的"仁""智"为德，"礼""义"为道，即礼义是外部的，出于先王的作为，而仁斋以其为身之所得。

以上所举是主要不同点。徂徕与宋儒完全相反，几乎没有任何共同点。不过，他与仁斋却至少有三种共同点。因此，仁斋好像是站在徂徕和宋儒的中间，占据着桥梁的地位。与徂徕相比，仁斋毋宁是与宋儒更为接近。因此，对照仁斋和徂徕的学说，二者的不同点要远远多于共同点。

学系略图

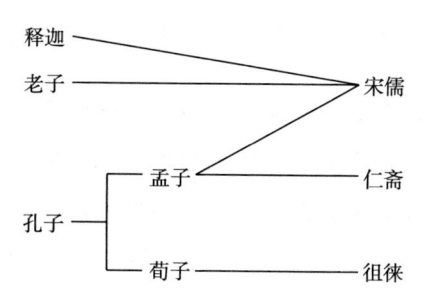

```
释迦 ─────────┐
              ├── 宋儒
老子 ─────────┘
         ┌─ 孟子 ──── 仁斋
孔子 ────┤
         └─ 荀子 ──── 徂徕
```

第八　批判

（一）

徂徕本是文章家，而非经学家。到五十岁前后，他偶然读到仁斋的《大学定本》《语孟字义》等书，为其识见深深折服。因此，他给仁斋写信，说"先生真逾时流万万"，又说"乌乎茫茫海内，豪杰几何？一亡当于心，而独向于先生"，表示除仁斋外，再没有值得一谈的人。他还在《辨名》（下）评价仁斋的活物、死物之说，言其"诚千岁之卓识也"，虽不费多言，但实表露出对仁斋的大为敬仰之意。不过，徂徕刚愎自负，忍受不了屈居仁斋门下，以弟子相称，于是就著《蘐园随笔》，回护朱子，对仁斋痛加攻击。但是，他仍然比不过仁斋，于是树立一家之言，著《辨道》《辨名》等书，对宋儒和仁斋一并排斥，弄诡辩，舞谰言，无所不至。总之，徂徕是因为受了仁斋刺激，为了反抗仁斋，才兴起的。因此，徂徕在很多地方站在反对仁斋的立场，呈现出与仁斋相对垒的势头。特别是关于道德主义，二者的见解有很大不同。仁斋论道曰：

> 道者，人伦日用当行之路，非待教而后有，亦非矫揉而能然，皆自然而然。至于四方八隅，遐陬之陋，蛮貊之蠢，莫不自有君臣父子夫妇昆弟朋友之伦，亦莫不有亲义别叙信之道。万世之上若此，万世之下亦若此。（《语孟字义》卷之上）

这段话道出，道是自然且普遍的。其又曰：

> 凡父子之相亲，夫妇之相爱，侪辈之相随，非惟人有之，物亦有之。云云。非惟君子能存之，虽行道之乞人，亦皆有之。圣人品节之以为教耳，非有强之。（同上）

这段话说明，道不是出于圣人的作为，而是人性固有的东西。他又论德曰：

> 若以德为得之义，则德是待修为而后有，岂足尽本然之德哉？（同上）

这句话明言，德是本然之物，并不是经过修为即经验才能获得的东西。简言之，仁斋是道德固有论者，更重视动机，因此不取功利主义，以个人修私德为主。徂徕与此完全相反，认为道是先王的制作，并非自然存在，主张功利主义，只发扬公共道德，几乎完全不说个人的私德。功利主义的弊端是投机取巧，再至流于轻佻浮薄，这是必然的结果，蘐园学派的学风完全可以证明。与此相反，仁斋以修个人的私德为主，推崇各人的品性。因此，唱道仁斋的学说，利多害少。有人比较仁斋和徂徕论曰：

> 仁斋之见解，慎密而近于卑近。徂徕所论议，辨博而失于放肆。宁可谓，仁斋之学害少而益多，徂徕之学虽非无益，然其害益大也。

确实如此。仁斋裨补名教甚大，说到害处，并不明显。徂徕裨补名教亦甚大，但害处也很大。观其派倾向，即明白可见。若要举出徂徕大的功绩，就是他主张功利主义，补充了仁斋的不足。修个人的私德，本来并没有错，不不，对人类而言，其是最重要的事情。我们说修德是一切人事的基础，也不是不可以。不过，大凡德行，不能说只要修私德就足够了，还要更进一步，为社会谋取公益。修私德是德行，利用厚生也是德行。因此，在修私德的同时，还必须知道公德即社会道德的重要性。徂徕知公德而不知私德，仁斋知私德而不知公德，二者各偏于一方。仁斋论政曰：

> 夫政者，以德为本，以识为辅。（《同志会笔记》）

这是将政治和道德合一，本身不过是老式的思想。不用说，道德对任何政治家来说都是不能缺少的，不过，政治也不是依靠仁斋所说的道（私德）就能实现的。仁斋又论经济曰：

> 学者才有志于经济，则流为制度文为之学。（《同志会笔记》）

仁斋虽然如此轻视经济，但事实上，对国家而言，经济是不能一日忽视的重大内容，其价值足以与私德争锋。而且，"制度文为"对国家而言也是必要的，缺乏了它，仅依靠私德，是绝不可能有所成效的。总之，仁斋之学以个人的私德为主，政治经济自不用说，他还轻视一切的公德。如此，弥补仁斋不足的是徂徕。果然，怎么能泯灭徂徕的功绩呢？修习私德，高尚人格，大概是每个人不能不做的事情。如果能够成功，那对于广大人类而言，就足以成为人格模范。而且，如果成就如此人格，以实践经验为基础立教，则其感化所及，不能不伟大。这是仁斋之学不可扑灭的根本原因。但是，广泛增进社会的公利公益，也并非不是大仁。尤其是像蒸汽船、火车的方便，也可以说足以匹敌释迦、基督或孔子之仁。我们应该运用所有政治、经济及其他方法，谋划利用厚生之路，使公德与私德一样必不可少。这是徂徕之学相对于仁斋之学，自成一敌手的原因。而且，若仅以修德一面为主，那至少不免会产生两种弊端。

第一，私德本来是相对于他人而修行的，不过重点在一己之私，偏重于一己的进修，故反而导致利己的倾向。

第二，以修德为主，其着眼点在一己之私，故缺乏图谋全社会改良进步的观念，容易变为消极的、退步的。

想来，徂徕之学能如此恰好地挽救仁斋之弊，殆可谓不期而得的配合。再说，自然界要依靠人的力量才能发挥其价值，她在等着人类自己去进步和利用。近世人类利用自然的力量满足社会各个方面的需要，这是亘古未有的进步。这样的进步符合功利主义的精神，只是崇尚个人德性，依靠道德主义，是不可能达到的。由此看来，仁斋与徂徕之学就好像车之两轮、鸟之双翼，并驾齐驱，无所扞格。不过，功利主义是统名，它也可以分为利己的（egoistisch）和利他的（altruistisch）两大类。利己的功利主义只是利己主义的异名罢了，没有任何作为道德主义的价值。不过，利他的功利主义以公共的幸福为目的，因此其关心专门在公德。关于私德，也不是不能站在利他的功利主义的立场论说，但是，促进私德，远不如直接以德性涵养为目的的主张合适。总之，在促进公德这一点上，利他的功利主义可以有很大的效用。徂徕怀抱的功利主义并非利己的，而是利他的。因此，其与仁斋之学配合，足以裨补名教。不过，蘐园一派专门趋向功利一面，不知德性的可贵。这是其产生不少弊害的原因。

（二）

徂徕对宋儒和仁斋一并攻击，他与仁斋多少还有些共同点，而与宋儒相比，却看不到任何共同点。徂徕与宋儒可谓正相对垒。仁斋居中，地位殆如桥梁。之所以这么说，是因为仁斋一方面与宋儒有共同点，一方面又与徂徕有共同点。不过，仁斋更接近宋儒，与徂徕虽然不是没有共同点，但与宋儒的共同点更多。总之，徂徕的立足点是其学问中最具特色的东西。可视为学问特色的，有以下几类：

第一，功利主义

第二，社会主义（如社会国家主义）

第三，人为主义

第四，放任主义（某种程度的自由主义）

第五，积极主义

徂徕并不像现在学者要求的那样，本身并没有进行正确且明白的分类叙述。他的立足点是崭新的，重要的是它含有这些思想（虽然笼统）。徂徕的根本思想似乎是来自荀子，但多少也有些可观的独创见解。尤其是，他对道德进行社会的解释，这在东洋哲学史上可以说是一朵奇葩。若要找相似之例，那么，徂徕与英国哲学家托马斯·霍布斯的见解相似。（参看《论政体》及《利维坦》中的"论国家"）徂徕生活于1666年至1728年，霍布斯生活于1588年至1679年，二者几乎是同时代的人，有十四年的时间，二者确实同时存在。日本与英国东西相隔，二者却几乎在同时代主张类似的学说，这难道不是奇异的暗合乎？今举其相似点如下：

第一，二者都认为人的本性是利己的，若放任自然，则会争斗不已。

第二，只有制定法律制度，形成国家，道德才开始产生。

第三，制定法律制度，形成国家，应该听任专制君主独裁。

第四，正邪并不是自然存在的，存在依据是看其是否遵从专制君主制定的法律制度。

以上，二者大体一致。特别是关于正邪的标准，霍布斯论断说：

> 民法是评判所有主体行为的尺度，确定它们是对还是错，有利可图还是无利可图，善还是恶；所有未得到公认的名称的使用和定义以及有争议的内容，都要通过它们来确定。（《论政体》）

如此，他与徂徕的认识可谓如出一辙。不过，霍布斯虽然主张君主专制，但也有共和政体的思想，而徂徕是没有后者的。因此，霍布斯言"民约"，言"君主推选"，言"平民平等"，很多都是徂徕没有想到的东西。这只是他们主要的不同点。

徂徕及霍布斯的见解虽然颇为奇拔，但也未必正确。为什么呢？第一，把"原人"看作利己的，从比较意义上来讲，是可以认可的，但从绝对意义上来讲，却不能认可。人类不管是如何的蒙昧，既然已经生存，就不能没有一点利他心。至少，我们不能否定母亲对于子女的利他心。若放任"原人"的自然情态，其就不会有任何利他心，只会有利己心，这本来也不过是没有根据的臆测而已。第二，人类有自觉，有理性，终究是不能放任到无秩序的情境中去的，他们肯定会为了生存进行某些经营，企图秩序的发展，如法律制度，均是由此而起。因此，法律制度本质上虽然是出于人为，但也符合人类的自然需要。人类的自然需要，并非人类自己的作为。因此，仅以法律制度出于人为，尚未获得根本的解释。第三，制定法律制度，设立国体为专制君主独裁，这在某些时代是必要的，但并非国家理想。在今天，这已经非常明白，甚至无须辨析。第四，法律制度不是正邪的绝对标准。各时代形成的法律制度，不是完全无缺的。如果是完全无缺的话，那就成了既定的东西，不会有进化发展。然而，就现实而言，法律制度需要种种的改良。由于需要改良，实行改良，进化发展便会永不止步。那么，改良的根据是什么呢？法律制度本身就需要改良，当然不能作为标准。若果真如此，那么法律制度以外，就不能没有确定正邪的标准。于是，"理性""幸福""快乐"，种种理论层出不穷。如此，不得不说，以法律制度为正邪的标准是不恰当的。由此可知，徂徕及霍布斯的见解还有很多值得探讨的内容。他们只是把人的视线转向新方向，跳出以往学者着眼的圈套，从而打开了新的研究局面，这是他们有功的地方。霍布斯姑且不论，徂徕之所以在日本哲学史上居有一种特殊的地位，可以说就是这个原因。

（三）

徂徕认为圣人不可学而至，只劝人学道、行道。其所谓圣人，为伏羲、神农、黄帝、尧、舜、禹、汤、文、武、周公、孔子，共十一人。伏羲、神农、黄帝时，礼乐尚未大兴，故后世不得祖述。因此，三帝虽是圣人，但亦非至圣。尧、舜、禹、汤、文、武、周公七人，其德广大高深，无所不备，制作礼乐，建设人道，于是称为圣人。孔子不是礼乐的作者，因此似乎不应被称为圣人。不过，古圣人之道依赖孔子才得其传，依此薄弱理由，孔子得以忝于圣人之列。唐虞三代以来的道德思想，孔子

第一章　物徂徕

集其大成，为后世万众打下了人道的基础，这是事实。其影响之大，怎么比不上尧、舜、禹、汤、文、武、周公？更何况是伏羲、神农、黄帝？在今天看来，唐土只有孔子才可以被真正称为"世界之智者"（Weltweiser）。孔子虽然出于唐土，但他作为人类中的"灵妙"，本质上是属于全世界的。大凡在世界人类史上，对于如此灵妙之人，谈其兴味，论其旨趣，不应该仅仅局限于唐土的范围。如果以圣人为具有大智大德的灵妙之人，那么唐土没人能胜过孔子。因此，在唐土，可以称为圣人的只有孔子。若求之于伏羲、神农、黄帝或尧、舜、禹、汤、文、武、周公，东方和西方的历史上是有很多这样的人的。这样普通的统治者，怎么可以称为圣人？徂徕在《学则》开头论曰：

东海不出圣人，西海不出圣人。云云。

但是，按徂徕的意思，自古以来，东海也有圣人，西海也有圣人。算起来，多不胜数。徂徕过分崇拜唐土，于是眼光就不能超出唐土的范围。这本是发生在当时的事情，他又不知道欧美各国的历史事实，我们在今天自然不能求全责备。但是，仅就近考察日本和印度，已经可以发现其主张的荒谬。事到如今，为其可惜也是枉然。即便去掉普通的统治者，唐土以外，圣人也有存在。比如释迦、基督和苏格拉底，他们和孔子一样，都可以称为圣人。即使是在近世，康德和达尔文二者或许也可以纳入圣人之列。果然，唐土之外不出圣人的见解是何等的愚蠢，不须再浪费唇舌。不过，徂徕并非没有预期后世的圣人，《答安澹泊书》曰：

> 儒者之业，唯守章句，传诸后世，陈力就列，唯是其分。若其道，则以俟后圣人，是不佞之志也。

这不是一种预言，又是什么呢？至后世，时势境遇与古代大有不同。因此，即便圣人出现，他会是什么样的，也是不可预知的。古代圣人不一样的地方应该有很多，这大体是可以想见的。我们视康德和达尔文二者为圣人，他们的表现与孔子、释迦、基督及苏格拉底相比，差别难道不是很大吗？

徂徕认为圣人必须是统治者，这是不对的。统治者中有圣人，被统治者中也可以有圣人。统治者或被统治者，丝毫不会妨碍成为圣人的资格。徂徕又说气质不变化，大谈妄意求为圣人之非。但是，大凡人类想要进化发展，就必须有能够实现的理想。抽象的理想过于空泛，弊端是难以把捉，因此多欲实现具体的理想。而作为具体的理想，没有比成为圣人更高尚、更伟大的了。既然需要具体的理想，怎么能不以圣人为理想？徂徕论难宋儒曰：

> 宋儒乃求身为圣人，然程、朱既不能为圣人，而孔子之后无复有圣人，则是悬空言以强人所不能也。（《答安澹泊书》）

这是事实。宋儒不为放荡无赖之徒，他们谨厚诚实，能成为有德之君子，是因为以圣人为理想并努力实现。即使不能成为圣人，也成了有德之君子，这已是十二分的回报，足够了。不过，徂徕虽然说圣人不可学而至，但我们也不可以据此而断定事实就是这样。想成圣的人，本身就必须是天才，而且，即便是圣人，不学也不能得为圣人。徂徕自言，"古之学而为圣人者，唯汤、武、孔子耳"，至少也是以汤、武、孔子三者为"学知之圣"。世间斗筲之徒，竟敢以庸人之身，企图成为圣人，真是滑稽。不过，是否真有天才，这是不能预知的，只有经过很多的磨炼，才能揣知天才之有无。解决有无天才的问题，终究还是要更多地根据当事者的行动。可以发现，徂徕之论虽然不无道理，但仍有所未尽。总之，徂徕主张男性的道德，鼓吹积极发展的重要性，对此，后人必须表示感谢。但是，他不重视个人私德的修养，致使多数弟子放纵暴慢，落人口实，到底是他对名教必须要承担的责任。确实，与以圣人为理想，重视个人私德的修养相比，徂徕之学是不稳健的。

第九　徂徕门人

（徂徕子孙除外）

太宰春台，名纯，字德夫。后详。

服部南郭，名元乔，字子迁，小字小右卫门，号南郭，又号芙蕖馆，姓服部氏，自修为服氏，平安人。南郭为人风流温藉，艺苑之士无不钦慕。宝历九年（1759）卒于江户，享年七十七。著有《南郭文集》《大东世语》《灯下书》《遗契》《文筌小言》等。南郭事迹见《先哲丛谈》（卷之六）、《近世丛语》（卷之三）、《野史》（卷二百六十）及《先哲像传》（卷四）等。南郭的义子元雄，字仲英，小字多门，摄津人，著有《蹈海集》（八卷）。其事迹见《先哲丛谈》（卷之六）。南郭门人有鹈殿木庄、石岛筑波、庄田丰城、安达清河、山本友石、宫濑龙门、新井沧州、原田东岳、斋宫静斋、汤浅常山、熊本华山、源乘富、望月三英、松村贞吉等。又，龙门门人有清水江东、宇野东山等。

安藤东野，名焕图，字东璧，小字仁右卫门，号东野，姓安藤，修为藤氏，下野人。东野和周南比其他弟子先入徂徕之门，其中东野最得肯綮，有言可证，"徂徕终木铎于海内，东野实赞翼之"。可惜他罹病咯血，享保四年（1719）殁，年仅三十七。著有《东野遗稿》三卷。南郭为东野撰墓碑文。东野事迹见《先哲丛谈》（卷之七）、《近世丛语》（卷之三）、《野史》（卷二百六十）及《先哲像传》（卷四）等。

山县周南，名孝孺，字次公，小字少助，号周南，姓山县氏，修为县氏，周防人。自幼聪颖，异于寻常儿童。特别是，父亲良斋在家里教他学习，颇为严厉，每天让周南上楼读书，撤下梯子，不许他下来。因此，他得以博览群书。及长，师事徂徕。当时，徂徕之业尚未大振，而周南、东野先入其门，迭为羽翼。因此，至徂徕成为大家，待二子异于他人。延享二年（1745）罹病，经年不愈，卧床凡八年。宝历二年（1752）终，年六十六。著有《周南文集》（十卷）、《为学初问》（五卷）等。《为学初问》又名《蘐园余谈》，把它当作徂徕的著作是不对的。南郭为周南撰墓碑文。周南之子泰恒撰有《周南行状》。此外，周南事迹见《先哲丛谈》（卷之七）、《近世丛语》（卷之一）、《野史》（卷二百六十）及《先哲像传》（卷四）等。周南门人有洼鹤台、增野云门、林东溟、和智东郊、津田东阳、田坂灞山、山根华阳、三浦卫兴、小田村鹿门、小仓鹿门、仲子岐阳、洼井鹤汀、田中相江等。其中,东郊、鹤台及东溟三人被称为"周南门三杰"。

平野金华,名玄仲,字子和,俗称源右卫门,号金华,姓平野氏,修为平氏,陆奥人。为人滑稽放荡,好酒痛饮,又极爱猫,据说饲养了十八只之多。《闲散余录》(卷之下)曰:

> 平子初以医事三浦侯,不屑以医为业,强辞职,后以儒仕守山侯。时月俸甚微,或时五月五日前,长官曰:"五日宜着新葛衣来朝。"至日,金华着妻衣而出,官长责之。子和曰:"薄禄小臣,不能给新衣,而官长之令难违。幸荆妇所藏稍华,是以着之。"事闻于侯,即日加赐月俸。

其举动大率如此。享保十七年(1732)殁于江户,年四十五。著有《金华文集》。南郭为金华撰墓碑文。金华事迹见《先哲丛谈》(卷之七)、《近世丛语》(卷之三)、《野史》(卷二百六十)及《先哲像传》(卷四)等。金华门人有户崎谈园。

高兰亭,名惟磐,字子式,号兰亭,又号东里,本姓高野氏,修为高氏,江户人。幼年从学徂徕,年十七耳聋,自此专心作诗,遂以诗成家。徂徕门下,以诗闻名者有十数人,推南郭为盟主,而兰亭最晚出,常以兄事南郭,未久诗名与之并驰。当时言诗者无不集于二家门下。兰亭性嗜饮酒,放荡好奇,常用骷髅杯饮酒。这与拜伦用骷髅杯饮酒成一对奇谈。宝历七年(1757)殁于江户,年五十一。兰亭六度娶妻,终无子嗣。著有《兰亭遗稿》十卷。兰亭自幼作诗,有万余首,及病危，悉投于火中。于是，松崎君修、稻垣稚明、谷文卿等商量，各集私录，刊行于世，即《兰亭遗稿》。兰亭事迹见《先哲丛谈》（卷之八）、《近世丛语》（卷之三）等。兰亭门人有横谷蓝水、唐桥君山。

宇潜水，名惠，字子迪，小字惠助，号潜水，本姓宇佐美，修为宇，南总人。年十七，至江户，师事徂徕。在塾仅三年，徂徕既没，故未全得徂徕之旨。然仍钻研不息，积习既久，学问大进。潜水笃信徂徕，致力于校刻其遗著。如《四家隽右文矩》《文变考》《绝句解》《绝句拾遗》《南留别志》，皆为潜水校刻。自著《辨道考》《辨名考》《绝句解考证》《绝句解拾遗考证》，亦皆以领会徂徕旨意为主。其有功于徂徕之门，虽高足弟子亦有所未及。潜水安永五年（1776）卒，年六十四。服元立为潜水撰墓碑文。潜水事迹见《先哲丛谈》（卷之八）、《续近世丛语》（卷之五）、《先哲像传》（卷四）等。

本多猗兰子，名忠统，字大乾，号猗兰子，又晚年号拙翁，称伊藤守、神户藩主。《徂徕集》中，称其为西台滕侯。宝历年间卒，年六十七。著有《猗兰台集》（二十九卷）及其他如《古言录》《猗兰子》等数种。

余熊耳，名承裕，字子绰，大内氏，小字忠大夫，号熊耳，陆奥人。其自言先祖出于百济明帝太子余琳，故以余为本姓。仕唐津侯，时人称其为"当今之于鳞"。春台、南郭殁后，经义则称宇子迪、松崎君修，修辞则仅称斯人。安永五年（1776）四月殁，年八十。著有《熊耳文集》（十六卷）、《仝后篇》（十二卷）、《熊耳遗稿》（十二卷）等。事迹见《先哲丛谈后编》

（卷之七）及《续近世丛语》（卷之五）。义子兰室接替父职，为唐津儒官。熊耳门人有岳东海、长坂圆陵、市川鹤鸣、中根君美、滕南丰、田中江南、石金濑滨、冈道溪等。兰室门人有大竹麻谷。

三浦竹溪，名义质，字子彬，初名良能，通称平大夫，号竹溪，江户人。初仕甲斐侯，后仕吉田侯。竹溪尤有经济之志，精于律学。宝历六年（1756）五月殁，年六十八。著有《竹溪文集》（三卷）及其他数种。事迹见《先哲丛谈后编》（卷之五）及《近世丛语》（卷之三）。

鹰见爽鸠，名正长，字子方，通称三郎兵卫，号爽鸠子，三河人，仕田原侯。爽鸠诗才放荡不羁，超绝常人，而平生尤厚于故旧，又留志于经济之学。一贵绅尝问徂徕："弟子长于经济者为谁？"徂徕对以爽鸠及三浦竹溪为能通晓时务者。爽鸠享保二十年（1735）四月殁，年四十六。著有《或问珍》（三卷）、《诗筌》（二卷）、《爽鸠遗稿》（一卷）。事迹见《先哲丛谈后编》（卷之三）。爽鸠之孙名星皋，著书数种。

越智云梦，名正珪，字君瑞，号云梦，又号神门叟，称曲直濑氏养安院，江户人，仕幕府。云梦祖先为伊豫越智的后裔，故冒越智氏，又自修为越。其继承祖先之业，以医为官，然平生甚不好方技之说，反以辞藻为专务。为人质实谨厚，对家人亦未尝有厉声厉色。从仆奴婢尝谓："于吾主公，不见者三：不见愠言，不见诘语，不见鄙吝。"延享三年（1746）三月殁，享年六十一。著有《怀仙楼文集》《神门余笔》等。服部南郭为其撰墓碑文，见《南郭集》（四编·卷八）。事迹见《先哲丛谈后编》（卷之三）。

秋元淡园，名以正，字子帅，小字喜内，号峒夷，又号淡园，冈崎侯之文学官。著有《淡园初稿》。

吉田孤山，名有邻，字臣哉（一作巨哉），俗称孙兵卫，号孤山，森川侯之上大夫。早年从学徂徕，校定《译文筌蹄》并出版。

山井昆仑，名鼎，字君彝，号昆仑，通称善六，纪州侯之书室。享保十三年（1728）四月殁，著有《七经孟子考文》（三十二卷）。此书在唐土也很受重视，后经阮元翻刻，再舶来至我国。

释万庵，名原资，号芙蓉。幼年工于诗，时人称为文殊小僧。后从学徂徕及南郭，转变诗风，居住在江户芝东禅寺（临济宗）。元文四年（1739）殁，年寿未详。著有《江陵集》《古今诸家人物志》等。万庵门人有僧独麟、龟井南冥等。

根本武夷，名逊志，字伯修，俗称八郎右卫门，号武夷，根本氏，自修为根，相模人。与山井昆仑共著《七经孟子考文》，且校正出版《论语皇侃义疏》。《先哲丛谈续编》（卷之九）曰：

> 武夷尝同山井昆仑同游下野之足利学校，校勘七经而还。七经者，《诗》《书》《易》《春秋》《礼记》《论语》《孝经》也。盖以我土所传旧本，标举同异，刊正明版注疏之误脱者也。御览其书，赐银锭十枚。而后又命讲官物北溪为讲筳，使补葺遗漏，以益《孟子》，总二百六卷，三十六本，题为《七经孟子考文补遗》。盖依徂徕建言，

官刻而布于天下。享保十七年壬午正月,使长崎之尹传致彼土。彼清仁宗嘉庆二年,翻刻之,称为盛举。其原皆出于昆仑、武夷手抄,真可谓不朽之业也。

明和元年(1764)十一月卒,年六十六。事迹见《先哲丛谈续编》(卷之九)。

板仓璜溪,名安世,字美仲,号璜溪,又号帆丘,通称安右卫门,江户人。弟名经世,同师事徂徕。著有《帆丘集》(八卷)。《文会杂记》(卷之三下)曰:

> 《美仲文集》即《帆丘遗稿》,凡十卷。美仲尝借居增上寺门前小路,虽舌耕讲课,唯大话,谓南郭为赤羽先生。仲龙云:"美仲没后,文集似梓行。"

事迹见《近世丛语》(卷之五)。

石川大凡,名之清,字叔潭,号默斋,又号大凡山人,通称重次郎,江户人,仕幕府。著有《大凡山人集》(八卷)。

田中兰陵,名良畅,字士舒,号兰陵,小字武助,江户人,富春叟(即田省吾)的外甥。田中氏,自修为田。兰陵与板仓帆丘、山田麟屿、冈井崶州,并称"蘐社妙年四杰"。兰陵尤其为翘楚。享保十九年(1734)卒,年三十六。著有《兰陵集》。服部南郭为其撰墓碑文,见《南郭集》(二编·卷之八)。

冈井崶州,名孝先,字仲锡,号崶州,通称郡大夫,赞岐侯的书记官。

山田麟屿,名正朝,后改为弘嗣,字大佐,号麟屿。初学徂徕,后学东涯。事迹详见东涯"门人"节。

柴山凤来，名博我，字子文，号凤来，本姓木户氏，武藏人。松平伊豆侯的世臣，晚年辞职，号遗叟。明和八年（1771）殁，年八十。事迹见《续近世丛语》（卷之一）。凤来之子豫章，亦奉徂徕之学，明和四年（1767）随父游京师，罹病而殁，年三十八。凤来门人有室重明。

　　匹田九皋，名进修，字子业，号九皋。羽州人，仕庄内侯。元文三年（1738）五月病殁，年三十九。春台为其撰碑阴文。

　　晁玄洲，名文渊，字涵德，号玄洲，又号玉壶山人，通称甚右卫门。本姓朝比奈氏，自修为晁氏，尾藩的世臣。

　　晁南山，名泰亮，字君采，号南山，通称赖母。本姓朝比奈氏，自修为晁氏。河内狭山侯的大夫，辞职后，称用拙斋。著有《南山集》。

　　久津见华岳，名义治，字京国，小字吉左卫门，号华岳。姓源氏，三河人，剡谷侯的世臣。事迹见《近世丛语》（卷之六）。

　　木下兰皋，名实闻，字公达，一字希声，号兰皋，又号玉壶真人，通称宇左卫门。姓木下氏，自修为木，尾张人，尾藩的世臣。尝曰："天下之事，曲艺小技虽为最下，然必学而后通，况于修己治人之道耶？今之士大夫，苟不学其道，徒以己之智力制御众庶，自臆断之。辟如有力者未曾学射御之术，而好强弓骑悍马，欲射以激发，御以风逸，其能命中正鹄按衔辔者，岂可得乎？今之君长，多类此者。世知不可不学射御，而不知不可不学修己治人也，亦可惑之甚也。"宝历二年（1752）八月病殁，年七十二。著有《玉壶吟草》（四卷，附录一卷）、《客馆璀粲集》（二卷）、《兰皋遗文》（六卷）等。事迹见《先哲丛谈续编》（卷之七）。

辻湖南，名敏树，字稷卿，号湖南。江洲辻村人，故以辻为姓，本姓源氏，仕丹波笹山侯。

伊藤南昌，名元启，字进迪，号南昌，通称一蔺。

木村蓬莱，名贞贯，字君恕，初号岭南，后号蓬莱，通称胜吉。姓木村氏，自修为木，尾张人，仕胜山侯。蓬莱资性直谅，独处之时，亦皎然不自欺。其讲经义，取譬教谕，言语明爽，似中江藤树为人。故虽至愚之人，领悟其旨，仰慕师德。蓬莱常谓："白鸥在水，悠然而浮，清闲自得，而其足躁扰不得少息，以是不失其性矣。人处于世，亦若此耳。"又尝曰："己不善而人誉之，不足以为喜。己善而人毁之，不足以为忧。"他又厚于慈善，其少时家贫，常无十日之食，有流民男女来，立门外乞食，乃倒米柜施与。他与纪平洲相交。幼时从学徂徕，然德性未从学徂徕，毋宁说是受到友人的感化。明和二年（1765）十月殁于江户，年五十一。著有《玉壶诗选》（二卷）、《蓬莱诗稿》（四卷）。事迹见《先哲丛谈后编》（卷之五）及《续近世丛语》（卷之一）。

土屋蓝洲，名昌英，字伯晔，号蓝洲。丰前中津人，以词章著称。游事延冈侯，不久辞禄而去，后又以医术仕小仓侯。事迹见《近世丛语》（卷之五）。

守屋峨眉，名焕明，字秀纬，号峨眉山人。江户人，仕大垣侯。初学东野，东野殁后，从学徂徕。宝历四年（1754）殁，年六十二。服部南郭为其撰墓碑文，见《南郭集》（四编·卷八）。事迹见《近世丛语》（卷之四）。

菅谷甘谷，名晨燿，字子旭，通称小膳，号甘谷，又号南峤。初名堀氏，《徂徕集》中所言屈子旭、南峤秀才，即是此人。江户人，居大阪，专唱师说。大阪唱物氏之学，始于斯人。宝历十四年（1764）殁，年六十余。著有《南峤园集》《甘谷遗稿》。甘谷门人有桥本乐郊。

入江南溟，名志囿，字子园，通称幸八，号南溟，又称沧浪居。武州人，终身不仕。南溟门人有熊坂台州。

芳村夭仙子，名恂益，字粟夫，一字谦受，号夭仙子，又号五雨亭。少有轶才，学问渊博。退居京都北山，终身以著述为业。徂徕称其为"好学君子之医也"。著有《内经纲纪》《医学正名》等数种书籍。

大野北海，名通明，字子喆，号北海，通称忠右卫门。奥州人，以兵学成家。盖《钤录》之所以行于世，乃是因为此人奉徂徕兵学。著有《北海文集》。

小田村廊山，名公望，字望之，一字土彦，小字伊介，周防廊栖人。幼而明秀，善作诗，世称神童。十二岁游周南之门，十七岁至江户从学徂徕。徂徕赞赏其文，称其有"雕虎之才"。明和三年（1766）殁，年六十四。事迹见《续近世丛语》（卷之六）。

板仓兰溪，名淳行，字敬德，号兰溪，通称助三郎，帆丘之兄。

板仓龙洲，名经世，字美叔，号龙洲，通称经之丞，帆丘之弟。

谷元淡，字大雅，郡山侯儒臣。

田中冠带，名喜古，号冠带老人，通称邱愚右卫门，后改为兵库，武藏人，仕幕府。早年即有神童之名。弱冠之时，常留志于富国强兵之术，尝谓："聚财不难也，取予能当，则国富。施方不难也，赏罚能正，则兵强。"享保十四年（1729）殁，年六十八。著有《民间省要》（二十卷）、《治水要方》（二卷）、《冠带笔记》（四卷）。事迹见《先哲丛谈续编》（卷之五）。

宇野士朗，名鉴，字士茹，后字士朗，小字兵介，宇野氏，自修为宇氏，士新之弟。平安人，年仅三十一，先士新而卒。有遗稿五卷，不传于世。事迹见《先哲丛谈》（卷之四）。

住江沧浪，名昭猷，字君徽，通称万之允，号沧浪。享保十三年（1728）殁，年三十八。事迹见《肥后先哲事迹》（卷一）。

中根东里，名若思，字敬夫，号东里，通称贞右卫门，伊豆人。尝从学徂徕，后归阳明学，事详见《日本阳明学派之哲学》。又事迹见《先哲丛谈后编》（卷之五）。

篠岐东海，名维章，字子文，号东海，篠岐氏，通称金五，江户人。徂徕喜爱东海为人，屡称其学术，故春台、南郭等对其无不眷顾。后与麟屿一道从学东涯。元文四年（1739）七月殁，年五十四。著书三十余种。事迹见《先哲丛谈续编》（卷之六）。

除以上所列门人外，松崎白圭、释大潮、成岛锦江、越智平庵皆为蘐园之徒，殆在门人之列。详见"徂徕学派"节。

第十　徂徕关系书类

《物徂徕自记年谱》

《徂徕事迹》

《徂徕先生墓碣及志》

《南郭文集》

《春台文集》

《紫芝园漫笔》

《先哲丛谈》（卷之六）

《先哲年表》

《近世丛语》（卷之一）

《茅窗漫录》

《问合早学问》

《正学指掌·附录》

《武门诸说拾遗》（卷之十九）

《拙堂文话》（卷一）

《日本诗史》（卷之四）

《二老略传》细井九皋著

《儒学传》

《文会杂记》

《闲散余录》（卷之下）

《先哲像传》（卷三）

《素餐录》

《斯文源流》

《学问源流》

《儒学源流》

《北窗琐谈》

《埋木花》

《八水随笔》

《一言一话》

《江户名所图会》

《假名世说》_{大田南亩著}

《笔畴》_{原东岳著}

《读书会意》（卷中）_{涩井太室著}

《野史》（卷二百六十）

《日本诸家人物志》

《古今诸家人物志》

《近世大儒列传》（上卷）_{内藤灿聚著}

《艺苑丛话》（上卷）_{山县笃藏著}

《日本名家人名详传》（上之卷）

《荻生徂徕一卷》_{山路弥吉著}

《日本儒林谭》（下卷）

《鉴定便览》

《名家全书》

《近世名家著述目录》

《庆长以来诸家著述目录》

《大日本人名辞书》

《大日本史料原稿》一卷

《日本德育史传》

《读史论集》山路弥吉著

《日本伦理史稿》

《日本哲学要论》有马祐政著

《伊、物二氏之学案》岛田重礼 〇《哲学杂志》第八十八号及第九十三号

《霍布斯与徂徕》加藤弘之 〇《东洋哲学》第二编第一号

《仁斋、徂徕学术之异同》内藤耻叟 〇《东洋哲学》第三编第二号

《徂徕学浅言》岛田重礼 〇《学士会院杂志》第十七编之十

《孔子之道与徂徕》加藤弘之 〇《学士会院杂志》第十六编之七

《作为教育家的荻生徂徕》杉山富槌 〇《教育学术界》第一卷第二号乃至第十号

以下为批判徂徕学的书目

《论语考》六卷 宇明霞著

《辨道解蔽》二卷 石川麟洲著

《古学辨疑》二卷 富永沧浪著

《非物篇》六卷 五井兰洲著

《非征》八卷 中井竹山著

《闲距余笔》一卷 写本 〇同上

《非徂徕学》一卷 蟹养斋著

《辨复古》一卷 同上

《非辨道·非辨名》一卷 森大年著

《非物氏》一卷 平瑜著

《燃犀录》一卷 服苏门著

《读书正误》一卷 石川香山著

《桂馆漫笔》一卷 原双桂著

《读辨道》一卷 龟井昭阳著

《正学指掌》一卷 尾藤二洲著

《讲学编》二卷 唐崎广陵著

《物学辨证》二卷 同上①

第十一　徂徕学派即蘐园学派

徂徕之徒在德川时代蔚然成为一大学派，即徂徕学派，又名蘐园学派，又名古文辞学派。此学派影响很大，恐怕超出堀川学派。徂徕学中可以指摘的短处有不少，不过自此亦可推知徂徕的非凡人格。徂徕仅有一女，于是就收养兄长伯达的儿子道济为养子，并把女儿嫁给他为妻。道济字太宁，小字伊三郎，后改为总右卫，号金谷，仕柳泽侯。平生退让律己，不好与人争。有人至其门，即言经义当问春台，文章当问南郭，不敢以名父之子自居。因此，少有人知道他的造诣。安永五年（1776）九月殁，年七十四。关于著述，《近代名家著述目录》列举三十三种，《续诸家人物志》列举三十五种。由此看来，道济亦可谓"老子英雄儿好汉"。金谷之子凤鸣，名天佑，字

---

① 补正一：徂徕关系书类中，加入：《徂徕先生文戒》（一卷，吉田孤山著）、《徂徕先生文渊诗源》（一卷，吉田孤山著）、《仁斋徂徕得失辨》（二卷，铃木行义著）、《物徂徕真》（十卷，荻野鸠谷著）、《辨道辨名》（五卷，荻野鸠谷著）、《徂徕先生亲类由绪书》（一卷，写本）。

顺卿，凤鸣其号，称总右卫，为柳泽侯的秘书官。文化四年（1807）十二月殁，年五十三，著有《凤鸣遗稿》。徂徕之弟北溪，名观，字叔达，小字总七郎，为殿中侍讲。宝历四年（1754）殁，年八十五，著《七经孟子考文补遗》，此外还有十余种。（参见《庆长以来诸家著述目录》）北溪之子青山，名义俊，字彦卿，通称是三郎，后改为总七郎。享和元年（1801）五月殁。《文会杂记》（卷之三下）曰：

> 物叔达之子有才学，言当补《子贡诗传》之字缺，板行之。然中没也。仲龙语。

诚为可惜。金谷和北溪的子孙声名逐渐没落，今已沉寂不闻。有人说荻生氏的苗裔是荻生传，如今他住在四谷大番町，亦不足言。徂徕门人不知有几千几百，但著名的不过四十余名而已。其中，春台、南郭、周南、东野、万庵、金华、潜水最为卓绝，再加上徂徕本人，世称"蘐园八子"。除徂徕直系门人外，当时可称蘐园之徒的也有不少。今举其要。

板仓复轩，名九，字惇叔，小字九郎右卫门，号复轩，本姓板仓氏，自修为板。江户人，仕幕府。复轩原本受业于木门，不过与徂徕交往频繁，令所有儿子从学徂徕。享保十三年（1728）殁，年六十七。事迹见《先哲丛谈后编》（卷之三）。

松崎白圭，名尧臣，字子允，白圭其号，通称左吉。江户人，仕筱山侯。关于白圭执政，其居职临众，专宣君恩，励臣节，砥廉隅，正名分，杜偏颇，绝贿赂，于是士风大振。详见东涯"门人"节。白圭有子观海。

释大潮，名元皓，字月枝，肥前松浦人，住龙津寺（黄檗宗）。在徂徕门下，诗名与万庵相齐，蘐园能文之士均亡故后，独大潮与南郭屹立东西，声名相抗。明和五年（1768）殁，年九十三圆寂。著有《鲁寮文集》二卷。事迹见《近世丛语》（卷之四）。大潮门人有高旸谷、龟井南冥等。①

　　成岛锦江，名凤卿，一名信遍，字归德，一字子阳，姓成岛氏，自修为岛，称道筑，号锦江，又号芙蓉道人。陆奥人，幼时至江户，喜徂徕之说，又善和歌。宝历十年（1760）九月殁，年七十二。事迹见《先哲丛谈》（卷之七）。锦江门人有奥贯友山。

　　越智平庵，名正球，一名正珍，平庵其号，又号同斋。事迹见《皇国名医传》（卷之上）。《鉴定便览》（卷下）属平庵于"徂徕门"，不知事实是否如此。不过，他令儿子云梦从学徂徕，由此观之，当为蘐园之徒无疑。

　　水足屏山，名安直，字仲敬，肥后人。

　　水足博泉，名安方，字斯立，称平之进。幼而聪慧，人皆称神童。屏山为其父。享保十七年（1732）十月殁，时年仅二十六。事迹详见《肥后先哲事迹》（卷三）。

　　滕凤湫，名俊明，字彦远，凤湫其号，又号老饕生，通称彦八。江户人，仕尾府。凤湫与徂徕从未谋面，然信服其说，中年后，以修辞为务，故蘐园之徒多与其交往，名声颇著。明

---

① 补正二：释大潮与成岛锦江之间插入僧明月。明月名明逸，字云宁，周防人，真宗僧人，喜欢蘐园之学。其事迹详见《日本教育史资料》（卷十二，第228页）。

和二年（1765）十月殁，年七十。事迹见《先哲丛谈续编》（卷之九）。

孔生驹，名文雄，字世杰，号生驹山人，日下氏，通称真藏，河内人。少壮涉猎群书，强记超凡。初学于家庭，专修性理，后私淑徂徕之学，好作古文辞，唱李、王之说。宝历二年（1752）殁，年四十一。事迹见《先哲丛谈续编》（卷之八）。

菅沼东郭，名行，字大简（一说名大简，字子行），通称文庵，号东郭，江户人。私淑徂徕之学，受教于浪华。宝历十三年（1763）十二月殁，年七十四。著有《大学阐》《东郭文集》《凤鸣集》《论语征疏》等。有子西陵。

铃木澶洲，名涣卿，字子焕，小字嘉藏，号澶洲，姓铃木氏，自修为木，江户人。初学于篠岐东海，私淑徂徕之说，博学洽闻。安永五年（1776）六月殁，年六十二。著有《澶洲山人文集》，此外还有数种。

赤松太庾，名弘，弘亦通称，字毅甫，号太庾山人。先祖为播洲人，至太庾时，住江户，私淑徂徕之学，以教授为业。其学以经义为专门。明和四年（1767）四月殁，年五十九。著有《九经述》《家语述》《赤草子》。当时，芙蕖社诸子耽于歌诗，太庾讨厌他们，不与他们交往，曰：

> 名誉人之贼也，喧传德之贼也。模拟剽窃，精思吟哦者，抑亦诗之贼也。

太庾常以名教自任。其很自信，王侯贵人虽以厚礼丰禄招聘，不就官，曰：

> 我岂若得四方髦俊之士而教育之，各成其德，各达其材，以使各供其国家之用哉？

人皆以其志向高远。太庾为人敦厚缜重，绝无粗豪之气，应该是蘐园学派中除春台外罕有的德行家。事迹见《先哲丛谈后编》（卷之五）。

山内琴台，名广邑，字士英，长门藩贵戚之老，毛利广规的次子。延享三年（1746）病殁，时年仅二十三。事迹见《续近世丛语》（卷之三）。《鉴定便览》（卷下）属其于"徂徕门"，然其并未亲炙于徂徕。

松村梅冈，名延年，字子长，号梅冈，通称多仲，姓松村氏，自修为松，江户人。天明年间殁，年五十四。著有《驹谷刍言》《樵者述旨》等数种。事迹见《续诸家人物志》。

龙草庐，名公美，字子明，号草庐，通称彦二郎。伏见人，仕彦根侯，以文艺成家。然操守不坚，其弊不少。其吟社名幽兰社，人讥笑之谓"游乱社"。其又剽窃富永沧浪的《古学辨疑》，著《名诠》《典诠》二书，留下不可磨灭的丑名。宽政四年（1792）二月殁，年七十八。著有《草庐文集》《草庐诗集》等数种，皆不足称。

以上众人皆与徂徕生活于同时代，崇拜其学问或接受其感化。《近世丛语》（卷之二）曰：

> 及徂徕殁，其门分为二。诗文推服部南郭，经术推春台。

即此可知徂徕死后蘐园学派的景象。徂徕虽然故去，但门人以及门人的门人众多，因此余势未歇，在五六十年间里，都呈现出极为隆盛的态势。《文会杂记》（卷之三上）曰：

> 徂徕之学，使世间一变。然徂徕一生间，人半信半疑，使见今世文物之盛，必悦。唯今时复古云者，甚包括俳谐。听厌复古者之填句，亦获吹捧，轻浮之中也。

汤浅常山殁于天明元年（1781），这是他说的话。又《学问源流》中论徂徕学之状况曰：

> 徂徕学，享保初年专行于江户，其余于江户习其学而归其国唱其说者几稀也。其中，关东亦可谓多也。东涯之学盛于京都，而徂徕之学可谓新奇之说，虽有人，然学之者甚少。其后，从徂徕之说者渐多，遂盛于关西、九州、四国之边。从事东涯之学者渐衰，况为暗斋之流者，绝稀也，仅自少习熟之一二古老，不改宿辙，无人习之。元和、宽永之比，世风已不闻之。云云。享保中年以后，徂徕之说诚可谓风靡一世。然至京都，则盛于徂徕殁后，元文初年至延享、宽延之比，此十二三年间为甚。世人喜其说而习，诚可谓狂也。

又曰：

> 自宽历初年之比，疑徂徕学者渐多，专学者少。云云。

总之，天明之前，徂徕学一直都拥有相当大的势力。至天明年间，蘐园弟子大多都已凋零，只有市川鹤鸣、岳东海及东蓝田致力于维持遗教。于是，其势力渐次衰败。而反动，早在天明之前便已开始出现。如片山兼山、井山金峨之徒，在天明以前已经提倡折衷学，大力排斥蘐园之学，响应者不可胜数。至天明以后，山本北山、龟田鹏斋、太田锦城等大力抨击李、王的古文辞，中井竹山亦刊行《非物非徂》，以极力排斥为务。盖当世之人渐渐厌倦古文辞，此时，不满徂徕的人点燃反抗的气焰，遂促成时势转变的契机。朱明之世，归震川、袁仲郎、艾千子之辈奋起反抗李、王，李、王之弊一扫无遗。山本北山、龟田鹏斋、太田锦城等奋起痛斥古文辞之弊，蘐园之余焰顿熄，学界面目焕然一新。山本北山崇拜袁仲郎，自然驰于反对的极端，不久后，古文辞亦被一并废弃，以至韩、柳、欧、苏的文章广行于世。宽政异学之禁以来，学问仅为朱子学，其占有教育主义的绝对地位，以致看不到各学派的自由竞争。不过，天明以后，仰慕徂徕的人还是有的，如斋藤芝山、龟井南冥、冈野石城、野田石阳、龟井昭阳及藤泽东畡之徒。

　　斋藤芝山，名高寿，字权佐，世代仕熊本侯。年二十四始志于学，读徂徕《答问书》，知圣人之教为治国之道，乃愤然欲学其道。因居僻邑，无师友之资，是以独坐楼上，食生米，昼夜刻意于经书，研味其意，不敢下楼。年三十九，及学者执贽问业，乃主张徂徕之复古学。文化五年（1808）殁，年六十六。事迹见《近世丛语》（卷之二）。

　　龟井南冥，名鲁，字道载，筑前侄滨人。幼年从学释大潮，后游学浪华，随永富独啸庵学医。后游长州，拜谒山县周南，专信徂徕之学，唱于筑前。天明以来，徂徕之学大衰，其声名在关西却未下坠，南冥即为主力。文化十一年（1814）殁，年七十二。著有《论语语由》，此外还有十余种。事迹见《续近世丛语》（卷之一）。

冈野石城，名元韶，字叔仪，号石城，通称内藏太，松代藩士。为人温藉沉毅，洽闻多识。初从菊池南阳，奉濂洛之教，后得蘐园之说，有所感悟，乃悉弃其旧而学。文政十三年（1830）殁，年八十六。著作凡十余部，五十余卷。事迹见《日本教育史资料》（卷五）。①

野田石阳，名孝彝，字叔友，小字吉右卫门，号石阳，又号灵星阁，松山藩人。好学，奉蘐园之教。文政年间殁，年六十。事迹见《日本教育史资料》（卷五）。

龟井昭阳，名昱，字元凤，通称是太郎，号昭阳，又号空石，南冥之子。天保七年（1836）殁，年六十四。著有《蒙史》《周易考》《尚书考》等三十余种。事迹见《续近世丛语》（卷之一）。

藤泽东畡，名甫，字元发，号东畡，塾名泊园社，浪华人。元治元年（1864）殁，年七十二。著有《东畡文集》十卷。土屋凤洲作序曰：

> 先生幼而好学，母氏教育有法。学既成，下帷浪华，

---

① 补正二：冈野石城与野田石阳之间插入富田大凤。大凤字伯图，称大渊，号日岳。为人慷慨，有气节，常以恢复王室为己任。享和三年（1803）殁，享年四十二，著有《日岳文集》（十五卷，写本）。小桥某撰《富田大凤传》有言："自先世素好物茂卿之学，至大凤加崇信，然如茂卿昧于王霸，相为霄壤，极口辩斥之，不敢假也。"由此可知其人物性行。其事迹详见《肥后先哲事迹》（卷二，135页）。

大倡物子之学。盖物子殁而百年，其学渐晦，及先生兴而复明于世也。

东畡又尝作《徂徕物先生赞》，曰：

圣人之道，降为儒乎？先生出而道始道矣。儒者之教，变为禅乎？先生出而教始教矣。宇犹宙也，万里夐兮，先生合而罩之。宙犹宇也，千岁邈兮，先生贯而操之。向焉者，背焉者，皆沿厥膏。誉焉者，毁焉者，孰窥厥奥？（《东畡先生文集》卷之九）

东畡如此尊崇徂徕，不过其文章并非古文辞。有子南岳。

土井聱牙，名有恪，字士恭，聱牙其号。伊贺人，仕伊势津藩。明治十三年（1880）殁，年六十四。著有《聱牙遗稿》（十五卷）、《聱牙斋存稿》（三卷）等。虽不以蘐园派自任，然颇类似，故附记于此。枫井纯为其作行状曰：

大悟宋明学者之弊，以为胥失圣人之旨，从是唾弃不讲焉。其终身所崇奉则韩文公，而喜清儒考据之说。本邦诸儒，独取物徂徕，然亦不妄从，识解往往超驾之。盖自是卓然创一家学矣。

即此可知其学风。聱牙尝作《谒韩祠记》曰：

夫子之未生，夫子以前无夫子。夫子之方生，夫子之外无夫子。夫子已逝，绍夫子者无夫子。夫子为圣者，则何千古之更无夫子耶？惟是故，道高孔孟而人不知，文过

六经而人不信。夫子若有灵，其庶听斯言？云云。（《聱牙遗稿》卷之八）

他认为韩昌黎比孔孟优秀，亦可谓奇矫之论。

芝山、南冥、石阳、昭阳、东畡等殁后，已无人绍述蘐园学风。至此，徂徕系统可谓完全落下帷幕。

| 第二章 |

太宰春台

第一　事迹

徂徕门下，以才学著名者不乏其人，然以道德自任者，则独有太宰春台。春台名纯，字德夫，小字弥右卫门，春台其号，又号紫芝园，信州饭田人。父名言辰，以兵法仕饭田侯，亦好读书，故春台首先是接受家庭教育。其自言：

纯之先君子，尝好中江氏之学，屡为纯等称熊泽氏之贤。纯自龆龀习闻其语。云云。（《复备前汤浅之祥书》）

由此可推知，春台早年受江西学派的影响。他又在《春台独语》中叙述自己的事迹曰：

我父母均好和歌，故八九岁顷，知连三十字之术。自十岁迄十三岁，拙劣之歌，凡咏三四百首。无师亦无友，咏歌而无可示者，唯记藏耳。其时，心唯思可得于咏歌者耳。十五岁时，始学诗，稍知作七言绝句等术。其时，心窃思，学和歌纵成高手，亦不能超越公家，而常屈于公家之下，实属遗憾。诗者不以受公家之教，若成高手，公家亦可为弟子。天下于此道，天下无有所恐者。乃决意休咏歌，学作诗。悉烧所藏和歌废纸，不留一首。自此好诗，专学。经廿年，渐明诗道也。

春台年龄渐长，跟随中野撝谦修习程朱之学。既而听闻徂徕成一家之言，乃尽弃其学，成为蘐园之徒。《文会杂记》（卷之一下）曰：

  春台初与徕翁对面，出示诗文，时徂徕告之曰："足下诗文既成一家，请修经学。"一见而知其人之长，徕翁之长也。君修语。

《先哲像传》（卷三）记载有一段奇话，曰：

  春台始与徂徕对面时，为窥其才，乃于扇面画释迦、老子并立，而孔子半伏之像，请徂徕作赞，徂徕取笔写下："释迦释空，老子谈虚，孔子伏笑。"春台喜徕翁之才不可窥测，遂成为弟子。

总之，春台一见徂徕，便对其才学心悦诚服，即跟随他学习，主张古学。其言曰：

  纯等自少年读宋儒之书，心中生疑。其后闻伊藤氏之说，又半信半疑。闻徂徕之说，虽颇相信，然疑网亦一旦不得解。总之，自年轻时，亦讲究老庄之书、释氏诸家之说，又其后，博读诸子百家之书，取舍斟酌。历三十年岁月，年近五十，从来之学问，融会贯通，天下之道，酝酿于胸中。尧、舜、禹、汤、文、武、周公、孔子之道，吾眼视之，如青天悬白日。至今，无有毫末之疑。（《圣学问答》卷之上）

这是说自己回归古学，见解遂定。不过，春台有时对徂徕也不满意，到晚年时，渐渐确立一家之言。延享四年（1747）五月殁，年六十八。春台无子，收养阿武氏之子定保为养子。定保字征孺。春台著有《圣学问答》（二卷）、《辨道书》（一卷）、《春台文集》（二十卷）、《紫芝园漫笔》（八卷）、《六经略说》（一卷）、《斥非》（二卷）、《文论》（一卷）等，凡二十余种。①

春台为人严苛，注重仪表，不如徂徕那样襟度宽宏，对徂徕批评再三。（参考徂徕"事迹"及"学风"）其言语往往损伤尊师的品性。春台门人有稻垣白岛、五味釜川、宫田金峰、渡边蒙庵、栗园桶川、僧无相、大盐鳌渚、井上东溪、原尚贤、堤有节、松崎观海、释晓山等。观海门人有太田南亩、菊池衡岳、金谷玉川。玉川门人有伊东蓝田。

---

① 补正三：春台著书中加入《周易反正》（十二卷）、《易道拨乱》（一卷）、《诗书古传》（三十四卷）、《老子特解》（二卷）、《产语》（二卷）、《和读要领》（三卷）、《经济录》（十二卷）。

春台尝作诗《自嘲》，曰：

> 杰然清世一遗民，浪迹江湖似隐沦。
> 冉冉颓龄同犬马，翩翩才调逐风尘。
> 居恒简傲思狂者，迟暮寒微背故人。
> 扣角康衢夜歌罢，可怜英气郁经纶。

通过此诗，足可以想见其为人。

据说春台长于算术，又工于音乐，尤其善吹笛，舞乐也很好。《文会杂记》（卷之三下）曰：

> 春台甚穷算数之理也。

由此可知，与不通算数的徂徕相比，有很大不同。《近世丛语》（卷之三）曰：

> 太宰春台善吹笛，日光王好音律，欲闻，使人召之。春台辞曰："臣讲道者也，奏薄技供宴乐不能也。如有复我者，吾其破笛，终身不复操音矣。"

春台精于琴曲之事又见《文会杂记》（卷之一下），曰：

> 上野君则语。井上河内守殿注意到春台，有事想咨询，乃遣纸召春台。春台曰："予非乐人。"不出。经日，至河内氏之宅邸曰："纯非乐人，故乐之事，不能论，若问文学，则可论。"河内守殿之用人亦可谓合理也。

其为人由此亦可想见。《文会杂记》又曰：

春台能舞乐，自辻氏获颁资格证。诸子集时，沼田侯曾赐他舞衣。

春台尽管性格严峻，却如此爱好艺术，值得称赞。这也是徂徕完全不能比的地方。春台平常行为，也值得一顾。《文会杂记》（卷之一下）曰：

至春台，乃精力旺盛之人。明日之事，必于今日准备妥当。故常从容而居。

又曰：

春台为累积至诚之人故，化家人者，奇妙也。皆如圣人之思也。

又曰：

春台原是性急之人，然锤炼学问，从容而居，习之既久，脾气得以磨灭。故开讲等日，回复外来书信时，皆徐徐而就。一切皆如此，一生之间，不见有惊慌失措。元麟等语。

由此看来，春台与其他蘐园之徒不同，早年就有修养。他又以医为业，《文会杂记》（卷之一下）曰：

春台在京以浪人居时，少间为医，故通晓医理。

此外，春台还擅长书法。想来，他竟能在学问技艺上涉猎如此之多，绝非寻常。①

第二　学说

到晚年，春台虽稍立一家之言，然学说大体上不过是敷衍徂徕之学而已。他在《圣学问答》《辨道书》及《文论》三部著作中，阐述了自己的学说。通过这些书，可以知道他的见解。徂徕重视礼乐，不问人的心术。春台进一步敷衍此旨意，将其推至极端。其在《圣学问答》中论曰：

> 凡圣人之道，论人心底之善恶者，绝无之事也。圣人之教，外入之术也。行身守先王之礼，处事用先王之义，而外面具君子之容仪者，为君子。而不问其人内心如何。（《圣学问答》卷之上）

他又明言德是外物，曰：

> 圣人之教，以衣服为最初。不论内心如何，着君子之衣服，习君子之容仪，次教以君子之言语，则自此而渐成君子之德也。德非他物，衣服、容仪、言语之凝者也。（同上）

他又进一步为"君子"下定义，曰：

---

① 补正三：关于春台，还可参考《文会杂记》（二六）。

> 不论内心如何，外面守礼义而不犯，则为君子。
> （《圣学问答》卷之下）

这就是在教人成为伪君子。心中包藏邪恶心思，只靠外表矫饰合于礼，这不过是"伪善者"的典型。怎么能以其为真君子？春台心中本以道德自任，如跟随藤树、仁斋或益轩这样的良师，窥得道的真相，那么就不会说如此"无趣味、破廉耻"的话了吧！由于沾染了——在道德上不严肃——的蘐园学弊，竟至于此，难道不令人可惜吗？春台又曰：

> 以天性而为，则不论何事，全无表里，内外洞彻而一致也。天性者，人生俱来之本性也，全不待教，不因习，不用勤奋。无心无念、天然自然而为，皆天性之术也。是名谓诚，《中庸》之旨也。（同上）

这与今日所言的本能主义并无不同。为什么这么说？因为在春台这里，天性就是本能的意思。"天然自然而为"即本能所然，应该依靠理性的要求加以某种程度的制约。这不是说要桎梏天然自然，而是要使其待在健全的范围内。古人所谓诚，岂如春台所言？尤其是《中庸》所言"慎独"，即依据彻底的诚意，心中才会有所得，绝不是冀望于任凭天然自然。他又论曰：

> 圣人之道，心中纵起恶念，然能守礼法而不养其恶念，身不行不善，则谓君子。心中起恶念，非罪也。（《辨道书》）

至此，春台殆陷入邪道。仅有恶念与实行恶念，虽罪有轻重，但在道德上，仅有恶念怎么会无罪呢？如果古人容许恶念的存在，今天就应该强烈否定之，而不能没有定义真君子的抱负。春台却是完全误解了古人，他把伪君子当作唯一的君子，并公然主张，抑何谓乎？《马太福音》（第五章第二十八节）曰：

> 只是我告诉你们，凡看见妇女就动淫念的，这人心里已经与他犯奸淫了。

其质问心中之罪，如利刃抵喉。凡道德观念，如不像这样严厉迫切，就不会有什么效力。如果心中想念种种恶事，成为习惯，却始终不做，岂不是难事？徂徕不取穷理，春台亦否定穷理，其言或甚于徂徕。他论曰：

> 穷理者圣人之所为也，非凡之学者之所及也。（《圣学问答》卷之下）

又曰：

> 凡教学者穷理，大非也。（同上）

他还进一步详述其旨意，曰：

> 圣人亦言"不测"，而后世学者欲测知其理，大愚也。纵穷得其理，出言不可实现之事，何以为证据而使人信耶？无益无用之事也。（同上）

除圣人外，再没有真理的标准。侮辱自己的智力，无过于此。春台言己之安身立命曰：

> 日本佛者中，一向宗门徒专信弥陀一佛，不信其他佛神。不管发生何事，都不为祈祷等事。虽病苦，不用咒术符水。至愚之小民、妇女、奴婢之类，皆然。是亲鸾氏之效力也。今纯虽非一向宗，然信孔子如彼等之信弥陀，远鬼神，不事祈祷祭祀，全如一向门徒。室中设先父母之神位，立神牌，仅岁时朔望奠献，更不安置神像佛像。宅不贴方寸护符，身不佩一封护符，纵遭厄难，不诵神咒，不念佛名。知念诵之不足恃故也。凡人之一生，无不死。不管因何事而死，死即死也，有生者之常，一定之事也。其中，人以保首领殁于地为上，古君子之所愿也。然于当义之事，不得保首领而死者，亦命也。命不尽，居必死之地而不死。命尽，纵以耆婆、扁鹊之禁方，生身不动观音之加持，亦不能活。若有以祈祷加持而除厄难、免死者，则天命不足尊也。非唯死生之变，一切祸福吉凶、荣辱升沉、贵贱贫富，皆然也。如斯达观通知而无毫发疑惑，则谓知命之君子。纯非知命之君子，至愚陋劣，只如一向门徒。是纯安身立命之一也。
>
> 次，色欲，人情之重者也。财利，人之难离者也。饮食，养人性命，不可一日无者也，故与男女并，为人之大欲。《礼运》有言，饥渴时，无不饮食，饥渴止，其上纵有太牢之滋味、醍醐之妙味，亦无贪心。腹有限量故也。财利之欲无限，富上加富，人之常情也。俗谚云，"长者不厌富"，非虚语也。然色欲与财利，不可不防者也。圣人欲

> 使人知之，立礼义之教，言防民之淫佚。以礼义制民，如堤防之防水，故辟礼义为坊。男女之欲者，人之大欲，纵乎是，则与禽兽无异。故制婚姻之礼，严男女之别，防人淫乱。非自己妻妾而淫他者，非礼也。释氏一向绝夫妇，禁男女之欲，非唯身不使行，心中起念亦为罪。圣人之道，见他妇女，心思美女，悦其色，而身不行非礼，是为守礼之君子。以礼制心，是之谓也。（《圣学问答》卷之下）

这固然是春台之徒的解释。"以礼制心"为是，但心中不论包藏何等恶念，都不妨碍其成为君子，孔子应该不曾教过这个。春台所说的圣人之道是掩盖不洁、藏头露尾的恶道，所说的君子也不过是伪善者。他还论曰：

> 制心者，只是随其心之欲而遂行也。非如释氏，一向不使起念。释氏之道，使生人为死人之道也，至难之事也。先王之道比释氏之道，甚易行。
>
> 财利有义不义。当义，则千金之赐、万钟之禄亦受。不当义，一束之刍、一箪之肉亦不受。"以义制事"，是之谓也。义者，先王之义也。释氏劝人为布施之行，只要有施，不拘多少，不论义不义，受无缘之财。是便利欲之道，比先王之道，甚易行。然先王之道，以守义者为君子。不知此道者不咎。一闻此道，则心生好义、恶不义，自不羡释氏之道易。又释氏不论义不义而受人之施者，似易，然见主有财，虽不出手盗之，心思亦欲其财，是名贪

欲心,为罪也。恶贫而欲富,人之常情,抑是而使不起念,甚难也。吾道却无是也。吾道之教,"以义制事",只以先王之义,制事之上,不使放逸,不责心内,故实易行也。然"以义制事,以礼制心",若受用仲虺之言,则色欲、财利亦不能沉溺此身。是纯安身立命之二也。

纯之安身立命如此,此外不足言。富贵固所愿,然求得不当,则心绝不求。少时,不知身之不才,有求名之心,然不成名而年老。近来悟虚名之无益,更不求之。今却以不成名为幸。天性疏拙,不知近权贵人之道,如今蒙一二诸侯贵人召,皆不意之遇,非我求之。冉冉乎送迎春秋,过五十之年,入于老境,壮年时之血气亦去,心中之风波亦近乎定。此后虽不知如何,有何大蔽惑,然今于孔子之道少无所疑,如青天白日。自老庄杨墨以下,诸子百家之道、释氏之诸教、神仙之方术、宋儒之性理、王氏之良知、西洋之天主教、日本之三元神道,此等种种杂说,八面蜂起。纵以惠施之辩舌、孟贲之勇力、盗跖之暴戾、西方化人之幻术,万方晓谕,吾独不变所守也。是又纯之安身立命也。(《圣学问答》卷之下)

春台又说,大凡学者的工夫,有三字要诀:第一是"信",第二是"断",第三是"勤"。关于其学问特色,值得一提的还有:其在《圣学问答》中痛击孟子,确切说是在偏袒告子。他横说竖说,顶撞孟子的短处,可以想见其得意之状。他还著《孟子论》二篇,议论孟子。(参见《斥非》附录及《文集后稿》卷之八)

他又作《文论》七篇，通论古文辞之弊。他在第二篇中视古文辞为"粪杂衣"，且论曰：

> 苟得古人之体与法以修辞，虽今言，犹古言也。是谓自我作古。故善属辞者，取诸古人，出诸己口，令读者不觉其为古文辞。是其以文理条贯、有伦有要故也。

春台这一见解，反而优于徂徕。他又在《徂徕先生遗文》后写道：

> 徂徕先生以命世之才、绝伦之识，使先王之道、仲尼之教彰明于千岁之下。其功无有大于此者。然其人有好奇之癖，又悦近世古文辞家之言，故其所为文，不免出于法度之外。云云。

此论可谓至当。天明以后，山本北山、龟田鹏斋、太田锦城等对古文辞之弊痛加批评，不过，春台可以说是早已执其先鞭。

第三　春台关系书类

《春台先生墓碑》服部南郭

《春台先生墓志》稻垣白岛

《春台先生行状》松崎观海

《先哲丛谈》（卷之六）原念斋著

《近世丛语》（卷之二）角田九华著

《先哲像传》（卷之四）原德斋著

《野史》（卷二百六十）

《文会杂记》汤浅常山著

《先哲年表》

《近代名家著述目录》

《庆长以来诸家著述目录》

《埋木花》

《儒学源流》

《古今诸家人物志》

《日本诸家人物志》

《日本儒林谭》（卷下）

《儒林姓名录》

《大日本史料原稿》一卷

《鉴定便览》

《名家全书》

《日本名家人名详传》

《名家手简》

《儒林传》涩井太室著

《大日本人名辞书》

结 论

  古学作为"文艺复兴"（Renaissance）的结果，它进行的研究不外乎是要直承孔子的向上的进修。本质上，大概是我国学者通过文艺复兴，一时看破了后世学问的妄谬。当然，并非只有儒教如此，医学和国学领域无不产生复古的精神。医学领域，后藤良山、山胁东洋、吉益东洞等提倡复古。国学领域，荷田春满、贺茂真渊、本居宣长等提倡复古。山鹿素行、伊藤仁斋、物徂徕等在儒教领域主张复古，与此酷似。这在我国思想发展的历程中，无疑是一个进步。确实，复古之学虽然总称古学，但在某种意义上，毋宁说是一种新学。尾藤二洲说："仁斋、徂徕之徒，皆自称古学。所谓古者，不从程朱之名耳。其说皆新奇无谓，何古之有？"（《素餐录》）即如此。其一扫宋儒以来的学风，道破追溯洙泗渊源的重要，怎么不是新学呢？

  不过，古学并非最终结局。为什么呢？我们当然应该认可孔子为圣人，他对后人的品性修养永远都有所裨益，但是，我们不能说到孔子这里，智与德就发展到顶点了。即便事实上没人能胜过孔子的智慧和道德，但在思维上，还是可以胜过孔子的智德的。换言之，作为理想，可以构成比孔子更优秀的人格。素行、仁斋及徂徕，他们批评宋儒的人格和学问，形成了更高更大的理想，这是值得称赞的，但为何不以同一种精神去批评孔子的人格和学问呢？在今天看来，与宋儒同样，孔子的人格和学问也有很多需要批评的地方。孔子也说"后生可畏"，明言后生的进步深不可测。确实，且不管后生可畏与否，如果盲信孔子，以崇拜为事，那还有什么可畏的呢？智与德非孔子一人之私。我们应该对孔子的人格和学问毫不客气地批评，并在孔子这一特殊人格之外，追求理想的智与德。大凡学问，皆以研究真理为目的。真理比孔子重要，根据真理批评孔子是对的，根据孔子的言论评定真理却是不可的。总之，作为学问，与其复归孔子，倒不如说是应该究明真理并以其为准据。如果能这样，势必会超脱儒教的范围，开启思想独立的端绪，从而形成国民哲学的基础。不过遗憾的是，素行、仁斋及徂徕尽管较有批评精神，但也只是止步于复归孔子，无法百尺竿头，更进一步。

除徂徕学派外，古学派诸人皆以孔子为理想，都希望通过修养品性，变成孔子那样的人。徂徕虽然否定学以成圣，但仍以发挥圣人之道为己任，这也是想直承孔子。不论素行、仁斋，还是徂徕，在古学派的眼里，没人比孔子的人格更伟大。为此，他们都期望复古。但在今日看来，伟大的人格并非仅限于孔子，释迦、基督、苏格拉底都具有，此外还有康德、达尔文等人。试比较考察这些人的人格，肯定能发现他们的长处和短处。因此，择取这些众多的伟大人格的长处，将其融为一体，并以其为理想的人格，肯定是再好不过的了。历史上的人格，不论多么伟大，肯定也有短处，而作为历史事实，我们又不能对其进行改变。但是，作为理想，我们可以去掉其短处，在思维层面造就完美的人格。孔子作为圣人，这固然是不能否定的。但是，孔子没有科学思想，没有权利思想，缺乏自由进步的观念，又缺乏逻辑思想和哲学思想，若将其与理想人格比较，那么这些都应该算作缺点。如果一心崇拜孔子，把孔子作为唯一的理想，言行举止皆以其为法，那势必会连其短处也一并模仿。众人滔滔相从，因袭而成俗，最终无法打破陋习。东洋文明作为儒教施行的结果，完全呈现了其缺点。在今日，这是极为显著的事实。由此可知，仅以孔子为今后的理想人格，是断然不可的。若就自古以来的历史人格而言，几乎找不到像孔子这样缺点少的人，但是，与思维构成的理想人格相比，多少还是可以指出其缺点的。

　　缺少抽象观念的人，应以具体的理想为要。既然以具体的理想为要，那就只能选取孔子这样的历史人格。不过，以孔子这样的历史人格为理想的时候，如果只是徒然回顾过去，就容易保守和退步。在准备实现孔子这样的人格的时候，应该能实现的情态是——这种理想尚在未来，但要实现的理想——却是过去的历史人格。因此，一心接近作为其理想的过去的历史人格，结果不是进步，肯定是后退。在后世，任何人所面临的境遇、形势等都与孔子不同，因此是无法成为孔子那样的人的。如果有些许接近孔子的地方，也只是与自己要实现的理想近了几分而已。这样还想超越古代而前进，那就是天方夜谭。唐土文明走一步退十步，经年累月，堕落沉沦，实可谓渊源于此。理想应该是抽象的，面向未来的，要以此为理想之理想。抽象的理想是集合过去的历史人格的长处，在头脑中重新描绘勾勒。这样描绘出的理想，自然不是过去的，而是只存在于头脑之中。因此，要实现此理想，只能在将来。不过，理想与认识共同进化，与经验共同发展，不可能完全实现。如果实现了，那进化发展不就终结了吗？由于没有完全实现的可能，进化发展才会没有界限。换言之，理想并不在过去，它永远在未来，永远只是存在于未来的理想。我们应该以此为最高最大的理想。由此看来，古学派的见解倒行逆施，真比观火还要明白。

还有一点值得注意，是什么呢？仁斋区分四端与四德（仁义礼智），以四端为内部，以四德为外部，充养四端，可使四德合一。并河天民将四端与四德合为一体，四端即四德，四德即四端，认为二者不可区分。天民之解得孟子旨意，仁斋之解不得孟子旨意。关于孟子四端四德说的解释，天民是对的，仁斋是错的，这固然无须赘言。不过，如果离开孟子讨论的话，仁斋似乎已经稍稍接触到深远的伦理问题。他认为的"内部"，相当于康德所说的格法（Mazime），而他认为的"外部"，则相当于康德所说的道德理法（Moralische Gesetze）。而且，这两个是背反的（Antiuomie），到底不应该合为一体。（详见《实践理性批判》）古往今来，大凡创始道德行为的本源，会分为内部和外部两种。内部以自律（Autonomie）为根底，外部以他律（Heteronomie）为根底。仁斋有调和自律与他律的倾向。换言之，他似乎想努力去除道德上的背反（Antiuomie）。天民将四端与四德合为一体，在理论上固然能够一扫矛盾，却未除去道德上的背反。徂徕只认可他律，未曾思及自律与他律的关系。因此，关于道德上的背反（Antiuomie）这一问题，虽然开始于仁斋，但仍然未能解决。不过，到了明治的今日，伦理学研究渐渐兴起，学界关于自律、他律的议论也是骚然而起。道德这一事实，并非一己私事，它还关系到除自己外的所有同类。自己与除自己外的同类，虽然在具象上有差别，但自过去的实在而言，本身没有什么区别。自己有的同类也有，同类有的自己也有。我们要把主观存在于己身的道德与客观存在于同类的道德合为一体。融合的"一体"，即是人道所存。思及此处，可以说，仁斋的眼光殆有燃犀之明。

所谓学者,就是多学习。天才是最不学习的,而人类却自此学习。因此,大精神罕有,亿兆之人中才会产生一个,是人类的指明灯。如果没有他,人类恐怕就会漂泊在谬见及异风的无边无际的海洋上。

——叔本华

附 录

附录一

堀川学派系统（重要者标黑）

			伊藤东里	伊藤东峰	伊藤辏斋
伊藤仁斋	伊藤东所		川田东冈 仓成龙渚		
	伊藤东涯	奥田三角 青木昆阳 泽村琴所 山田麟屿 安原霖寰 垣内熊岳 原双桂 朝枝玫珂 谷麓山 穗积能改斋 陶山南涛 广濑一峰 松波酊斋 三谷南川 原东岳 宫崎筼圃			

续表

	伊藤东涯	木村凰梧 安藤仕学斋 高养浩 松崎白圭			
	伊藤梅宇 伊藤介亭				
	伊藤竹里	内田顽石			
	伊藤兰嵎	立松东蒙			
伊藤仁斋	井河天民 中江岷山 北村笃所 小河立所 浅野文安 荒川兰室 林义端 中岛讷所 濑尾用拙斋 香川修庵 大町敦素 鸟山见庵 渡会末茂 伊藤好节斋 笠原云溪 松崎兰谷 井河诚所 鹤田重定 阴山东门				

续表

伊藤仁斋	荒木田霁寰 桂川浚泉 林景范 三重松庵				
	松冈恕庵	小野兰山			
	大石良雄 小野寺秀和 中岛源造 稻若水				

欲成大事，应劝以无怠小事。积小成大也。凡小人之常，欲大事，怠小事，忧难出之事，不勤易出之事。夫故，终不能成大事。夫不知，大者乃积小成大故也。如百万石之米，不在粒之大；耕万町之田，其业在一锹一锹之功；千里之道，亦一步一步而至；作山亦成于一篑。明辨此事，励精勤小事，大事必可成。忽小事者，大事必不成也。

——二宫尊德

附录二

蘐园学派系统(重要者标黑)

物徂徕	物金谷	物凤鸣			
		东蓝田	东鼈岳		
	本多猗兰子 释万庵 余熊耳 三浦竹溪 鹰见爽鸠 越智云梦 秋元淡园 吉田孤山				
	太宰春台	五味釜川 栗原桶川 大盐鼈渚 井上东溪 关口黄山 稻垣白岛 宫田金峰 渡边蒙庵			

续表

太宰春台	太宰定保 僧无相 原尚贤 堤有节			
	松崎观海	菊池衡岳		
		金谷玉川	伊藤蓝田	
		内田南山		
		熊坂台州	熊坂磐谷	
		大田南亩		
	释晓山			
物徂徕	山井昆仑 根本武夷 板仓璜溪 石川大凡 田中兰陵 冈井嵰州 山田麟屿 安藤东野 柴山凤来 匹田九皋 晁玄洲 晁南山 久津见华岳 木下兰皋 辻湖南			
	平野金华	户岐淡园		
	菅谷甘谷	桥本乐郊		

续表

物徂徕	入江南溟	熊坂台州			
	伊藤南昌				
	高兰亭	唐桥君山 横谷蓝水 稻垣白严			
	木村蓬莱 土屋蓝洲 守屋峨眉				
	宇潜水	阪本天山			
		本田庄藏	伊藤镜河		
	芳村天仙 大野北海 小田村廊山 板仓兰溪 板仓龙洲 谷元淡 田中冠带 宇野士朗 筱岐东海				
	山县周南	和智东郊 泷鹤台 林东溟 （以上三者为山县门三杰，即周南门三杰。） 津田东阳 田坂灞山 山根华阳			

续表

物徂徕	山县周南	小田村鹿门 小仓鹿门 仲子岐阳 洼井鹤汀 （以上十人为长州十才子） 增野云门 三浦清阴 田中相江 山县子祺 滕子萼 秦贞父				
		永富独啸庵	龟井南冥			
	服部南郭	服部多门				
		鹈殿本庄	片山兼山（唱折衷学）			
		庄田子谦 山本友石				
		石岛筑波	高葛波	石井鹤山		
				泽村琴所	野村东皋	西川国华 松平寒松子 奥山华岳
					种村箕山	
			奥贯友山			

续表

物徂徕	服部南郭	新井沧洲 原田东岳				
		安达清河	佐维章 滕元充 绳维直 松芳文 伊藤镜河			
		斋宫静斋 汤浅常山 熊本华山				
		宫濑龙门	清水江东 宇野东山			
		源乘富 望月三英 松村贞吉 宇井默斋 福岛松江 葛鸟石 姥柳有莘 佐藤周轩				
		秋山玉山 （又学于林凤冈）	千叶芸阁			
		平鹤鸠溪				

续表

物徂徕	余熊耳	余兰室	大竹麻谷	
		长坂圆陵 石金濑滨 岳东海 市川鹤鸣 滕南丰 田中江南 立原翠轩 阪本天山 根经世		
	以下私淑			
	松崎白圭 释大潮 板仓复轩			
	成岛锦江	奥贯友山		
	越智平庵 水足屏山 水足博泉 住江沧浪			
	菅沼东郭	菅沼西陵		
	滕凤湫 孔生驹 铃木澶洲 赤松太庚 山内琴台 松村梅冈 龙草庐 斋藤芝山			

续表

物徂徕	龟井南冥	原古处 龟井昭阳 江上苓洲			
	冈野石城 野田石阳 藤泽东畡				

企图熔铸陶冶他人之前,要记住:自己就是那个他人,自己必须发现他所要提出的东西。

——让·雅克·卢梭

自然的目的并不是人人皆看破真理。我们应该这样认为,真理是被某个人看破,而通过传说得以保存的东西。

——欧内斯特·勒南

附录三　古学派生卒年表（西历）

山鹿素行 1622—1685
伊藤仁斋 1627—1705
平井东川 1642—1715
小野寺秀和 1643—1703
绪方维文 1645—1722
北村笃所 1646—1718
小河立所 1649—1688
矶野竹严 1654—1708
荒川天散 1654—1735
中江岷山 1655—1726
稻生若水 1655—1715
松冈恕庵 ？—？
伊藤好节斋 1657—1727
笠原云溪 ？—？
中岛浮山 1658—1727

林义端 ？—？
香川修庵 ？—？
大町敦素 1659—1729
大石良雄 1659—1703
田中冠带 1662—1729
伊藤木庵 1663—1729
鸟山见庵 1664—1711
渡边元安 1664—1722
板仓复轩 1665—1728
田中东泉 1665—1732
三谷南川 1666—1741
鹤田重定 ？—？
荒木田霁寰 ？—？
物徂徕 1666—1728
并河诚所 1668—1738

阴山东门 1669—1732　　中岛源造 ？—？
伊藤东涯 1670—1736　　伊藤梅宇 1683—1745
物北溪 1670—1754　　　安藤东野 1683—1719
越智平庵 ？—？　　　　伊藏介亭 1685—1772
松崎兰谷 1674—1735　　越智云梦 1686—1746
渡会末茂 1675—1733　　泽村琴所 1686—1739
三重松庵 1674—1734　　篠崎东海 1686—1739
宇都宫圭斋 1676—1724　山县周南 1687—1752
入江南溟 1676—1765　　平野金华 1688—1732
芳村天仙 ？—？　　　　三浦竹溪 1689—1756
大野北海 ？—？　　　　成岛锦江 1689—1760
板仓兰溪 ？—？　　　　菅沼南郭 1690—1763
板仓龙洲 ？—？　　　　鹰见爽鸠 1690—1735
谷云淡 ？—？　　　　　水足屏山 ？—？
汤河东轩 1678—1758　　本多忠统 1691—1757
并河天民 1679—1718　　住江沧浪 1691—1728
太宰春台 1680—1747　　柴山凤来 1692—1771
木下兰皋 1681—1752　　板仓璜溪 ？—？
辻湖南 ？—？　　　　　石川大凡 ？—？
伊藤南昌 ？—？　　　　伊藤竹里 1692—1756
松崎白圭 1682—1753　　服部南郭 1693—1759
浅野文安 ？—？　　　　守屋峨眉 1693—1754
桂川浚泉 ？—？　　　　伊藤兰嵎 1694—1778
桂景范 ？—？　　　　　滕凤湫 1696—1765

菅谷甘谷 1696—1764
余熊耳 1697—1776
木村凤梧 1697—1772
青木昆阳 1698—1769
根本武夷 1699—1764
释大潮 1676—1768
释万庵 ？—1739
秋元淡园 ？—？
吉田孤山 ？—？
田中兰陵 1699—1734
冈井嵰州 ？—？
匹田九皋 1700—1738
晁玄洲 ？—？
物金谷 1703—1776
奥田三角 1703—1783
小田村鹿门 1703—1766
高兰亭 1707—1757
安原霖寰 ？—？
垣内熊岳 ？—？
朝枝玖珂 ？—？
谷麋山 ？—？
穗积能改斋 ？—？
水足博泉 1707—1732
孔生驹 1712—1752

山田麟屿 1712—1735
宇潜水 1713—1776
陶山南涛 ？—？
广濑一峰 ？—？
松波酊斋 ？—？
安藤仕学斋 ？—？
小河德所 ？—？
龙草庐 1714—1792
铃木澶洲 1715—1776
高养浩 ？—？
木村蓬莱 1715—1765
土屋蓝洲 ？—？
晁南山 ？—？
久津见华岳 ？—？
原双桂 1718—1767
宇野士朗 ？—？
山内琴台 1724—1746
松村梅冈 ？—？
松崎观海 1725—1775
立原东蒙 1726—1789
原东岳 1729—1783
伊藤东所 1730—1804
柴山豫章 1730—1767
内田顽石 1736—1796

物青山 ？—？   伊藤东里 1757—1817

斋藤芝山 1743—1808   野田石阳 ？—？

龟井南冥 1743—1814   龟井昭阳 1773—1836

冈野石城 1745—1830   伊藤东峰 1799—1845

仓成龙渚 1748—1812   藤泽东畡 1793—1864

物凤鸣 1755—1807   土井聱牙 1817—1880

川田东冈 ？—？

（以上所举为书中所出重要者）

在朝廷公所,暨于众会广坐之中,则虽众人不能为放恣。唯在闺门之中,恐自欺欺人之行多。若内行不慎,唯于外边而谨厚焉者,皆为虚饰。故君子之道,慎内行为先。《中庸》曰:"君子之所不可及者,其唯人之所不见乎?"

——贝原益轩

附录四

第一　我国古学派的特色

在我们日本，古学派兴起于德川时代，有三派：第一是山鹿素行学派，为武士道学派；第二是伊藤仁斋学派，称古义学派；第三是物徂徕学派，称古文辞学派。此外，考证学派也算是古学派，不过这里我们姑且将其列为其他学派。

如此一来，古学派就是三派。三派当然存在共同点。它们都反对宋明理学，不取朱子、阳明等的学问，致力于回归原始儒教，直接孔子之迹。也就是说，它们都是复古儒教，想要复活原始儒教。三派的立场大体一致。不仅如此，它们均颇胜于活动主义，故很大比重都在现实层面。

山鹿素行的古学最为日本化。他以继承二千岁不传之道统自任，欲直接孔子之迹而创立古学。然而，其所谓儒教并非最早的中国儒教。他站在武士道精神的立场运用儒教，将其完全日本化。为此，其国体考、神道考、尊王考，这些都具有最重要的价值。物徂徕的古学最有中国色彩，与素行的大不相同，甚至让人找不到日本色彩。徂徕一心规避日本色彩，致力于研究纯然的中国古代原始儒教，并传承其精神。可以说，徂徕和素行在这一点上的立场正相反，即截然不同（diametrical opposite）。而仁斋，则似乎给人稍立于二者之间的感觉。仁斋不像徂徕那样偏于中国风一方，他有很多日本的东西，也有尊重日本国体的精神。他写诗，但也写了很多和歌，颇有日本风。大体而言，其子东涯多半也是立于素行和徂徕中间。不过，一定要说的话，他们中国色彩更浓，就其学说而言，也是如此。关于道的观念，素行和仁斋几乎一致。素行终究是重视仁，即从情一方去认识道。仁斋也是以仁义为道，不少地方也是从情一方认识道，与素行如出一辙。不过，徂徕以礼乐为道，与二者有很大不同。素行认为天地无始无终，仁斋也抱有同样的认识。在素行和仁斋之间，我们可以发现很多共同点。

仁斋与徂徕有些地方正相反。仁斋认为，经济终究无法与道德并立，对其斥而不取。徂徕对政治、经济方面有很多思考，毋宁说是更重视这些方面，因此怀有功利主义。山鹿素行根本上也是倾向于功利主义。从功利主义的角度来看，素行和徂徕自然是一致的。徂徕也是知道素行的，这就不能不让人怀疑，他是不是也像借鉴仁斋那样，在某些地方接受了素行的影响。素行学派又是武士道学派。对他而言，兵学自然是最重要的，故最终创立一兵学学派。徂徕也讲兵学，著有《钤录》。在这里，我们也承认素行和徂徕有相似的地方。不过，徂徕兵学日本化的东西比较少，看不到像素行那样以武士道精神解说兵学的内容。二者同中有异。

素行和徂徕都非常重视国家观念。在这一点上，仁斋与他们颇有不同。我们虽然不能说仁斋完全没有国家观念，但国家观念到底不是仁斋重视的内容。仁斋学说的重心在个人道德，可以说，他完全没有从法律、经济、政治这些方面去思考论述，所说完全以个人道德为主，重视个人本位观念。素行和徂徕则近于团体本位观念，即从国家社会的立场出发。而且，素行论说道德，以日本这一国家社会为基础。徂徕也以国家社会观念为主，不过其论述并没有以日本这一国家社会为重点。徂徕的论说存在一切参照中国的过度倾向。他在论说非常现实的事情时，对象主要是幕府。这与素行以皇室为中心来论述的精神大相径庭。

总之，日本古学三派各有特色，若比较对照，很有趣味。以上论述仅包含其最显著的特色。

第二　山鹿素行先生

今日，值此追赠先哲位阶祝典大会，能就山鹿素行先生作一场讲演，对我而言，真是莫大的光荣。关于山鹿素行，到现在，我在演讲或杂志上已经说过很多次了。今天，当然不能照抄照搬，再重复一遍。再加上时间限制，我今天只谈下适合本次祝典大会的内容。我先讲下山鹿素行的祖先，然后非常简明扼要地总结下素行的一生，再次稍微讲下素行的学问系统，最后就素行在日本学术界及精神界的地位，谈一下我个人的感受。

山鹿素行在德川时代的众多学者中占据着一种特殊的地位。其性行及学问等，当然也绽放出一种异彩。终究，这与其祖先的遗传和自己幼年时期的教育有很大关系。我先简单地谈一下他的祖先。

山鹿家系略表（自左至右）

藤原藤次	山鹿秀远	某千助	贞实	千助	某	市助			
						贞以六右卫门	某总左卫门	正明千助，仕浅野侯	
								女	
								女	
							女三木勘左卫门目		
							女		
							素行高兴，又高祐，童名左太郎，又文三郎，称甚五左卫门，仕浅野侯	兴信初高恒，又政实，称八郎左卫门，实兼松七郎兵卫子	
								女名龟，兴信妻	高美五世孙	高补六世孙，实七世孙，号素水
								女 名鹤，嫁津轻平十郎	津轻耕道轩
								高基万助，仕浅野侯	万助号严泉
							女兼松七郎兵卫妻		
							义昌童名猪助，称四郎左卫门，仕松浦侯		
							女		
							女		
						弥五助			
					某				

这是山鹿素行家系略表。我弄得很粗略，一是因为要做得很精细的话，会很麻烦；二是为了今天的演讲，也没必要弄得特别精细，大家看这个就差不多能理解了。这个表的依据主要是《山鹿素行日记》。虽然依据不是就这一个，但由于主要依据是《山鹿素行日记》，最近，我就从平户那儿要来，在大学史料编纂所抄写了。据此日记，山鹿素行的先祖是藤原藤次。他是天庆年间人，是讨伐平将门的藤原秀乡（俵藤太秀乡）的弟弟。藤原藤次住在筑前山鹿。筑前山鹿，今天仍叫山鹿，据说是古代神功皇后征伐三韩时系船的地方。因为住在山鹿，后来便渐渐改称山鹿氏。又因为住在那儿，他们建造山鹿城，世代担任筑前守。

之后便是子孙延续。从藤原藤次到山鹿秀远，不知道经过了多少代。总之，经过很多代以后，到了山鹿秀远这一代。当时，正值寿永年间，源平二氏打仗，平氏兵败，逐渐退至九州地区。山鹿秀远即率领三千兵士，援助平氏，是九州第一精兵。尤其是，他拥戴安德帝，一时驻守在山鹿城。但是，平氏逐渐败北覆灭，山鹿秀远虽也四处征战，最终却没啥结果。其子孙一部分留在了伊势，一部分回了筑前。秀远死在伊势，子孙分成两地，因为有的在伊势，所以今天那儿或许还有叫山鹿氏的。其他的去了筑前。还有一个说法是去了肥后，但肥后山鹿的历史跟他们是完全不同的。肥后有个地方叫山鹿，人们往往会混淆，但事实上不是。这日记中也不过是将其作为一说而已。

关于山鹿秀远之子孙，留在伊势的并无具体姓名，只通称某。不过，有个叫贞实的人住在伊势。从秀远到千助，没有直接的谱系，中间有什么人并不清楚。从千助到贞实，也是如此。贞实到底是个相当厉害的人。据日记，他生活在天文年间，十五岁时就为父报仇，时人皆称其勇武。不仅如此，他还有种种勇武的事迹。他壮年的时候，和一个叫泷川一益的人交好，而一益是织田信长的家臣。贞实曾经帮助一益杀人。当时，一益本来想从远方枪杀，贞实直接用刀就给斩了，勇武非常。一益对贞实的勇武也很佩服。此外还有类似这样的事迹。他曾为了别人杀死丰岛某，时人对其勇武极为赞赏。贞实有两个儿子，即某、某。其中一个也有两个儿子，分别叫市助和弥五助。市助有个儿子叫六右卫门贞以，就是山鹿素行的父亲。贞以也不是个寻常人物。不知道为什么，他把同僚给杀死了。他在伯耆国杀死同僚后，逃到会津，仕会津侯。山鹿素行先生便出生在会津。后来，因为种种原因，贞以搬到了江户，称修玄庵，成了一名医生。修玄庵的墓碑就在宗参寺，碑文是山鹿素行写的，上面刻着盛赞父亲的文章。这就是关于贞以的事情。贞以有八个孩子，因此素行兄妹八个。大哥叫总左卫门，我们在研究素行时经常会出现他的名字。再就是弟弟义昌，也是个有义行的人，童名猪助，此外还有两个通称。我认为，四郎左卫门和三郎左卫门说的就是义昌。义昌仕松浦侯。关于他，介绍学系的时候再说。素行出生在这样的家世，祖先有的也是相当勇武。历史上的著名人物已经出现，随着研究的深入，有意思的事情就来了。

　　这里出现了兼松七郎兵卫的妻子，她的儿子叫兴信。山鹿素行有四个孩子。两个是女儿，长女名龟，次女名鹤。兴信是素行的养子，不是亲生，素行的亲生儿子只有高基。兴信是兼松七郎兵卫的儿子，被素行收为养子，长女龟与其结婚。宗参寺的墓碑背面刻着兴信和高基的名字，关系就是这个。素行的弟弟义昌也奉仕松浦侯，所以其子孙住在平户。兴信之所以能成为素行的养子，是因为素行的亲生儿子高基当时年龄小，不一定能顺利地成为继承人。这样，素行就把他收为养子了。简单而言，就是这样一个系统。

　　这里还有个叫高美的，他是素行的五世孙，也有著作传世。我在介绍学系时再说他。高补是素行的六世孙，但实际上是七世孙。他直接继承了高美的学问，故以六世孙自居。山鹿素水即高补，他在江户开办学塾，教授兵学。

　　然后，素行是什么样的人呢？我想大家对他都很熟悉。因此，我就粗略地说下值得注意的重要地方吧！如上表所述，素行有很多名字。当时是允许多次改名的，因此会有很多名字。素行童名左太郎，又名文三郎，通称甚五左卫门，仕浅野侯。元和八年（1622）八月二十六日，素行出生在会津，当时正值德川时代初期，天下已经太平，出现了大量学者。素行仅比木下顺庵小一岁，比熊泽蕃山小三岁，比山崎暗斋小四岁。贞享二年（1685）九月二十六日，素行在江户病逝，享年六十四岁，葬在牛込榎町的宗参寺。现在，寺院还保有素行的墓。

　　接下来，谈下山鹿素行受过的教育。素行在会津出生，他父亲贞以即修玄庵到江户时，把他也一并带来了。当时，素行三岁。我查了下他到江户后受教育的情况，发现个很有意思的事情。那就是，榎町济松寺的一个叫祖心尼的尼姑收养了他。祖心尼这个人相当厉害，奉仕三代将军，极受优待。祖心尼这个人本来出身就好，又是个相当聪明的女子，学问也不错。她与春日局一道，很受德川家重用。因为这些，幕府最后还支付她俸禄，并特意为她建造了济松寺。幼年的素行就住在济松寺，由祖心尼养育。有了非常聪明的女子的养育，结果自然会很好。虽然日记中没有记载这些，但通过《配所残笔》，我们可以比较详细地了解他和祖心尼的关系。素行九岁时，拜入林罗山门下，进入林家学系。十五岁时，又跟随当时的著名兵学者小幡勘兵卫及北条氏长学习兵学。这一看学系图就能明白了，而学系我后面会说。总之，他就是跟小幡勘兵卫、北条氏长二人修学。此外，素行关于神道、歌道、佛法等，又各随当时名师学习。神道是跟随高野山僧人光宥及广田坦斋，歌道也是跟随广田坦斋，关于佛法，曾跟来日本的隐元和尚当面对质。此外，素行研究广涉种种方面，遍及当时学问。确实，在年少时，他就已经颇具学问素养了。

因此，幕府很早就知道素行。特别是由于祖心尼的关系，三代将军家光打算招聘素行。有关此事的原委，可见于《配所残笔》。不幸的是，素行正要被幕府聘用的时候，三代将军却逝去了，最终没有成功。素行后来渐渐致力于学问方面，最终写下名著《圣教要录》。而此书的出版，给他带来了一生之灾祸。

大家应该都知道《圣教要录》。它包含三卷，不过是个薄薄的小册子。但是，让人意想不到的是，其在当时给周围带来了很大的刺激。当时，幕府的教育主义是朱子学，而素行接受林家的教育，属于朱子学系统。尽管如此，素行著述《圣教要录》攻击朱子学，同时开始主张古学。他主张，朱子学没有得到儒教的真面目，不是孔子学问的正脉，其杂入佛教，沦为异端，必须回归孔子之教的真面目，即原始儒教。因此，素行认为，自己的学问系统是直承孔子而建。他对朱子痛加攻击，在《圣教要录》中使用了很尖刻的语言。这引起了很大震动，成为他罹祸的原因。因为著述《圣教要录》这一大不敬之书，素行最终被流放赤穗，此书也遭灭版。当时出版的数量非常少，东京高等师范学校现在藏有古版本。山鹿素行被流放赤穗，自然是因为《圣教要录》，但也有内幕。不过，就算有内幕，从正面上看，《圣教要录》就是素行被流放赤穗的重要原因，而且，此原因在当时也是出奇的重要。

朱子学是幕府的教育主义。不仅在幕府，朱子学在当时社会上也是最有势力的。自藤原惺窝唱道朱子学以来，其门下林罗山等著名学者辈出。当时，朱子学在社会上势力极其兴盛。在那样一个时代，攻击朱子学可不是一件简单的事情。而且，三代将军家光去世后，朱子学派的人正好在幕府掌权。当时，在幕府执政的不是别人，正是保科正之。此人对山崎暗斋极为尊崇，说是山崎暗斋的门下弟子也不为过。山鹿素行著述《圣教要录》，肯定大大伤害了保科正之的感情。二者学问迥异，双方都很明白。山鹿素行在《配所残笔》中记载了对保科正之关于学问的回答。他说，虽然不易作答，但如果一定要说的话，学问之筋有很大不同。山鹿素行与保科正之的学问水火不容，《圣教要录》给素行招致意想不到的灾祸，就不足为怪了。此外，我认为还有一些原因。在素行出版《圣教要录》十六年前，发生了由井正雪图谋造反事件。幕府对由井正雪之乱非常忌惮。由井正雪事件并未引起大乱，很快就平息了。但是，其后，山鹿素行在江户教授兵学，有着非常庞大的势力。日常出入其门下的弟子，有三千人之多，而且，当时还有不少大名拜入其门下，执弟子之礼。我们看下山鹿素行的日记就能发现，出入于素行宅邸的大名及贵人，真是多得令人意外。当时，上下等级分明，尊卑悬殊，大名们却往来于民间草民之门，这在幕府看来，绝不是一件寻常的事情。山鹿素行也远远不是由井正雪能比得上的。不管是在学问、兵学，还是在其他方面，素行都比由井正雪更值得忌惮。这就是素行受到迫害的原因之一。

　　还有个原因，那就是世间学者及兵法家嫉妒素行。自古就流传有这样一种说法，或许是北条安房守嫉妒素行，故对他加以迫害。这种传说的产生并非偶然。此兵法家曾发誓，当互传家学，绝不立异说，对此非常认真。但是，素行却自开一流，且公然进行。这或许让北条安房守心中不快。不过，这也只能是怀疑，并无确凿的证据。此外，还有可能是世间朱子学者的嫉妒。尤其是，我们一看《圣教要录》，就能知道当时的朱子学者对此肯定是怒发冲冠。作为原因之一，这也是值得考虑的。

　　素行著述《圣教要录》的结果，是来自北条安房守的传唤。北条安房守奉幕府之命，传唤曾经教过自己兵学的山鹿素行。素行接受传唤时，四十五岁。关于传唤书及对答，《配所残笔》中有记载。传唤书是："有事相询，速来我宅。以上。"山鹿素行答曰："贵函已拜见。所言有事相询，速至贵宅一事，谨遵贵旨，即往贵宅。以上。"答书写本大学现在也收藏了。素行知道此事非比寻常。北条安房守传唤自己，非常正常，但这次不是。虽然不知道为什么，但这个传唤书确实是非比寻常。说不定是死罪，即使不是死罪，或许也会被降罪流放，决非寻常之事。因此，素行去北条安房守的宅邸的时候，已经有了死的觉悟。他饭后沐浴，与妻儿郑重告别，并到宗参寺先考之墓告别，然后才赴约。临行时，他写了封信，走时揣在怀中。虽然不知道原因，但素行料想或许是因为《圣教要录》。如果自己因《圣教要录》被处以死罪，那就把怀里的信拿出来，然后赴死。《配所残笔》中记录了这封信，很简单，我们来看一下：

> 蒙当二千岁之今，大明周公、孔子之道，犹欲纠吾误于天下。开板《圣教要录》之处，当时俗学腐儒，不修身，不勤忠孝，况天下国家之用，聊不知之。故于吾书无一句之可论，无一言之可纠。或借权而贪利，或构谗而追踪，世皆不知之。专任人口而传虚，不正实否，不详其书，不究其理，强嘲书罪我。于兹我始安我言之大道无疑，天下无辨之。夫罪我者，罪周公孔子之道也，我可罪而道不可罪。罪圣人之道者，时世之误也。古今天下之公论不可遁。凡知道之辈，必逢天灾。其先踪尤多，乾坤倒覆，日

月失光。唯怨生今世，而残时世之误于末代，是臣之罪也。诚惶顿首。

　　十月三日　　　　　　　　　　　　山鹿甚五左卫门
北条安房守殿

　　素行带着这样一封信赴约，结果并没有被处以死罪，因此也就没有拿出来。虽然免于死罪，但被处以流刑，谪迁至赤穗。幕府暂且把他关押在江户浅野家，他必须尽快前往赤穗。北条安房守一方好像对此非常忌惮，害怕山鹿素行耍花招，他门人又那么多，会不会闹事。因此，山鹿素行前去赴约的时候，北条安房守宅邸聚集了很多人。这些人站在门前，以防有变。不过，素行并不是蛮不讲理的人，这些准备并没有派上用场。素行离开江户时，他们也大加警戒，害怕有事变发生。

　　然后就是素行谪居赤穗十年。说是十年，确切说是不满十年。宽文六年（1666）十月三日被流放，延宝三年（1675）六月十五日被赦免，确切说是不满九年。不过，谪居前后有十个年头，即从四十五岁到五十四岁。素行被赦免后，在江户浅草住了十一年。素行在这十一年里，处于失意的境遇。虽然被赦免，但并没有回到以前的状态，生活极其单调。十一年后，素行病逝。与赦免后相比，谪居赤穗期间反而过得更好。谪居赤穗期间，虽说是谪居，但对素行自身而言却是有利的。想来，素行被流放赤穗，反而给他的一生增添了一抹异色，非常有趣。德川时代儒者的生活大多都比较单调，很少会有变化，而素行的一生却不单调，既有特色，又有变化。引起变化的便是著述《圣教要录》，然后遭幕府迫害流放至赤穗。流放赤穗，听起来是非常严重的灾难，但事实不是这样。在赤穗，赤穗君臣都对素行非常尊敬。当时的赤穗城主是浅野长直，即后来斩杀吉良上野介的长矩的祖父。长直心胸极为宽广，极为优渥素行，尊其为问道之师。藩主既然如此，藩臣自会更加如此。特别是大石一家，他们对素行非常好，早晚都给素行送蔬菜。素行推辞，他们就说是藩主的命令，无论如何，依然每天送蔬菜，以供素行食物之用。素行去赤穗时，大石良雄才七八岁，尚没有从素行那里受到多大的教诲。不过，素行谪居十年，其间大石良雄也长到了十七八岁，自然，良雄受到素行教育，受到的感化也不少。我们稍后再说这件事，先说下素行的著述。

　　素行谪居赤穗期间，著述多得让人吃惊，最重要的就有五六种。他在江户时，各大名前去造访，又有数千门人往来其间，非常繁忙，但到赤穗后，一切纷杂的关系就断绝了。十年间的安稳生活，反而使他成就了不朽的事业。谪居赤穗期，他的著述到底有多少并不清楚，不过确定的就有五六种。其中，素行亲笔书写的《谪居童问》，现在由野村子爵收藏着。去年，他献给天皇，真是个难得的东西。宗参寺给素行举办首次法会时，野村子爵曾将其带来供于佛前。其次是《武家事记》五十卷，这是本非常好的历史书。说到历史，素行认为，日本当时学者只研究中国，不研究日本。自然，不研究日本的儒者会有很多。他觉得这样不行，就研究日本历史，著述了《武家事记》五十卷，部头很大，里面辑录了很多可作为史料的优秀的古文书。今天，这部书对于古文书研究也是非常重要的。不仅如此，这本书以武士道为着眼点，它并不单单是日本历史，而是以武士道之眼写就的日本历史。素行完成了当时很多儒者都无法完成的壮举。这部书之所以被认为是谪居期间的作品，是因为此书序文中日期写有"延宝元年"（1673）。素行被赦免是在延宝三年（1675），《武家事记》的序文作于延宝元年，因此明显是谪居期间的作品。再然后，就是叙述日本国体及国政要领的《中朝事实》。此外还有《配所残笔》，是素行在谪居时期最后的著述。这些著述的陆续问世，说明素行在谪居期间并没有虚度光阴，生活相当充实，作为学者，一直在工作。很明显，素行在教育和学问上竭尽了全力。要是细说素行的一生事迹，就会特别冗长，但粗略讲的话，差不多就是这样了。下面我说下学系。

素行学问中有很多有意思的地方。今天由于时间的限制，我仅谈下《中朝事实》这部书。这里的"中朝"指的是"日本"。素行取名"中朝"，与当时汉学者大异其趣。当时，学者称"支那"为"中国""中华"等。唐人称呼自己的国家为"中国""中华"，这可以理解，但日本学者称"支那"为"中国""中华"，就非常不合适了。这是颠倒自然的认识，因此，素行就称日本为"中国""中华"，中朝就是这个意思。在这一点上，素行完全没有附和其他儒者，认识很有特色，并贯彻自己所信。这真是令人痛快！确实，其学问有很多值得大加注意的地方。下面附其学系，稍微讲下。

学系略表

铃木日向守重臣	山本勘介晴幸	早川弥三左卫门幸丰	小幡勘兵卫景宪	北条安房守氏长	山鹿素行			
						津轻信政		
						松浦镇信		
						山鹿兴信		
						女	高美	高补
						女	津轻耕道轩	
						山鹿高基	稻叶源太夫	
							胜沼总右卫门	
							吉田友之允重矩	吉田松阴
						浅野长矩		
						大石良雄		
						矶谷十介		
						布施源兵卫	佐久间立斋	
						高桥十郎左卫门		
						大道寺友山		
						味木立轩		
						佐佐木秀矩		
						伊东重孝		
						有泽永贞		

这里我做了山鹿学系略表。当然，这是为了讲话的方便，因此非常粗略，不过，我们大体也可以理解素行学系。若寻根问底，可以追溯到参州寺边的城主铃木日向守重臣，然后是山本勘介晴幸、早川弥三左卫门幸丰、小幡勘兵卫景宪、北条安房守氏长，再就到了山鹿素行。这个学系是素行直系后裔弄

的，我在前面已经说过了。津轻藩主津轻信政和平户藩主松浦镇信都是素行的门人，接受他的教导，并实际应用。然后是素行的养子山鹿兴信（又名政实），也有著作存世。这里我对其著作作个总结。它属于兵学系统。兴信（初名高恒）著有武士道著作《武事提要》，他找出山鹿素行前的学统，并继承了素行的学统。我们看不到山鹿高基的著述，不过他也继承了素行的学问，从仕松浦侯，即继承了父亲的学问。然后是五世孙高美，他也有武士道著作，即《美言残滴》，到底还是唱道先人之学。高补（号素水）继承高美，他实际上是七世孙，但以六世孙自居，即直接继承了高美的学统。高补有数种武士道著作，兵学方面有《练兵说略抄》。他在江户开学塾时，吉田松阴跟随其学习。因此，吉田松阴实际上是素水的弟子。在素水的著作中，就有吉田松阴作的跋文。确实，松阴非常尊崇素水，不过素水的学问却是不如松阴的。不过，素水是素行的子孙，因此松阴对他很尊敬，为他作跋文等。

关于素水，最值得注意的是他最早出版发行了山鹿素行的《武教小学》。此书是山鹿流很重要的一本书。之前，此书一直以写本传世，并未广布于世。素水便将其出版了。《武教小学》类似于武士道的经书。山鹿素行之所以著述《武教小学》，是因为朱子《小学》，但这本书是不足的，必须以日本精神来修补，因此，素行著述了《武教小学》。此书没有广布于世，是由于素行受到幕府迫害的缘故。家中长传写本，至素水，始将其出版。此事与素行学系有很大关系。特别是吉田松阴在素水学塾中学习，有些地方非常值得注意。

津轻耕道轩是素行次女鹤的儿子，即素行之孙。他著有《武治提要》，是发挥武士道精神名作。此外，他还有几种著述。

　　高基是素行之子，仕松浦侯，在平户藩传承山鹿流学系。至明治维新之际，这里一直有山鹿流流传。通过调查，高基有如下事迹。山鹿素行死后，高基继承其志，住在江户，流派相当强盛。当时，有很多大名成为高基的门人。作为民间学者，山鹿父子为何有如此盛名？当时，人们就非常不解。关于学问奥义，高基只传授给了三个人。山鹿流的奥义，每代也只传三人。高基将先人之传授给了稻叶源太夫、胜沼总右卫门和吉田友之允重矩三者。吉田友之允重矩就是吉田松阴的祖先。吉田松阴必须得说下，我们一会再说。

　　然后是大石良雄和矶谷十介。矶谷十介忠实素行之学，津轻耕道轩在《山鹿志》中有过记载。矶谷十介为素行作笔记，编辑书稿，无所不助。

　　布施源兵卫是素行的弟子，事迹不详。门人有兵学者佐久间立斋。高桥十郎左卫门的事迹载于《配所残笔》中。

　　大道寺友山何时跟随素行，并不清楚。他是素行的门人，著有《武道初心集》。读了这本书就会发现，他传承武士道精神的功绩是不容忽视的。那是一本很好的武士道著作。味木立轩，仕安艺侯，既是兵学者又是儒者，事迹出自《先哲丛谈后编》（卷之四）。佐佐木秀矩跟小幡勘兵卫学习，又跟山鹿义行学习，也有著述。义行即义昌，素行之弟。伊东重孝是"伊达骚动"中的豪杰，称七十郎。有泽永贞，仕加州侯，是著名的兵学者。

之前已经提过，素行谪居赤穗时，大石良雄不过十七八岁。大石一家待素行非常好，良雄祖父的弟弟大石赖母早晚都会给素行送蔬菜。良雄自幼尊敬素行，受到素行的感化。

浅野长矩与弟大学一起，在素行去世前一年拜入其门下。在实践层面，大石良雄践行了素行的武士道精神。当时儒者也常这么说。物徂徕、太宰春台认为，大石良雄的复仇完全是应用了山鹿流兵法。自今日看来，这也没有错。大石良雄的复仇并不普通，有着非常精密的计划，算无遗策。从筹划复仇到实践，历时五个月之久，但毫无任何泄露。虽然也招致了一些怀疑，但他们连施诡计，成功消灭了时人的怀疑，并凭借计谋，一举攻入吉良上野介的宅邸，完成了复仇。自始至终，都可谓算无遗策。与寻常复仇大有不同，其之所以始终思虑缜密，毫无疏漏，原因就是应用了素行的兵法，这可谓是山鹿流的长处。山鹿流教训说，复仇若有一毫差池，便会成为终生遗憾，因此复仇之前，必须准备充足，不能有丝毫疏漏。大石良雄便实践了这一教训。世人都知道赤穗义士复仇事件，但很少人知道其所因之教。忠臣藏等对此复仇大为赞赏，却对于爆发缘由漠然视之。此事决非偶然，而是经过相当周密的思考才实施，里面必须有个根本。根本就是素行赤穗十年间教育的结果，从而产生了赤穗义士的壮烈事迹。君辱国亡之时，应该采取何种态度，必须有个确定的指导思想。这个指导思想就是素行提出的。值非常之际，采取何种手段，下定如何决心，大石良雄是有指导思想作为根本的。他本来没想复仇，一开始，只是要尽可能地传承主家的基业，即让浅野长矩的弟弟长广（通称大学）继承家业，不使浅野家断绝，但最终没能实现。因此，徒然殉死是愚蠢的，倒不如策划复仇，斩杀长矩的敌人吉良上野介，把贼首捧于泉岳寺君侯墓前，然后再自杀。他们就下定了这样的决心。大石良雄是赤穗重臣，一开始就和他人不同，占领导者的地位。大石良雄这个人，有点沉默古怪，并不甚为长矩侯信任，但他可不是个普通人。因此，其复仇方式极为耀眼，在德川家三百年泰平之世，很大程度地鼓舞了武士道精神。其根本就是素行之教。有关精神方面的内容，肯定是有思想系统的。

接下来，我想稍微说下吉田松阴。吉田松阴的学问属于素行系统。松阴曾到江户，在山鹿素水的学塾里学习，后来，又去平户，拜入山鹿氏门下。素行的亲生儿子山鹿高基以及素行的弟弟义昌奉仕平户，子孙都住在平户。因此，松阴就去平户拜入山鹿氏门下了。当时，高基的子孙山鹿岩泉是当地著名的兵学者，山鹿氏非常气派，想拜入门下很是不容易，不过，松阴心思志诚，就入门了。这儿有松阴的志愿书，我们一起来看看吧！志愿书的原件在史料编纂所，拿不出来，这里只是写本。

汲山鹿家支流者长阳吉田矩方，窃歆慕先生，跨百里以拜先生门下。矩方远祖为浪人，唱和汉流兵学。至元祖友之允，藩之召为兵学师。因君命上东武，从藤介先生讳高基，得传《武教全书》一部、《城筑秘事》七条、《侍用武功秘事》四条，并《大星传》《三重传》及其他附属书籍数部而归，藩中广其传，尔后箕裘之业愈加精研。然不幸早逝，仅百年间，世系亦历七八，报本之礼旷，不唯愧于豺狼，流仪授受亦仅残于书，全无希望。尤矩方甫六岁丧父，父执行流仪，取道老人而学。然秉性陋劣不才，未得要领，间有臆度，亦无所取征。于是游执事门下，大究其本源。虽不堪其任，然本职无所逃，欲远继元祖之业，度微志于其间。伏祈执事体认藤介先生之意，使下学如矩方者，亦悉列门下亲其道，则矩方何其感佩耶？伏布下情于左右。

吉田矩方顿首再拜敬启

山鹿万介先生

万助（即万介，译者按）之名是按顺序起的。高基先祖名千助，千助后就是万助。吉田松阴提出志愿书，被允许入门，他按下血印，把誓愿书呈送到了大学那里。这是写本，我们一起看一下。

起请文前书之事

一、山本勘介流兵学并结城等一切相传，不与他人见闻。

附：他人抄写所传书物，当坚决以誓纸指示。

一、以上于战场通公用之节者，另当别论。

一、兵法以所传为极。虽有许可，以后不可违背先师所传，立自流。大事、秘事、所传之仪，虽弟子，若无相传之品，不与之谈。

附：及于末期，所传书物当返回上交，无法实现时宜烧掉。

以上诸条，如有违背，日本国中大小神祇、摩利支尊天、八幡宫并自己崇拜之神，可降深重之神罚。起请文如上。

嘉永三庚戌年九月廿二日　　吉田大次郎

山鹿万助殿　　矩方花押

吉田松阴立下如此重誓后，开始成为平户高基子孙山鹿严泉门下，第二次接受山鹿流系统。也就是说，他在江户进入素水的学塾，在平户进入严泉的学塾，继承了东西两方学统。事实上，今天我带来了系图，但因为没时间，高基子孙的系图就到这儿了。从素行到今天的山鹿高三，正好是十三代。松阴曾从学佐久间象山，但与素行一方的关系更大。松阴在著书中，说佐久间象山为"吾师"，而言素行为"先师"。松阴著有《武教讲录》，是素行《武教小学》的讲义。在萩城的松下村塾，如今还藏有素行的各种著作。松阴被允许讲授山鹿流学问，虽然只在松下村塾讲了两年半，但松下村塾的教育却与明治文明有很大关系。观其学问，就是渊源于素行。因此，素行的学统，一方面经大石良雄这样的人物，爆发赤穗义士事件，对德川时代的人心产生深远影响；一方面经吉田松阴这样的人物，影响远及明治新文明，关系可以说是非常广大。

在研究素行学问时，让我感动的是：当时学者热衷唐土，一心崇拜，只有素行不这样，他认为绝不能丢失日本民族的独立自主精神，并以此为基础著述了种种书物。素行的著述非常多，前几年，我算了下素行著述的卷数，大约有六百卷。此后，平户还带来了一些，实际上是超过六百卷的。其内容涉及很多方面，有的是纯历史，有的与神道相关，有的与兵学相关，有的与武士道相关，有的与经学相关。我不懂兵学，在问了乃木大将等人后，才知道其兵学著作也有很多卓越的内容。而关于武士道的著作，确实有很好的东西。

今天，值此祭典，我觉得我们不能白白浪费这些优秀的著作。如果我们研究它们，将其与西洋的优秀内容进行调和，效果应该会很大。当时，好的学问，到底还是出自神儒佛学问神髓的荟萃。武士道就和神儒佛有关。离开神道是不能说武士道的。佛教主要是禅教，虽然不限于禅，但与禅关系最大。武士道与神儒佛的关系很大。讲武士道的，有人以神道为主，有人以儒教为主，还有人以禅为主。山冈铁舟翁及其学派，就以禅为主。虽然各种各样，但都是先调和神、儒、佛的优点，从而形成武士道教义的基础。其他方面，有的也与此相似。比如二宫尊德翁唱道的农业教，本旨上就是以神儒佛三教为基础而形成的一种农业道，很多地方不容丢弃。德川时代末期兴起的商业道也是以神儒佛为基础，即"心学道话"。武士道本质上也是萃取了当时可以获得的神儒佛三教的精华。武士道的形成，其基础是日本民族一贯的精神，营养是萃取的神儒佛三教的精华。如果没有日本的根本精神，就没有武士道。从日本民族的发展角度来看，我们与其他民族的不同点大概就在这里。神功皇后时代，文字还没出现，武勇就非常强盛，足以征服三韩。应仁帝时，唐土文明传入。钦明帝时，印度文明传入。二者作为营养成分，裨益着日本民族的精神发展。而且，至维新以后，西洋思想又加入进来，成为可堪萃取的更大的营养成分，促进日本民族进一步发展。发展的基础是什么呢？是日本民族的精神。即便是利用外国各种文明的利器，运用的精神也必须是日本民族的精神。实现日本民族伟大发展的基础，是日本民族数千年来一以贯之的精神。而要实现其伟大发展，就必须采纳所有的营养成分。维新以前吸收神儒佛的营养成分，维新以来吸收西洋文明的营养成分，而运用此营养的，就是我们日本民族的精神。我们不能没有自主独立的民族精神。但是，明治以来，社会现象趋于复杂，动辄有忘却此精神的倾向。当此时，祭祀山鹿素行先生，具有重大意义。我认为，我们绝不能忘记这一意义。（明治四十一年追赠先哲位阶祝典大会讲演）

第三　山县周南

　　山县周南是周防人。他十九岁时候首次到达江户，得见徂徕，成为徂徕门人，学习研究了三年。三年后，他回到家乡，从仕毛利侯，不过也经常到江户。后来，他成为荻地明伦馆的祭酒，为振兴当地文教尽心竭力。

　　大体而言，徂徕门人中有学才的人很多。其中，最优秀的是太宰春台。在学力识见方面，没人能超过春台。特别是，春台以经学为主，自然学问就有了根底。春台的学说虽然乖僻非常，但作为学者，仍不能不首推春台。作诗方面，首推服部南郭。不管怎么说，南郭确实是文学大家。春台、南郭之后，必须应该首推周南。安藤东野、平野金华等人是怎么也比不上周南的。

周南的优点是非常稳健，不乖僻，人很好。南郭性格没有圭角，是个极温和的人。要说的话，周南和南郭的性格比较相似。周南在江户时听说，仁斋在卧室中秘藏有书籍，不准门人看，秘书即《吉斋漫录》《瓮记》《椟记》等书。周南对此并不相信。他后来读到《吉斋漫录》，感到非常有趣，不过他并不认为仁斋会读《吉斋漫录》而窃取主张其说。他说，仁斋如果读了《吉斋漫录》，肯定会说，但他从没说过，因此绝不是根据《吉斋漫录》的观点主张古学。（《周南文集》卷之九）从这里可以知道，周南是一个温和、公平的人。当时，徂徕学派对仁斋学派很是敌视，作为徂徕派的周南，并没有对仁斋作出恶意的解释。从这里可以看出，周南确实有卓越之处。

周南著有《为学初问》。世间常以为此书是徂徕的著作，完全不对，是周南的著作。一看就知道，毫无疑问，此书完全是为初学者写的。我还想着其中是不是有什么大的学说，但是，并没有什么了不起的主张，大体就是本随笔体的教训书。不过，根据此书内容，完全可以发现周南的稳健及其度量宽宏。虽然偶尔也会表现出徂徕派的癖性，但决没有像春台那样的乖僻之说。

《为学初问》在学说方面，唯一值得注意的是其殆似主张唯物论。如下言：

> 圣贤无心法之教。形有长少，心亦连之，有长少。形病心亦病，形尽心亦尽。离气血，人非有心。心者血气之

精灵也。

这是唯物论者的认识。能如此明白地表达出唯物论的旨趣，以前是很少的。《为学初问》还把礼仪作为人与禽兽的区别所在。人也是有欲望的。是有欲望，不过礼仪节制欲望。以礼仪节制欲望是人与禽兽的差别。他就是这样认为的，本质上把人类和禽兽同等看待，表达了究明礼仪对人类很重要。《为学初问》对此还有种种论述。

《周南文集》刊行有十卷，流传至今日。我们读此文集，完全能理解周南的性格，而他非常尊崇徂徕，其中也展露无遗。周南写了很多文章，不过不像徂徕文章那样锋芒毕露。虽然带有古文辞的流弊，但大体写的还是明白的文章。他时不时还能写出好诗，如：

> 一碧琉璃凝不流，波光始白月盈楼。
> 笙歌忽入西风起，人住广寒宫里秋。

再如《关山月》云：

> 秋风俄入玉门关，月色如霜满四山。
> 羌女不知征戍恨，吹笛一夜彻云间。

读之殆如唐诗。又有诗《东都送平子和之参州》云：

> 休唱阳关三叠词，阳关三叠不胜悲。
> 送君多马河边柳，折自南枝至北枝。

周南门下出现了很多优秀人才。其中,作为学者,最著名的是泷鹤台和永富独啸庵。独啸庵去了大阪,以医为业。不过,他绝不只是一名医生,可以认为是一名儒者。他著有医学著作,不过也著有《囊语》等,内容多有论道。著名的龟井南冥,家住筑前,曾是独啸庵的门下。他本来想成为一名医生,不过,独啸庵并不仅仅是名医生,还颇有儒教思想,这就影响了南冥,南冥后来成为古学派的大家。南冥之子昭阳,出世之后,更是大力主张古学。当时,江户古学渐衰,其在九州一隅力主古学,影响很大。溯其渊源,有周南之力。周南学说并没有其他可说的地方,但在古文辞学派,周南绝不能被忽视。此论为其概略。

第四　市川鹤鸣

徂徕有个门人叫余熊耳,门下形形色色,其中一个就是市川鹤鸣。他是江户人,不过去了大阪,唱道徂徕的学说。后来,他又回到江户,被高崎侯聘为儒官。宽政七年(1795)七月去世,享年五十七岁。

鹤鸣擅长经学。这里,我们必须要特别说下鹤鸣。应该是在明治四十五年(1912)春左右,有人在《日本每日邮报》(*Japan Daily Mail*)杂志上发表了很长的关于市川鹤鸣的内容。他说,在日本,鹤鸣先于达尔文主张进化论。事实上,上面写的是市川匡麻吕。初次看到名字,完全不知道是谁。我竟然没有注意到如此奇异的人,感到很意外,后来稍微查了下,发现说的是市川鹤鸣。鹤鸣曾著《末贺能比连》，大力批驳本居宣长的学说。鹤鸣只写生硬的理论著作，唯有假名著作《末贺能比连》，故意仿照了国学者的口吻。他不喜欢本居的学说，对其进行了相当尖锐的批判。这本书中没写"市川鹤鸣"，开头有"市川匡麻吕"。鹤鸣之名为匡，或许是借"匡麻吕"之名来论述。通过阅读《末贺能比连》，有些内容确实很有道理。当时汉学兴盛，本居对汉学激烈批判，致力于提升国学，有些论述毫无道理。此书往往对这些地方痛加责难，有些确实让人不得不点头称是，不过也有很多错误的议论。

这里并不能对此书一一论述。《末贺能比连》中虽然有些内容貌似进化论，但完全没有到那种程度。不过，有这样一句话：

> 诸国之远祖若非人，则必为鸟兽之种。

鹤鸣似乎认为人类的祖先不是神，而是鸟兽。因为圣人出现，施教于他们，他们才得以变成人类，与鸟兽有别。不过，他只说了这些，而人是在什么状态下从鸟兽发展而来的，他并没有说。而且，为何他大胆地说出人类是从鸟兽而来？这更应该注意。他假定有人岛和畜生岛，即使是人类，若没有教，也会进入畜生岛，两方似可通行。接受圣人之教，就能进入人岛。人岛与畜生岛并没有明显的区别。他常说，人类也住在畜生岛，只是因为接受圣人之教，才移动到了人岛。他并没有完成这样伟大的壮举——比达尔文更早提出进化论。《日本每日邮报》进行这样的介绍，我们绝不可无视。

这本书还有一点值得注意，即主张人类无贵贱之别。不仅是人类如此，人类以外的生物本身也无贵贱之别。他这样说道：

> 凡万物，无贵贱之别。若皆为神魂碎片，则岂可有贵贱之别哉？如酿一种米为饭、为炊饼、为春酒，形味各异，然何者贵？何者贱？本为一种米，别无可谓理。人思以自贵，鸟兽亦不见敬人之心。况人与人之上，岂有贵贱之别哉？然以道言，位与德二者，诚贵哉！更比较此二者，位为尊，而德不及尊也。

他又进一步比较位与德曰：

> 或生于高位之人，其位合乎德，则为贵；若无其德，则劣于怀德之野人。况位者，天所与所夺者也。身内之宝，天亦不能夺，人亦不能取。

鹤鸣到底还是接续蘐园学统，存在以唐土为标准进行议论的特征。因此，他论述我国的时候，不由得抱有这样的中国式的认识——有德者即位是当然的，在位无德，则不可留其位。至此，他就无法像素行一派那样阐明国体，议论有很多弊害。受到唐土遮蔽的蘐园一派，其弊害如何，即此约略知道。其又曰：

> 人与物之间，本来自无贵贱。又人与人之上，虽自无贵贱，然因有人伦之教，而人岛、畜生岛之界限分明也。

他是这样认识的,所以有平等的观念。阳明学派也有平等思想,不过鹤鸣的更加显著。总之,要追溯日本的思想系统,就不能忽视这一点。

天道福善祸淫,圣人之言,真实无妄,亘万世而不爽,如合符节,而世人多疑不信,不知分与时也。

——物徂徕

译后记

《日本古学派之哲学》是井上哲次郎日本儒学"三部曲"中的第二部。在本书中，井上认为，以山鹿素行为代表的武士道学派、以伊藤仁斋为代表的古义学派、以荻生徂徕的古文辞学派三派纵然各具特色，但立场一致，即都反对宋明理学，致力于回归原始儒教，因此，统称其为古学派，进行了系统的哲学论述。他认为，古学虽不离古代之学，但敢于打破旧见，反对朱子学、阳明学，宣扬看穿后世之学的谬见，直承古代之学的重要性，亦可说是一种新学。他把古学派的儒学理论比作"西方的文艺复兴"，对其注重现实的活动主义这一共同特征给予了高度评价。古学派也被塑造为最具"日本精神"的日本儒学学派，在整个近代日本受到了极大的追捧，产生了极其深远的影响。据笔者不完全统计，此书自1902年首次出版发行至1945年日本二战失败，居然出版有25次之多，可为一证。

此书在1915年即第七版发行时进行了修订，即包含初版和修订本两个版本。译者在翻译前，对初版（1902）和修订版

（1915并1936）进行了比较，发现修订版并没有对初版的正文进行直接补正，而是在文末另辟篇目，即分别加入"补正一""补正二"和"补正三"。也就是说，初版和修订版的正文内容几乎没有差别。此外，修订版开头还附有"《日本古学派之哲学》三版序"，"补正"前加入了新内容"附录四"。为求统一，本书选择初版为底本，关于修订版中的"补正"内容，采取直接在正文中加注释的方式，而关于修订版中的"附录四"，则原样拿来翻译，即目前书中的"附录四"，译时删除了与本书主旨关系并不特别密切的一些内容。

原著中存在大量的参考文献，有的原文为古汉文，有的为古日语或候文。在翻译过程中，译者尽可能地寻找到文中所有参考文献的出处，一一比对，原来为古汉文的自然原样录入，并对明显为印刷或引用疏漏的词句直接进行了改正。原著补正后，（包括正文）依然存在印刷或明显错误的，为免烦琐，直接修正，除极个别外，不再一一标明。

译著力求准确，不偏离，不遗漏，不随意增减作者原意。不过，在此要说明的是，对于书中一些内容，译者完全不赞同。井上作为日本近代儒学史上的首要人物，他不仅首次从哲学的立场研究日本儒学思想史，还给退居时代的儒学注入了新的时代血液，使儒学重获新生。但我们不能忘记的是，他的儒学研究具有明确的时代目的，那就是吸取儒学中的旧伦理思想，为建构其国家主义道德服务，从而树立起能够对抗西方的日本民族认同。在本书中，他不时地表露出日本民族优越性和军国主义的思想倾向。可以说，其后相继出现的国粹主义、军国主义等强调日本固有传统价值的思潮，都可谓是这种倾向的延续和发展，并给世界特别是东亚包括日本人民本身带来了深重灾难，这是我们必须批判并应随时保持警惕的。在书中，译者也会随文加注，明确表达这一立场。同时，也由衷地希望读者能够在阅读本书时能保持清醒的态度。

在翻译本书的过程中，译者遇到了不少的困难，感谢师长好友给与我的无私信任、鼓励与帮助，同时，感谢黄淮学院应用技术大学研究中心领导及各位同志对我的理解和大力支持。总之，对于译者而言，此次翻译绝不是一件轻松的事情。由于能力的不足加之时间的紧迫，此次译稿是略显仓促的，忐忑之余，还请读者批评指正。

王　起

2020 年 9 月